国家出版基金项目
NATIONAL PUBLICATION FOUNDATION

重返全球与新丝绸之路

Global Rebalancing & China's New Silk Road

［印度］狄伯杰　主编
［中国］冯威　译

山东教育出版社

图书在版编目（CIP）数据

重返全球与新丝绸之路 /（印）狄伯杰主编；冯威译. —济南：
山东教育出版社，2018.3

ISBN 978-7-5328-9918-0

Ⅰ.①重…　Ⅱ.①狄…　②冯…　Ⅲ.①"一带一路"—国际
合作—文集　Ⅳ.①F125-53

中国版本图书馆CIP数据核字（2017）第201897号

CHONGFAN QUANQIU YU XIN SICHOUZHILU

重返全球与新丝绸之路

［印］狄伯杰　主编　　［中国］冯威　译

主管单位：山东出版传媒股份有限公司

出版发行：山东教育出版社

地址：济南市纬一路321号　邮编：250001

电话：（0531）82092660　网址：www.sjs.com.cn

印　　刷：济南精致印务有限公司

开　　本：710毫米×1000毫米　1/16

印　　张：19

字　　数：350千

版　　次：2018年3月第1版

印　　次：2019年7月第2次印刷

定　　价：68.00元

（如印装质量有问题，请与印刷厂联系调换）印厂电话：0531-88783898

前　言

2015 年 3 月 26—29 日，中国召开了第十四届博鳌亚洲论坛（Boao Forum for Asia）年会。这一届论坛年会的主题是"亚洲新未来：迈向命运共同体"。亚洲内外的命运共同体，将由一项"世纪工程"即"一带一路"倡议实现。正是在此次论坛年会上，中华人民共和国发展与改革委员会、外交部、商务部在国务院的授权下，联合发布了《推动共建丝绸之路经济带和 21 世纪海上丝绸之路的愿景与行动》，这一文件首次明确了"一带一路"倡议的框架、原则，以及合作的重点与机制。

适逢博鳌亚洲论坛召开之际，2015 年 3 月 26—27 日，我在尼赫鲁大学也召集了一次主题为"丝绸之路经济带和 21 世纪海上丝绸之路：机遇与挑战"的国际学术研讨会，这在印度国内也尚属首次。与会的学者们提交了超过 24 篇论文，详细地阐述了新丝绸之路的文明范式、地缘政治范式和地缘经济范式，同时也分析了既有霸权国和崛起国之间的竞争和角逐。随着时间的推移，"一带一路"倡议渐趋明晰。中国在国内确定了若干枢纽城市和港口，同时将其与六大经济走廊相连，由此也揭开了中国外交政策目标和动机的神秘面纱。这无疑激怒了一些国家，但在亚洲、欧洲和非洲，也有将近 70 个国家表达了他们支持中国这一倡议的意愿。之后的制度化建设，尤其是"一带一路"国际合作高峰论坛于 2017 年 5 月在北京成功召开，表明中国对这一倡议的严肃态度。

正是在这一背景下，我恳求来自中国、印度、乌兹别克斯坦、巴基斯坦、德国以及东盟成员国等国家的学者们，重新梳理一下他们的思路，并汇集成了本书。他们所涉及的话题甚广，涵盖了中印关系和古丝绸之路精神，孟中印缅经济走廊，中巴经济走廊，中蒙俄经济走廊，中国—中亚经济走廊，中国—中南半岛经济走廊，美国与"一带一路"倡议，"一带一路"倡议风险管控，中国在新国际秩序中的自我角色认知，等等。这些论文深入探究了"一带一路"倡议的诸多方面，包括经济整合、地区发展、各国的战略考量，以及在区域层面和跨区域层面构建共同的安全、文化和经济共同体。

在此，谨向本书所有的撰稿者表达我最诚挚的感谢，没有他们的多层次合作和支持，这本集体著作的出版是难以想象的。此外，还有许多人在这一过程中给予了我诸多帮助。这里，我尤其要感谢尼赫鲁大学国际关系学院前院长吉瑞杰什·潘特教授（Prof. Girijesh Pant）、印度联邦院前议员塔伦·维贾伊先生（Shri Tarun Vijay）、中国驻印度共和国前特命全权大使乐玉成先生等彼时对我这一会议倡议的大力支持，由此启动了"一带一路"倡议这一问题在印度国内的公共政策辩论。

狄伯杰

印度尼赫鲁大学

目　录

导　论

　　自从 2012 年 11 月被选举为中国共产党中央委员会总书记并在 2013 年 3 月被选举为中国国家主席以来，习近平提出了诸如"中国梦"和"一带一路"倡议等宏大图景。前者是为了通过实现"两个一百年"奋斗目标，即在中国共产党成立一百年时全面建成小康社会，以及在新中国成立一百年时建成富强民主文明和谐的社会主义现代化国家，由此最终"实现中华民族的伟大复兴"。后者则旨在建设一个通过海陆贯通连接中国与非洲和欧洲的地缘政治经济项目，包括"丝绸之路经济带"（Silk Road Economic Belt，SREB）和"21 世纪海上丝绸之路"（21st Century Maritime Silk Road，MSR）。

　　至于中国究竟要干什么，这些宏大的倡议尤其是"一带一路"倡议，既激起了许多正面的期望，也引发了诸多负面的疑虑。同时，即使丝绸之路在古代确实存在过，但是，此类倡议在当今世界又有什么合理性吗？这一倡议是否与中国的诸多外交政策目标相一致，包括提倡多极化、反对霸权主义和共同安全等，抑或说这一倡议是消解美国"重返亚洲战略"（Pivot to Asia）和"跨太平洋伙伴关系协议"（Trans Pacific Partnership，TPP）等外交政策目标的一剂良方？尽管当前看来，这一背景将要改变，因为唐纳德·特朗普（D. J. Trump）甫一就任美国总统就废除了 TPP。还是说，中国将要挑战美国的霸权，进而改写国际政治经济秩序的规则？

　　上述问题在"一带一路"倡议提出之际，就备受讨论；而在 2017 年 5 月，则更是如此。彼时，中国在北京召开了"一带一路"国际合作高峰论坛，来自全世界的 1500 名代表与会，包括 29 个国家的政府首脑，以及来自 130 多个国家的政府官员、企业家、金融家、学者和记者等等。这其中就有俄罗斯总统普京（Vladimir Putin）、联合国秘书长安东尼奥·古特雷斯（Antonio Guterres）、世界银行行长金镛（Jim Yong Kim）、国际货币基金组织总裁克里斯蒂娜·拉加德（Christine Lagarde），等等。为了推行这一涉及金额高达 1.4 万亿美元的"世纪工程",习近平主席宣布向现有 400 亿美元的、建立于 2014 年下半年的"丝路基金"(Silk Road Fund)增资 144.9 亿美元。中国国家开发银行和中国进出口银行承诺向"一带一路"倡议注资 1240 亿美元,以支持建设基础设施、发展金融业和提升工业生产能力(狄伯杰,2017)。① 在此次国际合作高峰论坛上,中国还与"一带一路"倡议沿线国家签署了 76 个大型合作项目,与 30 个国家签署了贸易合作项目,同时还与 60 个国家签署了推进贸易便利化的协定。那么,"一带一路"倡议究竟是什么?中国为什么要发起这一倡议呢?

2013 年 9 月 7 日,习近平主席在哈萨克斯坦纳扎尔巴耶夫大学演讲时,首次提出了"一带一路"倡议这一概念。当时,他这样说道,"为了使欧亚各国经济联系更加紧密,相互合作更加深入,发展空间更加广阔,我们可以用创新的合作模式,共同建设'丝绸之路经济带'。这是一项造福沿途各国人民的大事业。"习近平主席提出,应该加强跨境交通基础设施建设,由此打通从太平洋到波罗的海的地区运输大通道,进而逐步建设起连贯东亚、西亚和南亚的交通运输网络。习近平主席还力劝"一带一路"倡议沿线地区各国实现本币兑换和结算,以增强其抵御金融风险的能力,提高本地区经济的国际竞争力。② 在当年 10 月,习近平主席又访问了印度尼西亚,并提出了旨在深化中国与沿线国家和地区的经济和海洋联系的"21 世纪海上丝绸之路"这一概念。"21 世纪海上丝绸之路"起自中国东南沿海的福建省泉州港,并向南延伸至东盟国家,穿越马六甲海峡之后,向西进入印度洋并在大陆沿岸与陆上丝绸之路交汇,最终通过红海和地中海到达意大利威尼斯。在"21 世纪海上丝绸之路"这一地域范围内,中国计划建设从印度洋—太平洋地区到非洲地区的、涵盖硬件和软件两方面的基础设施项目,包括交通、能源、水资源管理、通信、地球监测、经济和文化基础设施。

2015 年 3 月 26—29 日,中国召开了第十四届博鳌亚洲论坛年会。在此次论坛年会上,中华人民共和国发展与改革委员会、外交部、商务部在国务院的授权下,联合发布了《推动共建丝绸之路经济带和 21 世纪海上

---

① 狄伯杰:《中国的"一带一路"国际合作高峰论坛:印度应该回头加入吗?》(China's Belt and Road Forum:Should India get back on board?),《对话》(*The Dialogue*),2017 年 5 月 16 日。

② 新华社:《习近平倡议中国和中亚共建丝绸之路经济带》,2013 年 9 月 7 日。

丝绸之路的愿景与行动》（以下简称《愿景与行动》）。这一文件指出，经济互联互通是"一带一路"倡议的重中之重。同时，习近平主席宣布建立金额高达400亿美元的"丝路基金"，以支持沿线国家的基础设施投资；与此同时，他还将亚洲基础设施投资银行（Asia Infrastructure Investment Bank，AIIB）和金砖国家新开发银行（BRICS New Development Bank，NDB）与"一带一路"倡议相连。这一文件还将"丝绸之路精神"（Silk Road Spirit）阐释为"和平合作、开放包容、互学互鉴、互利共赢"，并认为，"一带一路"倡议同《联合国宪章》的目标和原则是相一致的。这一倡议是开放和包容的。中国驻印度前大使乐玉成先生就认为，这一倡议并不是中国一家的独奏曲，而是各国共同参与的交响华章。① 《愿景与行动》这一文件同时还明确了"一带一路"倡议的五大目标，即政策沟通、设施联通、贸易畅通、资金融通、民心相通。中国人民大学国际关系学院的王义桅教授建议还应该加上一"通"，即"网络相通"，也就是"互联网丝绸之路"（Internet Silk Road）。② 由此，这一概念可能在未来转向为"一带两路"。

　　为了助推上述"五大目标"的实现，中国在"一带一路"倡议沿线明确了六条主要的经济走廊。这是一种新型的地区发展模式。这六条经济走廊包括孟中印缅经济走廊（Bangladesh-China-India-Myanmar Economic Corridor，BCIM）、中巴经济走廊（China-Pakistan Economic Corridor，CPEC）、新欧亚大陆桥（New Eurasia Land Bridge）、中蒙俄经济走廊（China-Mongolia-Russia Economic Corridor）、中国—中亚—西亚经济走廊（China-Central Asia-West Asia Economic Corridor），以及中国—中南半岛经济走廊（China-Indochina Peninsula Economic Corridor）。其中，中国承诺向中巴经济走廊的建设投资460亿美元，并明确将其打造成"一带一路"倡议的示范工程。根据近来的相关研究报告，我们可以看到，中国针对中巴经济走廊的投资

　　① 狄伯杰：《印度与中国：外交政策的应对与回应》（India and China：Foreign Policy Approaches and Responses），新德里：维基图书出版公司，2016年，第7页。
　　② 王义桅：《"一带一路"倡议：中国的崛起将为世界提供些什么？》，北京：新世界出版社，2017年，第12页。

将达到 620 亿美元，这比 460 亿美元的初始投资额要高出了 34%。① 中巴经济走廊将通过宏大的高速公路和铁路网络，将巴基斯坦的瓜达尔港与中国的新疆维吾尔自治区连接起来。上述六大经济走廊预计将中国境内超过十个省级行政单位与亚洲、非洲和欧洲连接起来。例如，云南省将成为中国连接东南亚和南亚的枢纽地区。众多的交通走廊将在云南省省会昆明市交汇，其中就包括预计 2020 年完工的泛亚铁路（Trans-Asia Railway，TAR）；届时，昆明将直通新加坡。同样地，新疆维吾尔自治区将成为中国沟通中亚地区的枢纽，而福建省则将建设成"21 世纪海上丝绸之路"的支点。据报道，到 2020 年，中国将投资 876 亿美元，以建成 172 个大型水利工程项目；而到 2030 年，中国将投资 233 亿美元建设 1600 个机场。② 因此，针对"一带一路"倡议的工程项目，在中国内外，将掀起新的项目竞标潮。

中国正在寻求"一带一路"倡议沿线国家和地区的参与。其中，有 32 个沿海国家在"21 世纪海上丝绸之路"范围内，这一区域人口近 40 亿，GDP 总量接近 16 万亿美元。这些国家潜力巨大，并在近年来取得了较快的经济增长。从 2007 年到 2012 年，区域内年均增长率最低的苏丹共和国也达到了 5.27%，而区域内年均增长率最高的则是缅甸，达到了 22.83%。③ 根据这些数据来看，中国相信，"21 世纪海上丝绸之路"将成为地区和全球经济增长一个新的推动力。同时，考虑到中国现行的总体实力和结构性调整——有时也被称为"新常态"（New Normal），"21 世纪海上丝绸之路"也被中国视为一个新的机遇，一方面有助于维持国内的经济增长，另一方面也可以与众多其他国家强化战略伙伴关系。迄今为止，已经有超过 65 个国家和地区加入了中国的"一带一路"倡议。由此，我们不难理解的是，在 2016 年，中国在"一带一路"倡议沿线国家和地区的

---

① 《中国针对中巴经济走廊的投资将达到 620 亿美元》（China's CPEC investment in Pakistan reaches ＄62 billion），新薄荷在线（Live Mint），2017 年 4 月 12 日，http://www.livemint.com/Politics/dB5tQKISoKNrvl7EwDPFbP/Chinas-CPEC-investment-in-Pakistan-reaches-62-billion.html。

② 刘劲松：《"一带一路"将给工商界带来八大机遇》（Belt and Road will bring eight major opportunities to the business world），香港《大公报》（*Ta Kung Pao*），2015 年 5 月 19 日。

③ 狄伯杰：《印度与中国：外交政策的应对与回应》（*India and China：Foreign Policy Approaches and Responses*），新德里：维基图书出版公司，2016 年，第 17 页。

贸易总额和投资额竟然分别超过了 3 万亿美元和 500 亿美元（狄伯杰，2017）。亚洲仍然是中国经济接触政策的堡垒，几乎一半的中国出口将流向亚洲各国。

　　大部分的东盟国家与中国之间的贸易总额合计超过 4000 亿美元；尽管他们一直小心翼翼地处理着中国的崛起，但是仍然对"一带一路"倡议这一概念持欢迎态度。甚至于连菲律宾亦是如此：它虽然在南海问题上将中国告上海牙国际法庭（International Court of Justice），但是在罗德里戈·杜特尔特（Rodrigo Duterte）当选总统之后仍旧选择向中国一边倾斜。

　　就南亚地区而言，除印度以外的其他中小国家都对"一带一路"倡议持欢迎态度，因为他们都将这一倡议视为全面深化与中国的经济和人文关系的一个巨大机遇。俄罗斯、中亚，以及大部分的东欧国家都选择追随中国的潮流。凡此种种，都不足为奇，因为中国自 2009 年伊始在中亚地区的贸易投资表现，都使得俄罗斯相形见绌；时至今日，中国掌握了哈萨克斯坦三分之一的石油产量。中国的下游产业（downstream industry）①，尤其是在中亚国家的精炼厂，将进一步削弱中亚各国对俄罗斯精炼燃料的依赖，进而减少中亚各国与俄罗斯的贸易总量。如果中国在中亚国家投资超过 600 亿美元的能源相关项目的话，那么，也将会确保其自身巨大的能源安全，并得到来自俄罗斯的保障。例如，在 2014 年 5 月，中国与俄罗斯签署了一笔高达 4000 亿美元的 30 年能源保障协议（2018—2047）。② 尽管俄罗斯对中国在其后院的势力存在持谨慎态度，但是在面对奥巴马时期由美国所主导的西方国家制裁时，仍然选择了与中国合作。然而，据说这一态势可能将在特朗普主政白宫期间发生变化。但是，在 2017 年 4 月所举行的"习特会"上，中美双方又似乎就朝鲜问题和贸易问题达成了某些共识；因此，我们不能因为特朗普跟中国台湾地区领导人蔡英文通了一个电话，就轻率地揣测中美关系陷入了某种程度的动荡。

　　就非洲地区而言，中国也在富有成效地与之开展多边或双边的关系。

---

　　① 译者注："下游产业"（downstream industry）指处在整个产业链的末端，加工原材料和零部件，制造成品和从事生产和服务的行业。下游产业包括为上游产业提供服务的产业，营销生产类、增值业务的连锁产业，各类原材料或半成品生产（包括农业在内）加工，终端消费品（如某些家电）等。
　　② 狄伯杰：《中国在中亚：还有印度的空间吗？》（China in Central Asia：Is there any room for India?），金奈中国研究中心（Chennai Centre for China Studies），论文第 0140/2015 号（Paper No. 0140/2015），2015 年 7 月 13 日。

这在 2014 年中国国务院总理李克强访问埃塞俄比亚、尼日利亚、安哥拉和肯尼亚四国时，是显而易见的。在此次访问中，李克强总理着重强调了非洲的三大作用：一是国际关系民主化的一支重要力量，二是全世界经济增长最快的区域，三是全球经济增长的一个新增长极。李克强还指出，资源丰富的非洲与中国的贸易额已经超过了 2000 亿美元，同时，这一数字将在 2020 年翻一番。中国在非洲地区重点投资能源资源、基础设施、电信和矿业等行业。如果不考虑已有超过一百万中国人在非洲居留这一事实的话，同时将"中国已是非洲大陆上的一个新殖民主义强权"这一日益甚嚣尘上的论调抛至一边的话，那么，我们可以说，在非洲全部历史上，当前的非洲比任何其他地区都更需要中国的参与。

各国战略界对于"一带一路"倡议亦莫衷一是。美国《外交官》（The Diplomat）杂志副主编香农·蒂耶兹（Shannon Tiezzi）和中国学者陈定定都将中国的"一带一路"倡议类比作美国的"马歇尔计划"（Marshal Plan）；而美国正是通过这一计划在"二战"后实践其"慈善的超级大国"的地位的。① 然而，包括中国国际问题研究院研究员石泽在内的中国学者，则对西方的这些批评予以了驳斥，并坚持认为"三不政策"即"不干涉别国内政、不追求建立所谓的势力范围、不寻求建立霸权或主导权"，也同样适用于"一带一路"倡议。② 这些中国学者们认为，美国在"二战"后的"马歇尔计划"有政治议程，这导致了北大西洋公约组织（NATO）的建立，并最终触发了冷战。而"一带一路"倡议则较"马歇尔计划"更深一筹，就在于它尝试将全球连通起来，这其中的经济价值可能高达庞大的 21 万亿美元。③ 而中国预计向"一带一路"倡议的相关项目投资将达 14

---

① 陈定定：《中国版的"马歇尔计划"更深一筹》（China's "Marshall Plan" is much more），载《外交官》 （The Diplomat），2014 年 11 月 10 日，http://thediplomat. com/2014/11/chinas-marshall-plan-is-much-more/。

② 石泽：《"一带一路"倡议：关于概念与实践的新思考》（"One Road & One Belt": New Thinking with Regard to Concepts and Practice），德国法兰克福席勒研究所三十周年纪念研讨会上的演讲，法兰克福，2014 年 10 月 14 日，http://newparadigm. schillerinstitute.com/media/one-road-and-one-belt-and-new-thinking-with-regard-to-concepts-and-practice/。

③ 香农·蒂耶兹（Shannon Tiezzi）：《新丝绸之路：中国版的"马歇尔计划"？》（The New Silk Road: China's Marshal Plan?），《外交官》（The Diplomat），2014 年 11 月 6 日，http://thediplomat. com/2014/11/the-new-silk-road-chinas-marshall-plan/。

万亿美元。① 那么，这一宏大的倡议将会成功实现中国梦和全世界各国各地区人民的梦想吗？还是说，它将会激怒全世界的地缘战略对手，并与世界上正在衰落的唯一超级大国美国展开冷战或热战呢？

　　针对中国的这一条新丝绸之路的历史、地缘经济和地缘政治，世界各国的分析家们给出了截然不同的解释。就"我们是否需要重建古代交通线路"这一问题而言，人们通常把它与"中华文化圈"（Sinosphere）和中华帝国的"朝贡体系"（Tributary System）联系起来。如果我们可以把古丝绸之路描绘成一条和平合作之路的话，那么，其实我们也不能忘记这条古丝绸之路上所发生的大规模杀戮和政权更迭的事件。例如，《旧唐书·田神功传》就曾写道，唐朝时的一位将军田神功在成功收复叛军刘展所控制的扬州城时，洗劫了这座城池并屠杀了数以千计的波斯人和其他外国商人。② 同样地，1404—1433 年期间郑和下西洋的最初动机，也绝非是全部为了和平。这一航海行动恰恰并非中国所宣称的那样和平与不扩张；对此，学界也颇有研究。经济上的目的仅为众多的动因之一，而其他方面的动机则包括寻找下落不明的明惠帝朱允炆（至少是第一次远航的一个政治动机），炫耀中国文化和军事力量，以及重建太平洋和印度洋的地缘政治秩序。而早在郑和下西洋之前，中国在安南（今越南）的政权更迭行动，就将其朝贡体系扩展至暹罗（今泰国）和爪哇。此外，首次远行的郑和船队还击溃了旧港（当时是室利佛逝的一个公国，今巨港，印尼港市）的统治者——海盗集团头目陈祖义，并将其羁押南京枭首示众（费信，1436：53）③；同时，郑和的船队在第三次远航时，废黜了锡兰山国王亚烈苦奈儿（Alagagkonara）（费信，1436：64—65），并将其带到中国（尽管随后他在次年被释放归国）。上述这些事例都表明了郑和下西洋具有政治性目的的一面。因此，根据沈丹森（Tansen Sen）的研究，将郑和描绘成一个和平

① 《中国十四万亿美元的"一带一路"倡议将比美国在"二战"后重建欧洲的"马歇尔计划"影响还要深远》（China's US＄1.4 trillion "One Belt, One Road" set to make bigger impact than US' Marshall Plan to rebuild post-war Europe），《南华早报》（South China Morning Post），2016 年 8 月 8 日，http://www.scmp.com/news/china/policies-politics/article/2000835/chinas-us14-trillion-one-belt-one-road-extends-beijings。

② 《旧唐书·田神功传》，http://so.gushiwen.org/guwen/bookv_7570.aspx。

③ 费信：《星槎胜览》（The Overall Survey of the Star Raft），米尔斯（J. V. G. MiUs）英译，罗德里希·普塔克（Roderich Ptak）注释，威斯巴登：哈拉索威兹出版社（Harrassowitz Verlag），1996 年，第 53 页。

友谊使者是错误的，但是即便如此，他也同意，中国的"一带一路"倡议在亚洲和欧洲还是能够促进那些愿意认同古丝绸之路的国家的经济发展。[①]同时还需要强调的是，郑和下西洋总体上是和平的，而且并没有寻求扩张领土，尽管处于鼎盛时期的明朝是有能力这么做的；这与18、19世纪西方的军事殖民远征行动是截然不同的。

许多人将"一带一路"倡议视为中国在美国"重返亚洲"的大背景下进行的全球再平衡战略，因为中国确信美国的"重返亚洲"战略就是为了遏制中国的崛起。另外，在西方陷入经济困境同时贸易保护主义倾向日趋抬头的大背景下，"一带一路"倡议也被视为一个由中国所主导的再全球化进程。英国脱欧以及唐纳德·特朗普在美国的胜选都是这一转变的指向，西方阵营的贸易保护主义之风愈刮愈烈。我们已经见证了中国从1990年代和2000年代的深度全球化中获益匪浅，数以百万计的民众脱离了贫困线。包括印度在内的诸多国家都启动了他们自身的互联互通倡议，并推动了一系列的工程项目，包括诸如"印度制造"（Make in India）、"数字印度"（Digital India）、"创业印度"（Start Up India）、"海洋之环"港口提升系列项目（Sagarmala）、"印度之环"高速公路联通系列项目（Bharatmala）等有全球影响的项目计划。印度和中国能不能调整各自的倡议，创造一种新的全球经济生态系统，进而实现更加深远的经济政治利益呢？或者说，我们应该允许建立排他性的利益范围吗？我们应该偏离威斯特伐利亚会议以来的安全范式吗？难道我们不应该支持"与对手共安全"而不是"打击对手求安全"吗？我们能够按照中国国家主席习近平提倡的那样建立一个涉及经济、文化和安全的亚洲共同体吗？

就印度对中国"一带一路"倡议的态度而言，其实印度早在2013年签署共建孟中印缅经济走廊协议的时候，就已经是"一带一路"倡议的一部分了。同时，印度还是亚洲基础设施投资银行（简称亚投行）的创始会员国，亚投行和中国国家开发银行均为"一带一路"倡议项目的重要投资融资方。然而，印度对于"一带一路"倡议不够热心的主要原因就在于，

---

① 沈丹森（Tansen Sen）：《丝路外交：扭曲和失真了历史》（Silk Road Diplomacy—Twists，Turns and Distorted History），耶鲁全球在线（YaleGlobal），2014年9月23日，http://yaleglobal. yale. edu/content/silk-road-diplomacy-% E2% 80% 93-twists-turns-and-distorted-history。

中国在宣布孟中印缅经济走廊为"一带一路"倡议的一部分的时候并未咨询印度的意见，同时，还启动了颇具争议的中巴经济走廊项目；印度认为，后者几乎未能照顾到印度的领土敏感性，毕竟中巴经济走廊穿越了印度声称拥有主权的领土争议地区。中国的学者和外交官则认为，印度的互联互通和投资项目与中国的"一带一路"倡议是相一致的，但是，印度总是以地缘政治的有色眼镜来看待中国的这一倡议，故而所得出的结论也是截然相反的。① 事实上，印度的沉默反应，是在随后逐步表达出来的，这源自于涉及海陆主权问题的安全困境——关于这一点，印度外交秘书在最近的中印战略对话（2017）中阐述得非常清楚："事实在于，中巴经济走廊是'一带一路'倡议的一部分；而中巴经济走廊侵犯了印度的主权，因为它经过了巴控克什米尔地区（Pakistan-occupied Kashmir，PoK）。"② 同时，印度对于潜在的跨喜马拉雅区域经济合作倡议也忧心忡忡；毕竟中国与印度周边的近邻尼泊尔和不丹友好合作，也使得印度坐立不安。此外，印度对于孟中印缅经济走廊的建设，也是一再延缓拖沓，就是因为担心中国插手其东北部地区盛行的叛乱活动。新德里真的准备放弃对其东北部地区的敏感神经，转而支持这一地区的经济发展吗？中国与东盟之间，以及印度与东盟之间大规模的贸易，真的能够外溢到印度的东北部地区和中国的西北部地区吗？如果我们将边界视为通道而非障碍的话，那么，上述这些问题的答案都是肯定的。

就主权问题而言，建构主义者们认为，印度必须吸取其他国家在主权问题上的经验教训。他们指出，俄罗斯和日本在有领土争议的千岛群岛地区照样达成了谅解并展开了经济合作。在 2016 年 11 月俄罗斯总统普京访问日本的时候，俄日两国签署了这一合作协议。根据 EBL 新闻的报道，"这一协议开启了俄日两国就渔业和其他形式的海上农业、旅游业，以及群岛地区的生态保护等领域的双边磋商。"③ 就孟中印缅经济走廊的建设而

---

① 林民旺：《"一带一路"，印度为何迟迟不愿加入?》（Belt and Road：Why India is reluctant to join?），2017 年 4 月 1 日，http://chuansong. me/n/1730509752418。

② 苏杰生（Jaishankar，S）：《中巴经济走廊侵犯了印度主权》（CPEC violates sovereignty），《印度快报》（*Indian Express*），2017 年 2 月 22 日。

③ 《俄日同意在有领土争议的千岛群岛地区展开经济合作》（Russia，Japan agree to economic cooperation on disputed Kuril Islands），EBL 新闻（EBL News），2017 年 3 月 3 日，https://eblnews. com/news/world/russia-japan-agree-economic-cooperation-disputed-kuril-islands-48563。

言，建构主义分析家们认为，区域经济合作将有效消除地域闭塞的印度东北部的贫困，同时也能促进印度的"东进政策"（Act East Policy）在东盟国家和中国西南区域的实施。此外，他们还认为，由于印度在阿富汗、伊朗和中亚地区有其自身的利益，加入到包括中巴经济走廊在内的这一系列互联互通倡议中来，至少加入此类倡议谈判，应该尽快纳入印度的议事日程。

同样有意思的是，印度和中国应该考虑开发类似的经济走廊，这一经济走廊可以从中国的西部地区主要是新疆和西藏，与印度的查谟和克什米尔地区、比哈尔邦和北方邦相贯通，乃至于延伸至尼泊尔。"一带一路"倡议的行动纲领将新疆维吾尔自治区界定为政治上和地缘意义上的双核心区域。中国亦将新疆视为向西通向中亚、南亚和西亚的一个重要门户。无论是中期目标还是远期目标都已确定，并将最终实现"一带一路"倡议。就南亚地区而言，笔者认为，并不仅仅只有"一带一路"倡议行动纲领中所确定的中巴经济走廊，这只是一个中期目标，也就是说，在未来5—10年内，中国和巴基斯坦完成铁路和公路的互联互通。而远期目标则被设定在 2049 年，这些目标包括中国新疆地区的"三大通道"、"三大基地"和"五大中心"。其中，"三大通道"包括北部—中部—南部走廊，"三大基地"包括油气基地、煤炭基地和风能基地，而"五大中心"则涉及医疗、交通、文化等诸多领域。上述这些通道建设和基地建设究竟是将会加剧中印巴战略三角之间的竞争，还是会为未来的"软边疆"（soft borders）① 与政治和解奠定基础呢？如果中国的投资从中巴经济走廊扩展至印度的古吉拉特邦的话，那么，印度的"瓜达尔困境"会不会稍微削弱一些呢？中国

---

① 译者注：兰州大学西北少数民族研究中心徐黎丽教授认为，随着经济科技全球化，以国家陆疆、海疆、空疆三维一体构成的"硬边疆"（hard borders）为范围的国家利益受到挑战，利益边疆、政治边疆、文化边疆、经济边疆、信息边疆、战略边疆等边疆新概念纷纷出现。这些概念都是以虚拟边疆和无形边疆的形式强调国家利益安全的重要性，实际上就是用边疆与安全的密切关系来表达全球化背景下国家硬边疆受到冲击致使国家利益受到安全威胁的担忧，可概称为"软边疆"。国家的政治、经济、文化、社会、信息、战略利益均构成软边疆的内涵，它的外延有时会因发达国家的国家利益延伸和发展中国家国家利益内缩而波动。软边疆概念以硬边疆概念为基础，都是国家利益的话语表达。（参见徐黎丽：《国家利益的延伸与软边疆概念的发展》，《云南师范大学学报（哲学社会科学版）》，2011 年，第 43 卷，第 5 期，第 41—47 页。）

意图将尼泊尔和印度联通起来的跨喜马拉雅山脉铁路倡议会不会成为中印两国竞争和对立的又一战场呢？上述这些问题都会决定中印关系的未来走向。

就"21世纪海上丝绸之路"这一倡议而言，印度也颇有疑虑。印度目前的反应就是，一方面进一步深化与美国、日本、越南和澳大利亚等国的海洋伙伴关系，另一方面则分层接触东盟国家。此外，还有一些诸如"季风计划"（Project Mausam）在内的新倡议的提出。"季风计划"是由印度文化部和印度考古协会（Archaeological Society of India）联合发起的倡议，位于印度新德里的英迪拉·甘地国家艺术中心（Indira Gandhi National Centre for the Arts）是这一倡议的研究单位。由于这一倡议覆盖了东非、阿拉伯半岛、印度次大陆、斯里兰卡和东南亚，由此也有分析家将"季风计划"称为"印度洋世界计划"，并认为这是印度针对中国"21世纪海上丝绸之路"倡议的有力回应。对此，中国的一部分学者认为，印度的"季风计划"是一个具有威胁性和竞争性的倡议，将会对中国的"一带一路"倡议形成较大的挑战；而这两大倡议之间的竞争将导致世界上两大崛起中的经济体之间的扭打和冲突。[①] 然而对此，中国也有着其他的一些解释，例如，中国驻印度前大使乐玉成先生就认为，"中国的'一带一路'倡议可与印度的'香料之路'（Spice Route）、'东进政策'和'季风计划'相连，由此创造出中印合作的一个新起点和一大新亮点"。[②] 笔者则认为，"季风计划"是一个纯粹的文化建构概念，且并未对"一带一路"倡议造成任何威胁。尽管"季风计划"听起来颇具雄心，但是印度将其转化为现实的经济实力是丝毫没有可能的。不同于"季风计划"的是，印度的"海洋之环"港口提升系列项目（Sagarmala）则更为现实，即印度意图通过"海洋之环"项目，在其东西海岸建设起一系列的深海港口、铁路、公路、智慧城市和高速铁路。对此，

---

① 《印度以竞争性项目计划回击习近平的"一带一路"倡议》（India counters Xi's "belt and road" with competing project），中国台湾《旺报》（英文版）（Want China Times），2015年3月1日，http://www.wantchinatimes.com/news-subclass-cnt.aspx?id=20150301000123&cid=1101。

② 《中国认为"季风计划"可与"一带一路"倡议相连》（China says "Mausam" can be linked to "One Belt One Road"），《德干先驱报》（Deccan Herald），2015年3月4日，http://www.deccanherald.com/content/463755/china-says-mausam-can-linked.html。

中印两国的两大倡议是可以整合的。

战略分析家和批评家们应该将中国的"一带一路"倡议视为针对印度的"战略包围"吗？如果印度仍然处于这一倡议的价值链条之外的话，那么，这是非常不幸的；然而，对于如何应对中国的"一带一路"倡议，印度应该根据具体的情况来具体地决定采取何种策略。对于包括能源、交通、资源和电子商务在内的一系列的基础设施建设领域，以及贸易投资一体化的项目，则尤为如此。针对"一带一路"倡议沿线国家和地区，中国同样也有着自身的优先考量和回应。例如，中国在处理与小国、中等国家、南海争议各方，以及诸如巴基斯坦一类的战略支点国家和诸如印度一类的大国的关系时，策略是完全不同的。由于印度同时面临着不确定性和机遇，印度必须利用好其在印太地区无价的地缘政治战略空间。如果美国意图通过借道印度或者与其海陆盟友一道来抵消中国的地缘政治推力并与中国发生冲突的话，那么，这将对所有的利益相关方产生毁灭性的影响。从印度的角度来看，如果美国意图寻求与印度更为紧密的经济合作的话，那么，对于印度与中国、印度与美国的经济接触政策也是一样的。有人认为，美国将会为了印度而抛弃在中国的利益，这是非常幼稚的。我们可以想象一下，中美两国之间的贸易总额已经高达5290亿美元，而如果我们有兴趣的话，可以将之与印度和中美两国的贸易总和对比一下。因此，如果印度确实想充当中美之间一个"摇摆力量"（制衡手）（swing power）的话，那么，它最好选择充当一个选择合作和良性竞争的"摇摆力量"。就印度的国家利益而言，对抗和冲突是不符合印度的利益的，同时也不符合中国和美国的利益。

近年来，诸如亚洲基础设施投资银行、丝路基金、"21 世纪海上丝绸之路"和最近的亚太自贸区（Free Trade Area of the Asia Pacific, FTA-AP）一类的宏大倡议，似乎都将中国推向了全球地缘政治和地缘经济的中心，并迫使美国与之争夺地区领导权，乃至全球领导权。此外，中国的这一系列倡议也挑战了美国在上述领域内的霸权地位，包括美国的"重返亚洲战略"和"跨太平洋伙伴关系协议"都受到了影响。尽管存在着落入"修昔底德陷阱"（Thucydides' Trap）的战略诱惑，但是，目前来看，中国仍然清醒地避免战略失误，并在 2006 年将"和平崛起"（peaceful rise）的提法转变为"和平发展"（peaceful development），同时还在最近提倡寻求"相互尊重、不对抗和互利共赢"的"新型大国关系"（new type of major power relationship）。迄今为止，美国只是勉强地认可中国的这些提法，但是至于美国是否有能力避免落入"修昔底德陷阱"，还有待进一步观察。①

最后，"一带一路"倡议确实是中国实现其全球再平衡、文化再平衡和"全球化2.0版"之目标的一个工具。关于"一带一路"倡议的动机与目标，战略界和经济学家们众说纷纭。许多分析家甚至怀疑这一战略能否取得成功，毕竟"一带一路"倡议的地缘边界地带涉及大量的政治风险、经济风险、安全风险、法律风险和道德风险。中国在亚洲和非洲的一些工程项目面临着不少阻碍，很多国家也许将由此落入中国的债务陷阱。反过来说，如果中国的"一带一路"倡议成功了的话，那么，中国由此将深刻改变既有的地区和全球政治框架，并对既有霸权国构成一个巨大的挑战。而至于印度将如何应对这两大阵营，还有待进一步观察；但至少目前来看，印度仍然处于中美各自倡议的范围之外。中国人已经意识到，美国似乎并不怎么支持北京自20世纪70年代末改革开放以来的复兴进程。美国只是将中国视为唯一有潜质挑战其全球霸权地位的战略对手。中国也相信，世界上也只有美国、日本和印度等国家会阻碍其海洋雄心。② 在此情况下，印度究竟会选择坚持其战略独立还是向一方倾斜呢？这是一个难以抉择的宏大命题。

狄伯杰

印度尼赫鲁大学

---

① 狄伯杰：《佛罗里达州的习特会：美国能够避免"修昔底德陷阱"吗？》（Trump-Xi Summit in Florida：Can the US avoid Thucydides trap？），《对话》（*The Dialogue*），2017年3月28日，http://www. thedialogue. co/trump-xi-summit-florida-can-us-avoid-thucydides-trap/。

② 张世平：《中国海权》，北京：人民日报出版社，2009年，第331页。

第一部分 文明间的系泊具

第1章　丝绸之路的文明交流及其对丝绸之路经济带的影响

姜景奎（Jiang Jingkui）[*]

摘要： 本章立足于历史语境中的"一带一路"概念，主要是检视丝绸之路上的文明交流与互动，而正是这些文明交流和互动塑造了今天丝绸之路经济带的社会图景、文化图景、宗教图景和政治图景。由于"一带一路"倡议将文明间的再平衡设定为一大目标，本文由此认为，长久以来丝绸之路上的传统贸易活动，不仅促进了物质领域的货物交流，同时还为人员、知识和信仰的交流提供了更为深广的空间和平台。

关键词： 丝绸之路文明（丝路文化），"一带一路"，文明再平衡

导　论

一般说来，丝绸之路有陆上丝绸之路和海上丝绸之路之分，本文仅论陆上丝绸之路，但仍称之为丝绸之路。

丝绸之路始于公元前 2 世纪，得益于中国汉使张骞（Zhang Qian）的"凿空之旅"。该路东起中国西安，西至北非和南欧，是古代连接亚、欧、非三大洲的主动脉之一。该动脉跨越陇山山脉，穿过河西走廊，过玉门关和阳关，抵新疆；之后沿绿洲和帕米尔高原，通过中亚、西亚，抵达非洲和南欧；沿线有中国、阿富汗、印度、中亚诸国、伊朗、伊拉克、叙利亚、土耳其、沙特阿拉伯、埃及、意大利等国。在这条路上，既有忙碌的逐利商人，也有自由自在的旅行者，还有受命出使的使者和前往宗教圣地

---

* 北京大学南亚研究中心主任，教授，印度文学院院士。

朝圣的虔诚教徒。从公元前 2 世纪到公元十四五世纪，这条路一直是连接中国、印度、两河流域、埃及以及希腊、罗马的重要纽带，既是古代东西方最为重要的商路之一，也是古代东西方进行政治经济文化交流的主要通道。一千多年来，东西方诸国进行着商品交流、宗教交流和文化交流，谱写了一曲曲壮美的人文诗篇。

　　"丝绸之路经济带"是 2013 年中国国家主席习近平提出的进行区域合作共赢的倡议。当年 9 月 7 日，习近平在哈萨克斯坦纳扎尔巴耶夫大学（Nazarbayev University，Kazakhstan）发表题为《弘扬人民友谊　共创美好未来》（Promote People-to-People Friendship and Create a Better Future）的演讲，倡议用创新的合作模式，共同建设"丝绸之路经济带"，将其作为一项造福本区域各国人民的大事业。2014 年 6 月 22 日在卡塔尔多哈进行的第 38 届世界遗产大会上，中哈吉三国联合申报的古丝绸之路的东段"丝绸之路：长安—天山廊道的路网"（Silk Roads：the Routes Network of Chang'an-Tianshan Corridor）成功申报世界文化遗产，成为首例跨国合作、成功申遗的项目。这为"丝绸之路经济带"概念的进一步完善提供了更大的空间。2015 年 2 月 1 日，中国召开推进"一带一路"建设的工作会议，"丝绸之路经济带"概念得到进一步落实。

　　在哈萨克斯坦的演讲中，习近平表示，2100 多年前，中国汉代的张骞两次出使中亚，开启了中国同中亚各国友好交往的大门，开辟出一条横贯东西、连接欧亚的丝绸之路。所以，"丝绸之路经济带"的概念和丝绸之路的概念具有某种趋同性，"丝绸之路经济带"是在丝绸之路概念基础上形成的一个新的经济发展区域，前者对后者进行了延伸和放大，赋予后者更多内涵和功能。可以说，"丝绸之路经济带"东边牵着亚太经济圈，西边系着欧洲经济圈，还连着北非经济圈，是世界上最长、最具有发展潜力的经济大走廊。

丝绸之路上的文明

　　从某种角度说，丝绸之路是一个地理类的区域概念，含多个国家多个民族，虽然这些国家和民族在历史的长河中有所变化——迁徙、融合、转变，甚至消亡。这里是人类文明的重要发源地，含古埃及文明、爱琴海文明、两河流域文明、印度文明和中华文明，世界四大文明古国古埃及、古巴比伦、印度和中国皆在其域，影响巨大。公元前 2 世纪之后，丝绸之路正式开通，这里的文明有所变化，含欧洲文化（希腊文化、基督教文化）、阿拉伯伊斯兰波斯文化、中亚文化、印度文化、中国文化、蒙古文化等。这些文化发展、外扩、交流、碰撞、融合，抑或"消亡"融入其他文化（如阿拉伯文化、波斯文化、蒙古文化入伊斯兰文化），抑或"新生"（如中华文化发展成为含印度佛教文化的新型文化），抑或"死而复生"（如犹太文化），形成了较为特殊的诸多丝路文化类型。自然，丝绸之路最初以物品交换为主，之后逐渐发展为民间与官方混用的贸易通道，物质文化交流一直是丝绸之路上最主要的文化交流形式。不过，随着物质文化交流的深入，人文交流登上舞台，人员往来、宗教传播、艺术互渗不断，成为丝绸之路区域内国家和民族的额外"收入"。

就"交流"看，丝绸之路区域的主流文明主要有中华文明、印度文明、蒙古文明、伊斯兰文明和欧洲文明（希腊文明和基督教文明）等，前伊斯兰时期的中亚文明和波斯文明等也值得重视。不过，从生命力的顽强程度看，蒙古文明及前伊斯兰时期的中亚文明和波斯文明等几乎完全被伊斯兰化，余量甚少。比较而言，中华文明、印度文明、伊斯兰文明和欧洲文明则显得生机勃勃，生命绵长。

丝绸之路与跨文化交流

中华文明 中华文明历史悠久，影响深远。中华文化在公元前 2 世纪由西汉王朝汉武帝"罢黜百家独尊儒术"后逐渐发展成为以儒家文化为核心及主体的文化类型。不过，经过与丝绸之路上诸种文化一千多年的交流融合，中华文化具有了今天"一而多"的特点。"一"仍是儒家文化；"多"则来自外域，以丝绸之路上的文化为主，如印度文明的佛教文化、欧洲文明中的基督教/天主教文化、阿拉伯伊斯兰文明中的伊斯兰文化等。来自印度的佛教甚至发展成为中国的传统宗教之一，中国已然是世界上拥有佛教信众最多的国度。佛教于公元前后进入中国，之后，官方有支持，民间有赞助；于是，官方求法使团、西来弘法僧人、东去求法大德等穿梭于丝绸之路沿线，延续几个世纪不断，终于成就了中国佛教文化。虽然，佛教于 13 世纪初于印度本土消亡，但在中华大地上生根发芽后却长盛不衰，繁茂至今。可以说，去除了佛教，中华文化将不能成之为中华文化。由此，印度文化孕育了佛教和佛教文化，中华文化继承和发扬了佛教和佛教文化，中华文化感谢印度文化的慷慨赠予，印度文化也应感谢中华文化的博大胸襟。同样，在西方传教士和中国本土信众的努力下，欧洲文化和基督教/天主教文化生根发展于中土；在伊斯兰统治者和传教者及中国本土人士的努力下，伊斯兰教在中国拥有一片江山。当然，古波斯文明中的摩尼教/祆教文化、漠北的蒙古文化等都与中华文化有交融和碰撞，后者甚至成为中华文化不可分割的一部分。

印度文明　印度文明发端于公元前 3000 年前后的印度河文明，其核心成分是印度教（Hinduism）、佛教（Buddhism）、耆那教（Jainism）和锡克教（Sikhism），印度教和耆那教生命力强劲，遇百折而不挠；印度佛教国际意识强烈，传播广远，影响巨大；印度锡克教颇具灵活性，于印度教文明和伊斯兰教文明之间独树一帜，挥洒自如。不过，伊斯兰教的《古兰经》和宝剑仍然成功地入驻印度大地，目前，南亚八国中的阿富汗、巴基斯坦、孟加拉国和马尔代夫是伊斯兰教国家，印度本国的穆斯林人口也大为可观。伊斯兰教在印度次大陆占据了半壁江山，地位牢不可破。另外，中国文化中的道家思想和儒家学说等也渗入印度，从某种角度丰富和完善了印度文明。

伊斯兰文明　从某种程度上说，自产生之日起，伊斯兰教及伊斯兰文明就有尚武特性，其外向意识比任何宗教都强烈。所以，自中世纪之后，丝绸之路上的伊斯兰身影活跃异常，其传教意识和征服行动空前绝后，几乎横扫北非、西亚、中亚和南亚，使丝绸之路的中段区域近乎完全伊斯兰化，伊斯兰教成为这些区域的主宰宗教，连实力强盛的欧洲文化和蒙古文化也没能幸免。不过，埃及伊斯兰中的古埃及文化因素、两河流域（Mesopotamia）伊斯兰中的古巴比伦文化因素、伊朗伊斯兰中的波斯文化因素以及南亚伊斯兰中的印度文化因素却也是不争的事实。这些区域的伊斯兰教与其发源地沙特阿拉伯地区的伊斯兰教存在诸多小异说明，伊斯兰教文明接纳了异己者的影响，也即：埃及伊斯兰教是伊斯兰教与埃及本土文明的融合、两河流域伊斯兰教是伊斯兰教与古巴比伦文明的融合、伊朗伊斯兰教是伊斯兰教与波斯文明的融合、南亚伊斯兰教是伊斯兰教与印度文明的融合，互动而果是其灵魂所在。

欧洲文明　欧洲文明地处丝绸之路的最西面，可谓丝绸之路的终点。甚至在东西丝绸之路全面开通之前，地中海文明（爱琴海文明/希腊文明）就到了西亚、中亚和南亚，强大的马其顿帝国最盛时（前 4 世纪前半期）地跨欧、非、亚三洲，其疆域东自费尔干纳盆地及印度河平原，西抵巴尔干半岛，北从中亚细亚、里海和黑海起，南达印度洋和非洲北部，*丝绸之*

路的西段和中段近乎全部包含其中，影响甚大。之后的罗马帝国最盛时（公元一二世纪）也地跨欧、非、亚三洲，其疆域西起西班牙、不列颠，东到幼发拉底河上游，南自非洲北部，北达莱茵河与多瑙河一带，地中海成为帝国的内海。再后的东罗马帝国是古代和中世纪欧洲最悠久的国家，至15世纪中叶才宣告结束，其核心地区位于欧洲东南部的巴尔干半岛，领土曾包括亚洲西部和非洲北部，极盛时领土还包括意大利、叙利亚、巴勒斯坦、埃及、高加索和北非的地中海沿岸。所以，不论是希腊文明（地中海/爱琴海文明），还是基督教/天主教文明，抑或是东正教文明，对丝绸之路区域的各类文明都有重大影响。从某种角度说，伊斯兰教与基督教同根同源，欧洲文明因素自不必说。印度文明和中华文明中的基督教/天主教因素及文化因子都离不开欧洲文明通过丝绸之路对人类的贡献。反之，欧洲文明中的东方文明因素同样离不开丝绸之路，基督教/天主教源于东方的犹太教，仍然没有离开丝绸之路区域。再者，中国和印度的货物，特别是中国的丝绸、瓷器等，并随之而至的文化因素，以及印度经由阿拉伯的民间故事等，对欧洲文化都有大影响。实际上，更早的波斯帝国甚至包含欧洲的一部分，该帝国同样横跨亚、非、欧三洲，位于西亚伊朗高原地区，以古波斯人为中心，全盛时期领土东起印度河平原、帕米尔高原，南抵埃及、利比亚，西至小亚细亚、巴尔干半岛，北达高加索山脉、咸海。该帝国后被亚历山大大帝所灭，成为马其顿帝国的资产，可见双方的承袭和互融关系。

除这四大文明类型通过丝绸之路相互影响、相互融合外，该区域的其他文明类型，如犹太文明、蒙古文明、俄罗斯文明等均有所表现，通过丝绸之路，与异己文明进行互动，输出输入并举。此不赘言。一句话，经由丝绸之路，该区域的各类文明相互冲突、碰撞、融合，共同造就了今天的具有自身特点的丝路文明。

丝绸之路文化之于"丝绸之路经济带"

历史和现实都告诉我们，丝绸之路和"丝绸之路经济带"是基本重合的，前者是过去，后者是现在，汲取历史经验和教训，脚踏实地实践，才能共创更美好的未来。

回顾历史，我们发现，丝路文化的形成既有美好的记忆也有痛苦的回忆，美好如中印人文交流，痛苦如伊斯兰文化—基督教文化—印度文化之冲突。佛教东传中土的过程实际上是中印两大文明共同奏出的一篇壮美的和谐乐章。其时，印度佛教具有国际化意识，印度人具有外传念头，中国文明具有接纳外来文化的胸怀，中国人具有引入期望。于是，丝绸之路东段木鱼声不绝，西来东往者络绎，传入者兴奋，接纳者激动，双方你来我往，不畏旅途之劳苦，不惧翻译、传教之艰难，共同完成了两大文明的和谐融合，成就了今天的中印文明。相比起来，西亚、中亚和南亚的伊斯兰化过程则显得差强人意，其间伴随着刀光剑影、人仰马翻、家破人亡，甚至种族灭绝。发生于天主教文明和伊斯兰教文明之间的十字军东征、伊斯兰教文明对印度/南亚的征服、蒙古文明对中亚文明的进犯等都展现出了血雨腥风的狰狞面目。

由此，在我们倡导和进行"丝绸之路经济带"建设的今天，我们必须有一个正确的态度，即扬弃历史的态度。我们必须从我们的丝路文化中汲取和平美好的部分，抛弃争斗不和谐的因素，以全新的方式进行丝路建设。

纵观目前中华文明、印度文明、伊斯兰文明和欧洲文明等"丝绸之路经济带"的主体文明，笔者认为，博爱、宽容、平等、和平与合作是诸文明的共性，是"丝绸之路经济带"区域内各国各民族的共同爱好，具有普遍性和普世性：

就中华文明而言，"仁、义、礼、智、信"是核心内容之一，为儒家的"五常"。这"五常"贯穿于中华文明的形成发展全程，成为中国价值体系中的最核心因素。具体说来，仁即仁爱、爱人；义即忠义、助人；礼即礼和、敬人；智即睿智、教人；信即诚信、信人（信于人）。综合起来，博爱、宽容、平等、和平与合作诸方面兼具，成为中华文明最为显著的特征和本质。其不仅见于中华文明的主体——儒教文化之中，也见于释道等亚文化之中，是中华文明的普遍性特征和内核。

印度文明同样如此，印度教的五德、佛教和耆那教的五戒以及锡克教的神等都包含类似因子。印度教的五德含忠诚、非暴力、超脱欲望、自我克制、纯洁，其核心是非暴力；佛教的五戒是不杀生、不偷盗、不邪淫、不妄语、不饮酒；耆那教的五戒是不杀生、不欺狂、不偷盗、不奸淫、不蓄私财；锡克教的神即是爱、即是真理。诸种戒律和行为准则均含有博爱、宽容、平等、和平与合作等特色，是印度文明的固有内容。

根据《古兰经》和《圣训》等伊斯兰教典籍，穆斯林应该具有爱好和平、团结互助、倡导学习、诚实经商、讲究卫生、乐善好施、待人忠诚、热爱劳动、注重体育、宽容谅解等美德。不难发现，这其中也包含了博爱、宽容、平等、和平与合作等内容，是伊斯兰文明的内在特征之一，是穆斯林要遵循的共同道德规范和行为准则。

欧洲文明的核心——基督教认为，平等博爱是普遍真理，是人类应遵循的共同准则。此外，信、望、爱是基督徒的三大美德，信是信任、可靠之义，望是期盼、愿望之义，爱则是神的本质，在神人关系和人人关系中最为重要；谦卑、温纯、善施、贞洁、适度、热心及慷慨则是基督信众的七种美德；宽容、忍耐等也同样重要。概言之，博爱、宽容、平等、和平与合作等也是欧洲文明的固有内容，是欧洲文明的承载者理应遵循的美德。

因此，在进行"丝绸之路经济带"建设的过程中，丝路区域各文明体各国各民族应该具备和遵循博爱、宽容、平等、和平与合作（fraternity, tolerance, equality, peace and cooperation）等诸方共有的美德和准则；各大文明体应抛弃各自的某种惯有缺失，如中华文明不可有中央帝国四方来贺之念头，印度文明不可有过分民族主义和南亚霸主之意识，伊斯兰文明不可有唯有穆斯林才是兄弟之想法，欧洲文明不可有唯我才正确之观点……须知，经济共赢虽是"丝绸之路经济带"建设的中心目标，但政治、文化无疑不可能置身事外，必将成为经济往来的前提和后备，与博爱、宽容、平等、和平与合作等美德和准则一起共同成为"丝绸之路经济带"成功的必要保障。

结　论

"丝绸之路经济带"地域辽阔，有丰富的自然资源、矿产资源、能源资源、土地资源和宝贵的旅游资源，是21世纪的战略能源和资源基地，但该区域差异性大，交通不够便利，自然环境较差，经济发展水平参差不齐。区域内各主体唯有看前顾后、吸取历史教训，把诸方共性即博爱、宽容、平等、和平与合作等作为工作前提和实施原则，"丝绸之路经济带"的倡议和建设才能达到预期目标，诸主体也才能各有收获，共赢目标才能实现。

第 2 章　丝绸之路与中印文明对话：佛学高僧的角色

［印度］狄伯杰 （B. R. Deepak）*

摘要：本章依循文明间重组再平衡的趋势，将探讨范围聚焦在中印文明对话层面。本章意在论述佛学高僧们的历史角色，探寻他们是如何通过翻译研究而创立、巩固和加深中印间文明对话的。在中国历代皇帝的资助下，佛学曾为不同层级的文明交流撑起一把保护伞，并使得翻译事业以前所未有的规模发展。历史数据显示，从汉朝永平十年（公元 67 年）到唐朝贞元十六年（公元 800 年）这一长达 734 年的历史跨度中，共有 185 名声名显赫的翻译家翻译了 2412 篇佛经，共计 7352 卷。除佛经翻译之外，诸如《婆罗门天文经》《婆罗门竭伽仙人天文说》《婆罗门天文》等非佛教经典也被译介为中文。鉴于此，本章得出这一结论：正是僧侣翻译家们的笔耕不辍，才创造出了东亚佛学文献的精髓。

关键词：丝绸之路，文明对话，翻译研究，佛学高僧

导　论

　　中印两大文明古国具有丰富多彩的文化遗存与深邃久远的文学传统。两千年以降，两国间的文明对话和交流从未间断。对话和交流涉及各个领域，大体分为物质领域与精神领域两类。其中，属于后者的文学对话和交流是中印两国间文明对话的重要一环。这样的例子，在中国古代典籍中俯拾即是，中印双方学者也屡次从中引经据典，包括中国的季羡林、薛克

---

　　* 印度尼赫鲁大学中国与东南亚研究中心教授。

翘、耿引曾等学者，与印度的师觉月（Prabodh Chandra Bagchi）、罗伊（H. P. Ray）、谭中（Tan Chung）、沈丹森（Tansen Sen）等学者。中国与印度的主流学界试图证明中国文学的发展面貌深受印度文学的影响，即前者从后者吸取精华。虽然说中印间的对话是双向的，但研究显示，古代中国文学受印度的影响远大于前者对后者的影响。原因很简单，佛学是中印文化对话和交流的主要催化剂。

　　佛教是世界上最早传播的宗教之一，主张苦修，摒弃现世享乐，这与西方的基督教主张追求自我需求和传播福音的传教热情大为不同。佛教同受国王与贫民尊崇，原因在于，佛学为促进社会中的精神解放与和平重建另辟蹊径。在中印旅行者的游记中，针对印度的神性、礼节和悟道，不乏溢美之词。（沈丹森，2004：9 页）尽管如此，佛教此种超越国界的传教热情是自然而然生发的。中国对印度佛教的反应，促成了整个佛教外传运动的变革，对传教成功贡献良多。印度传教的本质与中国对此的反应，两种作用结合，推动着一波又一波的中印间僧侣的互访。

　　最早的僧侣交流可追溯到公元 1 世纪，始于迦摄摩腾（Kashyapa Matanga）与竺法兰（Dharamraksha）访问洛阳，这第一波交流止于公元 3 世纪。这一波传教热情高涨期的主要代表人物包括竺法兰（于公元 249 年抑或 250 年到达中国）、康僧会（Kangsenghui）、维祇难（Weizhinan）、竺律炎（Zhulvyan）（公元 224 年归国到达武汉）。第二波僧侣交流发生在公元 4 世纪和 5 世纪之间。代表人物有：僧伽跋陀罗（Sangabhadra）、瞿昙僧伽提婆（Gautama Sanghadeva）（于公元 381 年到达中国长安）、鸠摩罗什（Kumarajiva）（于公元 401 年到达中国长安）。他们当时为佛教徒眼中的佛学至尊。鸠摩罗什到达中国两年后，法显启程赴印探寻佛教戒律。第三波僧侣交流自公元 6 世纪起持续到公元 7 世纪，当时最显耀的交流使者有：菩提达摩（Bodhidhartha）、真谛（Paramartha）、不空（Amoghvajra）、金刚智（Vajrabodhi）等。玄奘的印度之行回应了此起彼伏的印僧入中的潮流。在佛教传入中国的过程中，每一个充当使者的中印高僧都在其中作出了自己宝贵的贡献，但尤其要铭记鸠摩罗什、真谛、玄奘、义净四人在佛经翻译领域的伟大成就。

中国古代的佛经翻译

　　佛经翻译始于汉武帝统治时期（公元 87—156 年）。最初，佛经翻译并非直接以梵语、巴利文为蓝本，而是借用中亚和中国新疆地区的古代语言（已消失）译本，譬如吐火罗文译本（季羡林，1985：2）。这是因为，中国早期佛教传教活动主要是由来自伊朗及其他中亚国家的高僧主持。同时，耐人寻味的是，与佛教不同，基督教传教士选择将中国经典译为英文，由此孕育出西方流行的东方学（Orientalism）来。

迦摄摩腾与竺法兰是最先来到中国的两位高僧（公元 68 年抵华），当时正值汉明帝统治时期（公元 28—75 年）。二人将五部佛经译为中文，包括《十地段结经》《佛本生经》《法海藏经》《佛本行经》和《四十二章经》。就师觉月教授看来，其中依旧保存完好的《四十二章经》采用教理问答的形式，有利于佛理外传。（王邦维、沈丹森，2011：13）

公元 2 世纪，安息帝国高僧安世高（公元 148—180 年）抵中，旋即在洛阳创立了翻译学校。当时佛教在中国还未受大众欢迎，鉴于此，安世高在佛经翻译时并未完全忠实原文，而是有所删改。这些佛经摘自三藏经（Sutra Pitika）中的四部主要的阿含经（Agamas）。179 部佛经翻译均出自安世高之手，其翻译团队还包括后汉月氏沙门支娄迦谶（Lokaksema），以及觉天（Buddhadeva）（生卒不详）、竺大力（Mahabala）（生卒不详）、昙谛（Dharmasatya）（生卒不详）三位印度僧人。（王邦维、沈丹森，2011：14）随着佛教逐渐受到中国百姓的关注与热捧，中国僧人开始邀请印度僧人远渡重洋传教交流。3 世纪中期，昙柯迦罗（Dharmakara）、康僧铠（Samghavarman）、昙谛（Dharmasatya）三位高僧被请至洛阳，他们翻译众多佛教戒律，以在中国布道苦修之佛理。（王邦维、沈丹森，2011：14）

随后，特别是在公元 350 年姚秦时代，福建地区并入中土之后，人们对佛教教义的探知欲由浅入深。安息僧人安世高顺势邀请了道安等学艺精深的高僧入都，校对佛经中译本。道安撰写了一系列的评注，首个翻译目录可能也出自他手。据说，"道安之前，纵使众多佛经已译为中文，但当时的古代高僧只注重经文大意的传达。道安则不然，他仔细琢磨文字里行间，力求悟出经文深层含义"。（王邦维、沈丹森，2011：18）正是道安邀请瞿昙僧伽提婆（Gautama Sanghadeva）、昙摩难提（Dharamanandi）、僧伽跋澄（Sanghabhuti）、鸠摩罗什等高僧莅临中国长安。不幸的是，道安圆寂于公元 385 年，无法与公元 401 年抵中的鸠摩罗什会面。但正是在这样的背景下，经文翻译调集了中外一批批高僧，遂成为一项浩大工程。帮助外国高僧翻译经文的本地僧人，数以千计。来看看道安在中国的共事者真谛（Parmartha）、惠恺（Kai Hui）怎么说：

> 遇见你很幸运［惠恺］……现在我们已经翻译了两篇经文——
> 《摄大乘论》《阿毗达摩俱舍释论》。而且就语言和内容而言，翻译的
> 不错，如此，一生也就无憾了……章章句句都需仔细研究，直到充分
> 探讨经文文义，阐明佛理。这时，便可将翻译记录入册。

关于法显赴印寻觅佛经，特别是戒律文，以及关于苦修佛理的经文，
历史上同样有记载。公元 399 年，他从长安出发经中亚到达印度。公元
412 年，经海路回到中土，并完成了里程碑式的著作《佛国记》。书中生
动描述了其穿越塔克拉玛干沙漠的艰险旅程。危机四伏的沙漠穿越之旅
在书中有这样的描述（慧皎，1994：68）：

> 上无飞鸟，下无走兽，遍望极目，欲求度处，则莫知所拟，唯以
> 死人枯骨为标识耳。

离开长安时，身边有 10 个同行伙伴，但到达狮子国（今斯里兰卡）
后，他成为唯一一个幸存者。

据《开元释教录》以及《贞元新定释教目录》记载，从汉朝永平十年
到唐朝贞元十六年历时 734 载，其间共 185 位杰出翻译工作者翻译了 2412
部佛经，共计 7352 卷。（姜景奎，2014：208—09）

表一　从东汉至唐朝佛经翻译规模阶段性对比①

朝　代	年　份	译者数量	佛经译数	翻译册数
东汉	永平十年至延康元年（共 154 年）	12	292	395
曹魏	延康元年至咸熙二年（共 46 年）	5	12	18
孙吴	黄龙元年至天纪四年（共 59 年）	5	189	417
西晋	泰始元年至建兴四年（共 52 年）	12	333	590

---

① 据《开元释教录》记载，此外，以下的数字引用自《贞元新定释教目录》。

续表

朝　代	年　份	译者数量	佛经译数	翻译册数
东晋	建武元年至袁熙二年（共 104 年）	16	168	468
苻秦/前秦	黄世元年至太初九年（共 45 年）	6	15	197
姚秦/后秦	百雀元年至永和三年（共 34 年）	5	94	624
西秦	建义元年至永弘四年（共 47 年）	1	56	110
前凉	永宁元年至咸安六年（共 76 年）	1	4	6
北凉	永安元年至程和七年（共 39 年）	9	82	311
刘宋	永初元年至升明三年（共 60 年）	22	465	717
萧齐	建元元年至北魏中兴二年（共 24 年）	7	12	33
南梁	天监元年至南朝梁太平二年（共 56 年）	8	46	201
北魏	皇始元年至武定元年（共 155 年）	12	83	274
高齐	北齐天宝元年至北齐承光元年（共 28 年）	2	8	52
北周	北周明帝元年至大定元年（共 25 年）	4	14	29
陈	永定元年至祯明三年（共 33 年）	3	40	133
隋	开皇元年至义定二年（共 38 年）	9	64	301
唐	武德元年至贞元十六年（共 183 年）	46	435	2476

在以上的译者中，有 16 人共翻译了 50 本佛经共计 100 卷。"中国五位伟大的佛经译者"——鸠摩罗什、真谛、玄奘、义净和不空在佛经翻译领域成绩斐然，造就了如今庞大的东亚佛学遗产。

表二　翻译了超过 50 本佛经（100 卷佛经）的译者名录

时期	朝代	姓名	翻译的佛经数	翻译的卷册数
三国 & 西晋 Three Kingdoms & Western Jin	孙吴	支谦	88	118
	西晋	竺法护 Dharmaraksa	175	354

续表

时期	朝代	姓名	翻译的佛经数	翻译的卷册数
东晋 & 十六国 Eastern Jin & Sixteen Kingdoms	东晋	竺法护 Dharmaraksa	61	63
		瞿昙僧伽提婆 （Gautama Sanghadeva）	5	118
		佛陀跋陀罗 Buddhabhadra	13	125
	北梁	昙无谶 （Dharmaksema）	19	131
	姚秦	鸠摩罗什	74	384
南北朝 Northern and Southern Dynasties	刘宋	求那跋陀罗 （Gunabhadra）	52	134
	魏	菩提流支 （Bodhiruci）	30	101
	陈	真谛 （Paramārtha）	38	118
隋 & 唐 Sui & Tang	隋	阇那崛多 （Jñānagupta）	39	192
	唐	玄奘	76	1347
		实叉难陀 （Siksananda）	19	107
		义净	68	239
		菩提流支 （Bodhiruci）	53	110
		不空	111	143

来源：姜景奎（2014：210）

鸠摩罗什抵达中国后不久，佛经字面翻译风格逐渐定型。后秦时，当朝皇帝姚兴格外尊崇鸠摩罗什，将其任命为身侧的国师，并令人悉心照料他的饮食起居；双方谨慎地处理供养人与被供养人的关系，皇帝创建了专门佛经翻译部门，指明让鸠摩罗什任首席指导，后者也受到超过 800 个高僧的帮助。（慧皎：56）皇帝甚至有时也亲身参与翻译工作。（张佩瑶等，2006：229）

> 后秦弘始八年夏（公元 406 年），鸠摩罗什在华夏各地召集超过 2000 名博学高僧，在长安的大佛寺聚集一堂。他在此与各高僧研究佛经（妙法莲华经），精研出全新的翻译文本。据说，他本人可以手握胡文佛经，口述中文义理；熟练使用中文，传达佛经精髓而不乖本；风格可圈可点，从中可受益良多。鸠摩罗什佛经翻译的非凡成就，驱散译界阴霾，比日出之光还要壮美。

就这样，人类历史上最大的翻译项目开始动工。公元 2 世纪到公元 13 世纪间，大约 6000 至 7000 卷佛经传入中国，主要从梵文译为中文。在所有的译者中，鸠摩罗什无疑是最显赫的一位，也许只有玄奘在翻译佛经方面可与之匹敌。慧皎认为，鸠摩罗什领导了超过 300 本佛教经典梵译汉工作。与之前的佛经相比，鸠摩罗什的翻译质量更加上乘，阐述更为清晰。历时几千年波诡云谲的光阴变换，鸠摩罗什翻译的大部分作品仍得以存留于世，播撒华夏大地。鸠摩罗什弥留之际，他对世宣称，如果出自己手的翻译真实地还原了佛法佛理，以后便能留一世清誉，而非被尘垢所污。如世人所预料的一般，他圆寂后，凡身虽火化，却青史留名。（慧皎：58）虽然故事的真实性仍有待考证，但是这位笃定信仰、坚毅奉献的宗师级翻译家永远活在人们心中。

公元 401 到 413 年间，鸠摩罗什翻译了 74 本佛经共计 384 卷，参见以下：

时间段	佛经名	中译名	卷册数
402—12	Satyasiddhi Shastra（Treatise on the Completion of Truth）	《成实论》	20

时间段	佛经名	中译名	卷册数
408	*Astasahasrika Prajnaparamita Sutra* （The Perfection of Wisdom Sutra）	《小品般若波罗蜜经》	10
402—12	*Vajracchedika Prajnaparamita Sutra* （The Diamond Sutra）	《金刚般若经》	1
	Saddharmapundarika Sutra （Lotus Sutra）	《妙法莲华经》	7/8
402	*Smaller Sukhavati-vguha* （Amitabha Sutra）	《阿弥陀经》	1
409	*Madhyamaka-shastra* （Treatise on the Middle）	《中论》	4
404	*Shatika-shastra* （Treatise in One Hundred Verses）	《百论》	2
409	*Dvadashamukha Shastra* （Treatise on the Twelve Gates）	《十二门论》	1
404—09	*Sarvastivadin Vinaya* （Ten-Category Vinaya）	《十诵律》	61
402—05	*Mahaprajnaparamita Upadesha* （Treatise on the Great Perfection of Wisdom Sutra）	《大智度论》	100
404	Panchavimshati Sahasrika Prajnaparamita Sutra （Perfection of Wisdom Sutra in Twenty-five Thousand Lines）	《摩诃般若波罗蜜经》 或《大品般若》	27
406	*VimalakirtiNirdesha Sutra* （Vimalakirti Sutra）	《维摩诘经》	3
	Karunikaraja Prajnaparamita Sutra	《大品般若》	2
	Maitreyavyakarana Sutra	《佛说弥勒大成佛经》	1
	Shurangama-samadhi Sutra	《禅法要解》	2
	Brahmajala Sutra （Brahma Net Sutra）	《思益梵天所问经》	2/4
	Dasabhumikavibhasa	《十住毗婆沙论》	14/17

鸠摩罗什在中国树立佛经翻译至尊地位的同时期，法显则在印度度过了宝贵的 14 年光阴。当他回到中国，已有 74 岁高龄，此时，鸠摩罗什早已圆寂。在佛陀跋陀罗与宝云的帮助下，法显又一次启动了佛经翻译。他翻译的所有经典中有 6 部佛经，共计 64 卷，著名的《摩诃僧祇律》《大泥洹经》也在其中。

时间段	佛经名	中译名	卷册数
416—18	MahasanghaVinaya	《摩诃僧祇律》	40
	Abhidharma-hridaya-vyākhyā	《杂阿毗昙心论》	13
	Mahāparinirvāṇa Sūtra	《大般泥洹经》	6
	Shramanera Vinaya	《僧祇比丘尼戒本》	1
	Patika Sutra	《杂藏经》	1
	Mahāparinirvāṇa Sūtra	《方等泥洹经》	3

时间的车轮转动到唐朝，与法显相比，玄奘与义净在佛经翻译中，由于分别受唐太宗（626—649）以及武则天（690—704）的资助，具有更明显的优势。当时，年仅 29 岁的玄奘于公元 628 年启程去西天取经。他一路跋山涉水，穿越中国新疆、前苏联地区、阿富汗、巴基斯坦，走过众多城市，最终到达克什米尔。之后的公元 632 至 636 年间在印度比哈尔邦的那烂陀寺学习，掌握了一口流利的梵语。公元 645 年，46 岁的玄奘返回中国长安，一心投入到佛经翻译中。回到中国后，他旋即将西天取经一路带回的经卷藏入弘福寺。收入寺中的经藏繁多，有 150 册圣人遗卷、550 卷佛教经文、共计 657 篇佛经，还有诸多的图案和绘画作品。（樊锦诗，2007：199）在接下来的 19 年中，玄奘潜心于佛经翻译。翻译项目始于弘福寺，之后又扩展到慈恩寺、西明寺。公元 657 年玄奘搬移至玉华宫，并将其改建为寺院。此后，玄奘一直居于此处，于公元 664 年圆寂。

在这些寺院中，玄奘和他的翻译团队系统地翻译了 73 部梵文佛经共1335 册。玄奘此生最值得称道的成就可能就在于此。这同时对佛教在中国的兴起和传播起到了巨大的促进作用。在翻译期间，他编撰了《成唯识论》，此书是佛文翻译的评注性书籍。"唯识"意为"只关乎认识层面"，是瑜珈行派的基本哲学思想①。基于此种思想，玄奘创立了法相宗，在其在世时，该派为其弟子们广为传播，在其圆寂后，却逐渐消弥衰落。

非佛教经典的翻译

伴随佛经翻译之风，其他印度经典也被翻译成了中文。北京大学南亚研究中心主任姜景奎教授就认为（2014：210—11），非佛教经典的翻译可归为两类：其一，根植于佛教礼法的印度民间文学的无意识翻译；其二，对印度的涉及哲学、天文学以及医药学等领域经典书目的有意识翻译。虽然其翻译规模远不及佛教文献的翻译，但对充实华夏文明的作用也不容小觑。在《百疏论》中，对吠陀经、吠檀多、数论、胜论、瑜伽有相当的评述与注解，在其中甚至还有印度天文、地理、算数、军事谋略、音乐、医药等等方面的描述。（姜景奎，2014：211）

正是鸠摩罗什将"三论宗"引入中国。他翻译了龙树菩萨所著的《中论》《十二门论》《白论》，并以此为教材，在中国创立了"中观论宗"。此外，他在中国还实现了五种佛教流派的传承：律传承、密教哲学、法相宗/广大行宗、甚深观派/法性宗，以及禅宗。真谛与玄奘分别翻译了数论派的《金七十论》以及《胜宗十句义论》。印度汉学前辈师觉月（P. C Bagchi）引用《隋书》记载，指出《婆罗门天文经》《婆罗门竭伽仙人天文说》《婆罗门天文》等非佛教经典当时就已有中译本出现。隶属乔达摩、迦叶、鸠摩罗什一族的星象学家在中国官方天文台——太史阁手握重权，一位来自乔达摩一族的星象学家还翻译了印度天文学经典之作——《九执经》。（师觉月，1981：212）

翻译方法和佛学高僧的遗产

在佛经翻译的起始阶段，也就是从东汉晚期到西晋（公元 148—316 年），大多数印度籍高僧采用字面直译的翻译方法。这是因为，印中翻译伊始，印度对中文与华夏经典知之甚少。而译者对佛经的崇敬促使其在翻译实践中，尽力保持原貌，不敢妄加揣测。此种翻译风格同样也沿袭到佛

---

① 译者注：瑜伽行派认为世界上的一切现象都是由人们精神的总体——识所转变显现出来的（"内识生时，似外境现"），所谓"万法唯识"、"三界唯心"。

经翻译的第二阶段，也就是从东晋到隋朝（公元 317—617 年）。然而，自鸠摩罗什驾临中国，佛经翻译一改往日的字字对照，而愈加走向自由。他本人也提倡在保证佛理、义据传达通透的前提下，佛经翻译可不必拘泥于词汇句法的完全契合。在佛经翻译第三阶段（公元 618—907 年），翻译方法进一步完善，并设计出一整套的翻译规则。

在翻译过程中，本土译者与海外译者合力编撰了诸多梵汉对照参考书，由此为印度佛学与非佛学术语构建了一个巨大的语言数据库。这些术语后来逐渐被中文吸收，沿用至今。此处展现了文化上彼此矛盾的术语在对立中走向融合的过程。其次，翻译工作者也演化出了一套翻译方法论。鸠摩罗什采用的方法论强调中译文成型后，需交付翻译合作团队讨论，参阅早先翻译文献以审核文稿，最后校对。

译者往往是具有特定资质，多为社会德高望重之人。譬如，就隋朝翻译家彦琮看来，译者需满足八大资历：其一，守佛教清规，为百姓福祉；其二，正直诚恳；其三，思路清晰，阅遍经典；其四，通晓中国文史，且求知若渴；第五，胸怀宽广、虚怀若谷；第六，一心向佛，无名利之心；第七，梵文熟稔，翻译技巧了然于心，尊重梵文理据；第八，在评释研究领域成就突出，能保证译文准确。实质上，其八大要求就表现了这样的要求：译者需身负佛教信徒与翻译大家双重身份，阅读大量经典，外语流利，掌握一定的翻译技巧。

在唐朝，翻译局在翻译成就上更上一层楼，并能清楚划分翻译工作背后的职务和责任。整个翻译流程包括：译主（主要翻译者）、证义和证文（校对者）、度语（译注者）、笔受（笔译者）、缀文（谋篇布局者）、参议（参阅译著校对者）、刊定（进一步审校者）、润文（润色词句者）、梵呗（司仪）等等。（姜景奎，2014：213）鸠摩罗什等前辈开创了众多翻译方法、规则，玄奘后来在翻译实践中深受其助。除鸠摩罗什主张的直译意译相结合的翻译方法，玄奘也推荐了六大翻译技巧：补充法（譬如，"法救"可扩译为"大德法救复作是言"）；省略法；变位法（鉴于中文梵文构句差异）；分合法；假借法（譬如，他在翻译字眼中使用"cita"而不使用识或"vijnana"）；代词还原法（譬如，在名词前加入彼、此等词指代）。除此之外，玄奘还提出了翻译的"五忌"：忌翻译佛门密语、如咒语；忌翻译模棱两可的语句；忌翻译无中文对等语的梵语；忌翻译有公认音译的术语；忌翻译文体不对应的经文。对这些诸多的翻译禁忌，玄奘采取了音译的处理方法。专研佛经史的史学家道宣（596—667）曾经探访玄奘的翻译工作室。他发现玄奘本人起初习惯于先理解分析原文，再着手翻译的工作流程，而后并非将其交付小组讨论。通常，他仅仅是口述指明与惯常的字面翻译相比更完满的翻译版本，之后使用中文句法，参照流利原则对其进行润色。（程梅，2003：53）所以，就本质而言，玄奘主要实践的仍是鸠摩罗什关于自由翻译的原则。

这些年来，翻译流程的日臻完善，使姚秦的翻译家鸠摩罗什和唐代的玄奘等在翻译文稿的质量和流畅度上超越前人。在翻译术语时虽一般强调表里含义契合，概念对应①，但面对这一历代流传的翻译方法，二人却反其道而行之。这些高僧负责的翻译工作融合了各高僧对佛教教义的口头补白、集体阐释以及深入理解，使翻译具备准确性、流利性、优美性。真谛（Parmartha）评论道：

> 翻译工作极其艰巨。翻译虽不要求语言华美，但如果一字译错，原先的佛教义理便理据遍失，甚至离题万里。由此，翻译应回归语言本质，不能过分雕琢，使其失去原义。对原文需要有多大程度的保留，多大程度的阐释，维持二者之间的平衡，对于翻译工作来说，至关重要……（张佩瑶等，2006：128—9）

结　论

综上所述，我们可推断，佛教高僧为中印文明对话打下了坚实的基础。两国高僧的不懈努力，不但使得佛教在中国广为传播，而且还使佛教哲学观点与中国哲学思想融会贯通。"阿鼻地狱"的概念、鬼神灵魂观，及其在南北朝尤为流行的骈文、传奇等文学体裁，或多或少都可归功于印中文化的融合。

这些高僧大德们最大的贡献是，他们的译著构成了现今东亚佛教文献的核心。非其亲力亲为，难以想象现今中国与东亚、南亚国家的关系走

---

① 译者在寻求佛教术语的中式对应版本时，往往从华夏经典中大量借词，譬如道教文献。然而，此种定义佛教术语的方式则遭到梅维恒教授（Victor H. Mair），北美"敦煌学第一人"、著名汉学家（2012）批评，因为这种方式"僵硬地遵循概念和分类"。

向。同时，他们也促进了中国与其他临近国家物质联系的加强，以及人员交流的深入。此外，欣欣向荣的翻译产业由此打下深厚基础，对国家间理解与共识、人员往来大有助益。可以说，法显为华夏人民西去印度开辟出一条信仰之路，使大量佛经得以引入中国。从僧侣的游记与自传中，我们也可探寻历史，重塑遥远古国的真实状貌。因此，丝绸之路对于沟通文明、重拾辉煌的作用，是不言而喻的。

参考文献

[1] 师觉月.印度与中国：千年文明伴侣.加尔各答：萨拉斯特瓦图书馆，1981.

[2] 程梅.玄奘的翻译实践//视角：翻译学研究：第二卷（英文版）. http://www.tand-fonline.com/doi/pdf/10.1080/0907676X.2003.9961462.

[3] 樊锦诗.玄奘佛经翻译与敦煌壁画.2007.

[4] 钱德拉，班纳吉，编.玄奘与丝绸之路.新德里：英迪拉·甘地国家艺术表演中心 & 木希拉姆·曼诺哈拉尔出版社（Munshiram Manoharlal Publishers）.

[5] DGK.鸠摩罗什法师.2010. http://www.lingshh.com/16-a/4.htm，2010/11/18.

[6] 耿引曾.汉文南亚史料学，北京：北京大学出版社，1990.

[7] 黄淑美.浅谈鸠摩罗什的佛经翻译理论.2010. http://www.buddhismmiufa.org.hk/buddhism/special/TheoryA.htm.

[8] 慧皎.鸠摩罗什传：中国载籍中南亚史料汇编·卷一.上海：上海古籍出版社，1994.

[9] 理雅各.《佛国录》（中文版的韩国译注版）.2010电子版. http://ebooks.adelaide.edu.au/f/fa-hien/f15l/index.html.

[10] 季羡林.中印文化交流史.北京：新华书店，1991.

[11] 季羡林.《大唐西域记》校注，北京：中华书局，1985.

[12] 姜景奎.试论印度经典的汉译//曾琼，曾庆盈，编.认识东方学.北京：北京大学出版社，2014.

[13] 陆扬.解读《鸠摩罗什传》：兼谈中国中古早期的佛教文化与史学. http://www.foyuan.net/plus/view.php? aid = 101066&pageno = 15 （2010/11/20 查阅版）.

[14] 张佩瑶.中国文本翻译选集：从萌芽阶段到佛学翻译工程的历史进程.弗吉尼亚大学圣杰罗姆出版社（St.Jerome Publishing），2006.

[15] 梅维恒.到底什么是格义.中国述评（China Report），2012，48：29—59.

[16] 沈丹森.佛教、外交、贸易：重组中印关系.新德里：马诺哈尔，2004.

[17] 石小梅，路晓红.玄奘术语翻译理论的创新性及其现代意义.民族翻译，2013（2）：46。

［18］谭中. 文化大使：印中间、中印间僧侣交流//一次中印研讨会：审视对方. 新德里：英迪拉·甘地国家艺术中心、中国研究所：新德里，1995/11/15—18.

［19］沈丹森. 法显、玄奘、义净朝圣之旅游记：古中国、古印度间跨文化交流之源//亚洲教育：第 13 卷（1）. 2006. http://afe. easia. columbia. edu/special/travel _records. pdf（2011/4/19 查阅版）.

［20］王邦维，沈丹森. 印中之间的佛学和外交互动：巴格奇教授选集. 新德里：颂歌出版社（Anthem Press），2011.

［21］曾琼. 印度文学汉译史小议//认识东方学. 北京：北京大学出版社，2014.

［22］曾琼，曾庆盈，编. 认识东方学. 北京：北京大学出版社，2014.

第二部分

"一带一路"倡议及相应的诸经济走廊建设

第3章　"一带一路"倡议的基本原则、内容及其对中印关系的影响

蓝建学（Lan Jianxue）[*]

摘要：本章分为两个部分。第一部分主要阐述的是"一带一路"倡议的概念范围和目标；第二部分主要是呼吁中印两国应将各自的发展战略相互对接。作者将"一带一路"倡议比作"亚洲腾飞的两翼"，既是地区合作和南南合作的一种新模式，也是中国全面开放方针和睦邻友好政策的优先考量和着力点。作者认为，考虑到中印关系源远流长的交往史以及印度的独特地缘区位，印度应该成为中国实施"一带一路"倡议中的一个重要伙伴。在"一带一路"倡议的框架背景下深化中印两国的合作，将有助于把世界上两个主要的市场连接起来，有助于把中印两国的国家发展战略对接起来，有助于中印两大文明体的交融。

关键词：中印关系，南南合作，"一带一路"倡议

"一带一路"倡议（"Belt and Road" Initiative，BRI）是中国国家主席习近平 2013 年 9 月访问哈萨克斯坦和 10 月访问印度尼西亚时首倡的。中国提出"一带一路"构想倡议旨在通过推进政策沟通、道路联通、贸易畅通、货币流通和民心相通，把亚太经济圈和欧洲经济圈对接起来，分享中国发展红利，为亚洲腾飞插上两只翅膀，造福沿线各国人民。"一带一路"倡议提出三年多来，已经有沿线 65 个国家积极响应参与，并愿同各自的发展战略相互对接。"一带一路"倡议将为沿线国家发展和合作提供一个开

---

* 中国国际问题研究院发展中国家研究所副研究员。

放包容的平台，大幅提升中外合作水平。

一、"一带一路"倡议的基本原则和内容

"一带一路"倡议本质上是新时期中国的对外开放战略。"一带一路"倡议也可以说是全球化的产物。中国实施改革开放政策30多年以来，经济取得显著成绩，成为世界第二大经济体。目前，中国国内经济需要转型升级，亦需要升级对外开放战略。"一带一路"倡议着眼弘扬古丝绸之路互学互鉴、和睦共处的精神，拓展中国同欧亚大陆方向国家各领域互利合作，是新形势下中国推进对外合作的总体构想。"一带一路"倡议总体上是为了推进中外在开放包容和互利的基础上展开合作。更重要的是，"一带一路"倡议也符合《联合国宪章》（UN Charter）的宗旨和原则，与中国和其他国家一道所创立的全球治理机制也是相一致的，对于现有的全球治理机制也是一个有益的补充。

在接下来的几年中，"一带一路"倡议的全面实施，将构成中国内政和外交政策的核心着力点。中国最高领导层曾在国内外的多次会议和论坛中，都清晰地表达过这一态度和立场。例如，在2015年3月5日，中国国务院总理李克强在第十二届全国人大第三次会议中作《政府工作报告》时强调（中国国务院，2015年）：

> 中国将加快实施走出去战略，鼓励企业参与境外基础设施建设和产能合作。构建全方位对外开放新格局。推进丝绸之路经济带和21世纪海上丝绸之路合作建设。加快互联互通、大通关和国际物流大通道建设。构建中巴、孟中印缅等经济走廊。扩大内陆和沿边开放，促进经济技术开发区创新发展，提高边境经济合作区、跨境经济合作区发展水平。

同样地，中国国务院总理李克强在2016年和2017年的《政府工作报告》中，又重申了中国建设"一带一路"倡议的坚强决心。在李克强总理的2016年《政府工作报告》中，他进一步将"一带一路"倡议与中国的国内发展战略联系起来（中国国务院，2016）："我们将进一步推进东部、中部、西部和东北各地区的协调发展；我们将把重点放在推进三大倡议上：一是'一带一路'倡议，二是京津冀一体化协同发展，三是长江经济

带区域协同发展。"在 2017 年的《政府工作报告》中（中国国务院，2017），李克强指出，"推进'一带一路'倡议的建设，已经取得巨大进展；一大批大型工程项目和与其他国家合作的工业项目已经启动"。

中国在推进"一带一路"倡议遵循的主要原则如下：

1. 着眼于实现沿线各国的共同发展和共同繁荣，秉持的是构建命运共同体的精神理念，强调的是共商、共建、共享的平等互利方式。"一带一路"倡议将是一个开放包容的地区合作平台，也将充分考虑到各方的立场、利益和便利度。

2. "一带一路"倡议将充分照顾各方的舒适度，确保透明开放，为既有的地区合作机制创造协同效应。中国外交部长王毅指出，"'一带一路'倡议并不是中国一家的独奏，而是沿线所有相关国家和地区合奏的交响乐章"。（中国外交部，2015 年）

3. "一带一路"倡议将为古老的欧亚大陆开创出新的生机与活力，将为这片广袤大地的振兴插上两支强劲的翅膀。通过互利共赢式的发展，使中国与相关国家能够朝着区域均衡的方向发展，有利于消除发展中出现的各种矛盾和冲突，创造国家和平发展环境，最终走向共同繁荣。

就"一带一路"倡议的内容而言，它主要是为了通过陆路和海陆，实现中国与沿线国家的"五通"：政策沟通、设施联通、贸易畅通、资金融通、民心相通，构建中外互利合作的大平台。

二、"一带一路"倡议对中印关系的影响

中国将印度视为"一带一路"倡议沿线的一个重要国家。首先，"一带一路"倡议是中印经贸投资人文合作的新平台、新窗口。毫无疑问的是，"一带一路"倡议将是促进中印双方贸易、经济投资、人员往来和文化交流的一个全新的平台和窗口。"一带一路"倡议及建设将给中国和沿线国家创造巨大的商业机遇。在"一带一路"倡议下，中国将加大对印度基础设施的投资，助推印度交通、通讯的现代化。在"一带一路"倡议框架下，中印如能实现政策沟通、设施联通、贸易畅通、资金融通、民心相通，全球 26 亿人就能心心相印。在古代，大唐三藏法师玄奘为了学习佛法而不远万里途经丝绸之路来到印度，促进了中国与印度次大陆广泛的交流互鉴。而在 2014 年下半年，中国阿里巴巴集团的主要创始人马云透露，印度商人作为阿里巴巴集团的商业伙伴已经有 15 个年头了，超过 4000 万的

中国消费者通过阿里巴巴集团，购买了来自印度的茶叶和香料等等；同时，有超过 1300 万的印度商人通过阿里巴巴集团的网络平台把生意做得红红火火。其次，鉴于印度独特的地缘区位和源远流长的中印交往史，印度着实是中国实现"一带一路"倡议过程中一个重要的合作伙伴。在"一带一路"倡议的框架下深化中印关系，将有助于把世界上两个主要的市场连接起来，有助于把中印两国的国家发展战略对接起来，有助于中印两大文明体的交融，同时还有助于激发中印两国的市场和发展红利。此外，印度加入中国所倡导的"一带一路"倡议，还有助于印度实现其自身的市场和发展红利。而如果印度加入了"一带一路"倡议，将为全面深化中印战略合作伙伴关系注入一个新的动力，包括政治互信、贸易投资、基础设施、人员往来和旅游产业等等。印度还是亚洲基础设施投资银行（Asian Infrastructure Investment Bank）和金砖国家新开发银行（BRICS New Development Bank）的一个重要成员国，因为"一带一路"倡议也为印度创造了更多更大的发展机遇。第三，中印携手共建"一带一路"，将向外界释放中印政治互信的积极信号，增加中印之间的相互依存，利益交织。根据现有的交通、通讯和经济贸易交流的情况来看，中国的发展与印度洋地区密不可分。在中国的 39 条国际航线中，有 21 条要途经印度洋地区。而在中国对外贸易中，有 90% 的货物量是通过海运来运输的，而这其中就有将近 70% 要途经印度洋地区。中国目前对于原油进口的依存度已经超过 60%，而这其中有超过三分之二要途经印度洋地区。从长远来看，如果中印两国加强在印度洋地区的合作的话，将极大塑造未来印度洋地区的发展走向。这也是"一带一路"倡议中密不可分的一部分。① 印度政府曾明确表示要充当印度洋地区的安全"净提供者"（Net Security Provider）②，这显示出就印度洋地区而言，印度希望在提供地区公共安全方面发挥起主要角色。

（一）印度的忧虑和一些政策建议

首先，印度谨慎（prudent）对待"一带一路"倡议可以理解，个人建议可设立中印"一带一路"磋商机制，开诚布公讨论印度的关切，讨论两

---

① 胡仕胜：《"海上丝路"与"季风计划"的对接空间》，《环球》杂志第 06 期，2015 年 03 月 18 日。

② 译者注："净提供者"（Net Provider）是一个经济学概念，指代负责根据用户的要求开发和提供适合客户使用服务的直接提供者，与"消耗者"相对。

国海上合作机制的对接（link-up）问题。

印度从其国家利益出发，仔细评估加入中国倡议的好处，这非常正常，也可以理解。印度对"一带一路"倡议尤其"21世纪海上丝绸之路"（MSR）确实有不了解的地方。"一带一路"倡议作为刚刚提出不久的区域合作构想，将保持足够的开放性和透明性，倾听各利益攸关方的合理关切，在推介过程中不断修正和完善。目前中印之间已经确立了形式多样的磋商机制，就能源安全、阿富汗、中亚甚至非洲等议题对话。为什么不可以设立中印"一带一路"磋商机制呢？在这一机制下，我相信中方肯定乐于与印方进行工作层面的沟通，倾听印方的关切与建议，对接两国海上合作计划；双方有什么担忧和不解，都可以拿出来开诚布公对话，缩小分歧，扩大合作。

其次，印度可以等待其认为合适、舒适的时机加入，因为该倡议保持开放性。但是这种思考和犹豫不宜过长，因为晚加入的国家可能比早加入者吃亏，享受不到早期收获。比如，中国宣布出资400亿美元设立丝路基金，投入到"一带一路"倡议沿线国家。① 实践表明，印度在亚投行（AI-IB）问题上的战略判断非常准确，是最早一批创始会员国，明显有利于印度基础设施引进外资，体现印度高层的先见之明，体现中印两国都坚持发展优先、合作优先。在"一带一路"倡议问题上，相信印度政府会做出同样高明的决断。

第三，最近数位著名的印度有识之士已经发出积极的信号，反映印方在中国"一带一路"倡议上的理性务实思考，包括：

（1）狄伯杰（B. R. Deepak）在《"一带一路"：承载希望与梦想》②中写道：印度与中国的海上交往可以追溯到汉代。班固《汉书》里曾记载了印度南部地区与中国的交往史，这一海上往来在元明时期达到顶峰。郑和所率领的船队曾到过印度的东西海岸。从安全的角度来看，海上丝绸之路概念的提出也正是亚洲共同安全观的体现。海上丝绸之路一旦得到恢复，从中国到印尼、泰国、缅甸、斯里兰卡以至非洲等地的港口等基础设

---

① 在2017年5月14日举行的"一带一路"国际合作高峰论坛（Belt and Road Forum）上，中国国家主席习近平宣布向丝路基金（Silk Road Fund）再注资1000亿元人民币（相当于145亿美元）。
② 狄伯杰（B. R. Deepak）：《"一带一路"：承载希望与梦想》，《人民日报》，2014年7月2日。

施将会连接整合到一起，相关参与方可以共同利用。如果印度也参与，将有助于解决印度国内部分发展问题。亚洲大多数国家还属于发展中国家，发展的路还很长。携手合作、共同发展是唯一的出路。海上丝绸之路从共同安全、共同繁荣的立场出发，解决亚洲所面临的问题，非常有意义。若印度能够参与此构想，西方所谓的中国制约印度的"珍珠链论"（String of Pearls theory）就站不住脚了。其二，"21世纪海上丝绸之路"将把亚洲各国的经济命运连在一起，大大地发展各国之间的经贸、人文交流。从建构主义者的角度来看，"21世纪海上丝绸之路"将促进共同安全在亚洲的实现。

（2）印度资深学者拉贾·莫汉（Raja Mohan）日前在《印度快报》撰文指出，印度对中国"一带一路"倡议的焦虑主要缘于地缘政治的狭隘视角。着眼长远，印度政府不应继续对中方倡议采取拖延回避态度。[1] 持相同态度的还有资深外交官亚姆·萨仁山（Shyam Saran）[2]，以及许多其他印度有识之士。[3] 然而，在印度，也有相当一部分人认为，如果印度加入中国的"一带一路"倡议，将会损害印度的势力范围。而这种忧虑感自从中国和巴基斯坦声称要建设中巴经济走廊而不断滋长，而就中巴经济走廊未来将要穿过的巴控克什米尔地区而言，印度也宣称对其拥有主权。但是，这一不当猜测是毫无根据的，理由如下：

（a）据笔者的研究，印度官方从未这样说过。相反，印度官员在不同场合强调，乐见欧亚大陆人民在经济、文化、人文等交流。印度加入了亚投行，而后者将为"一带一路"倡议建设提供重要的融资渠道。按照规

---

① 拉贾·莫汉（Raja Mohan）：《中国的外卖："一带一路"倡议》（Chinese Takeaway：One Belt，One Road），《印度快报》（*Indian Express*），2014年8月13日，http://indianexpress.com/article/opinion/columns/chinese-takeaway-one-belt-one-road/。

② 亚姆·萨仁山（Shyam Saran）：《印度必须加入中国的丝绸之路倡议》（India must join China's Silk Route initiative），《印度斯坦报》（*Hindustan Times*），2015年3月18日，http://www.hindustantimes.com/ht-view/india-must-join-china-s-silk-route-initiative/story-cZJ5kG4ktsvRaRXI9yRkqO.html。

③ 赛巴尔·达斯古普塔（Saibal Dasgupta）：《中国说"一带一路"倡议正在成型，即使印度不愿意加入》（China says Silk Road is taking shape despite India's reluctance to join），《印度时报》（*Times of India*），2014年12月13日 http://timesofindia.indiatimes.com/world/china/China-says-Silk-Road-is-taking-shape-despite-India-as-reluctance-to-join/articleshow/45506242.cms。

划，亚投行将会考虑"一带一路"倡议沿线国家和地区的需要，着力投资支持沿线国家和地区的基础设施建设项目；对于现行的全球经济治理机制而言，也是一个有益的补充。

（b）中方高度赞赏印度学者提出的"季风计划"（Project Mausam）、"香料之路"（The Spice Route，香料之路是古代香料由北非、中东和南亚次大陆输入中国的路线，本身就是中印历史上合作的典范）等海上合作构想，这些倡议与中国的"一带一路"倡议在精神上是暗通的，两者可以相互参与、相互对接、相互支持。这也表明中印作为文明古国开放包容、心胸开放的传统。印度在打通通往中亚的通道等，参加孟中印缅经济走廊（BCIM），就是支持中国"一带一路"倡议的体现，也证明丝绸之路的四通八达，保持开放性，没有排他性。

（c）印度洋虽然是公海（international waters），但是由于历史因素和地理因素，印度确实能在印度洋地区发挥包括中国、美国在内等其他国家所替代不了的独特作用。中国的"一带一路"倡议不会也不可能影响印度在本地区的独特地位，相反可能为中印在印度洋地区的合作提供新的契机。

三、结论

邓小平同志曾经说过，中印两国不发展起来，亚洲世纪就不会到来。笔者预计，印度将采取积极行动，积极参与"一带一路"倡议规划，推动中印两大东方文明尽快复兴，促进两大新兴市场共同繁荣。我们相信，印度将采取积极行动，以某种形式，积极参与"一带一路"倡议规划，推动中印两大东方文明尽快复兴，对接两国发展战略，促进两大新兴市场的共同繁荣和共同利益。

参考文献

［1］狄伯杰.印参与"海上丝路"可破"珍珠链论".环球时报（中文版），2014.9.18. http://opinion.huanqiu.com/opinion_world/2014-09/5141651.html.

［2］Mohan R. Chinese Takeaway: One Belt, One Road. Indian Express, 2014-8-13. http://indianexpress.com/article/opinion/columns/chinese-takeaway-one-belt-one-road/.

［3］Saran S. India must join China's Silk Route initiative. Hindustan Times, 2015-3-18. http：//www. hindustantimes. com/ht-view/india-must-join-china-s-silk-route-initiative/sto-ry-cZJ5kG4ktsvRaRXI9yRkqO. html.

［4］中华人民共和国国务院. 2015 年政府工作报告. http：//english. gov. cn/archive/publi-cations/2015/03/05/content_281475066179954. htm.

［5］中华人民共和国国务院. 2016 年政府工作报告. http：//english. gov. cn/premier/news/2016/03/17/content_281475309417987. htm.

［6］中华人民共和国国务院. 2017 年政府工作报告. http：//english. cctv. com/2017/03/16/ARTI1PaDFjoEdY5G7BB0LYUI170316. shtml.

［7］中华人民共和国外交部. 外交部长王毅会参加记者招待会. http：//www. fmprc. gov. cn/mfa_eng/wjb_663304/wjbz_663308/2461_663310/t1243662. shtml.

第4章 "一带一路"倡议：
构建中国与南亚安全共同体

杨晓萍（Yang Xiaoping）*

摘要： 本章将"一带一路"倡议与中国的"命运共同体"概念放在一起探讨；作者认为，"一带一路"倡议是实现中国与周边邻国共建"命运共同体"的一个载体。建设"命运共同体"的主要目标是为了寻求关于互利共赢可持续发展模式的一个新范式。这是中国根据亚太地区不断变动的地缘政治形势和不断发展的国内政治环境所做出的一个积极的战略选择。"一带一路"倡议和中国—南亚"命运共同体"的建设，将主要面临如下两大挑战：一是如何处理印度在南亚地区的传统优势和主导地位；二是如何处理该地区安全和经济发展的复杂性。作者给出的解决之道，是深化中国与南亚地区国家在生产能力、互联互通和文化交流等方面的整合与合作。

关键词： 命运共同体，印度，南亚，互联互通，文化交流

事实上，时代的变化总是无形中与一些重大事件紧密相连，这包括冷战的结束，2001 年中国加入世界贸易组织，9·11 事件以及 2008 年全球金融危机，等等。在这个大变革、大转型的时代，新的机遇和挑战总是催生着一些新观念和新倡议的出台和成型。在亚洲地区，澳大利亚倡议了今天的亚太经济合作组织（Asia-Pacific Economic Cooperation，APEC）；马来西亚总理马哈蒂尔倡议了东亚经济论坛（East Asia Economic Caucus，EAEC），这成为了"10 + 1"会议机制、"10 + 3"会议机制的前身；而日

---

* 中国社会科学院亚太与全球战略研究院副研究员。

本前首相鸠山由纪夫更是提出了"东亚共同体"（East Asian Community）的倡议。

在这个进程中，作为亚洲地区的大国和上升中国家，中国一直试图从更为广阔的视角思考、处理全球和亚洲安全问题，并适时提出了一些倡议。主要包括20世纪90年代提出的"新安全观"（New Security Concept），以及21世纪初倡导的"和谐世界"（Harmonious World）。一般认为，"和谐世界"是"新安全观"的延伸。但在国际上，"新安全观"受到了较大重视，而"和谐世界"受到的关注较少，这也从另一个侧面说明了中国塑造安全观念的能力还存在提升空间。

一、主要背景与"命运共同体"概念界定

"命运共同体"（Community of Shared Future）理念的出台是一个非常独特的信号，其一定程度上阐明了中国对亚洲区域秩序的长期构想。在2014年4月的中央国家安全委员会（Central National Security Commission）第一次会议上，中国国家主席习近平提出，要"既重视自身安全，又重视共同安全，打造命运共同体，推动各方朝着互利互惠、共同安全的目标相向而行"。[①] 这是继2013年10月在中央周边外交工作座谈会上，习近平总书记提出"要把'中国梦'同周边各国人民过上美好生活的愿望、同地区发展前景对接起来，让'命运共同体'意识在周边国家落地生根"后，再一次重申"命运共同体"的概念。

所谓"共同体"，从抽象意义上来理解就是一种感觉，能够在共同体中感受到快乐、温馨和互相依靠。[②] 这种共同体既具有哲学意义（例如共同体主义），也具有社会学尤其是人类学意义（例如社群、社区理论）。就中国与周边国家试图建设的"命运共同体"而言，其既意味着"经济合作不断加深，也意味着成员国在安全问题上互相谅解、相互提供支持，同

---

① 邹春霞：《习近平首提总体国家安全观》，《北京青年报》，2014年4月16日，http://news.youth.cn/gn/201604/t20160413_7855608.htm.

② ［英］齐格蒙特·鲍曼（Zygmunt Bauman）：《共同体》（Community）（欧阳景根译），南京：江苏人民出版社，2003年，序言，第1页。

时，它更要求中国与周边国家的关系在精神上有一种联系"。① 从这个意义上说，安全共同体建设是实现"命运共同体"重要的一环。

2014年5月，在亚洲相互协作与信任措施会议（亚信会议）（Conference on Interaction and Confidence-Building Measures in Asia）第四次峰会上，中国就如何在安全层面实现一种类似共同体的状态，提出了自己的主张。中国领导人首次提出，"我们应该积极倡导共同、综合、合作、可持续的'亚洲安全观'（a common，comprehensive，cooperative，sustainable concept of Asian security），创新安全理念，搭建地区安全和合作新架构，努力走出一条共建、共享、共赢的亚洲安全之路"。②

所谓"共同安全"，意味着"安全是双向的，自己安全也要保证别人安全"③，其核心是不谋求绝对安全，不追求安全上的完胜。这种安全理念对于世界上最大的发达国家美国，以及最大的发展中国家中国而言尤为重要，特别是在美国进行全球战略调整，来应对中国崛起带来的不确定性的背景下；所谓"综合安全"，即"安全"既包括传统安全领域，也包括非传统安全领域安全。同时，综合安全还意味着安全既要着眼于当前突出的安全问题，也要高度重视潜在的安全威胁；所谓"合作安全"，即安全从本质上应该不是对抗性的、非零和的，而是可以通过预防性合作来减少冲突发生的。这里，预防性合作包涵了两层意思：一是目前这种合作还不足或是根本还没有展开；二是这种合作已经开始了，但可能在方向上是有问题的，需要重新设计"预防性"的路径。而"可持续安全"，则意味着如何平衡短期经济利益与长期的发展模式之间选择的问题。所谓可持续，就是要发展和安全并重以实现持久安全。

总体而言，"安全共同体"的构建是为探寻一种"可持续性的、互信的、双赢的发展模式"（sustainable，mutually trusted and win-win development model）而服务的，是中国在当前亚太地区地缘政治的图景下，基于自身能力所做出的一种自主战略选择。

---

① 周方银：《命运共同体——国家安全观的重要元素》，人民网，2014年6月4日，http://theory. people. com. cn/n/2014/0604/c112851-25101849. html。
② 习近平：《积极树立亚洲安全观共创安全合作新局面》，人民网，2014年5月22日，http://politics. people. com. cn/n/2014/0522/c1024-25048258. html。
③ 阎学通：《追求共同安全实现持久和平》，人民网，2014年6月3日，http://world. people. com. cn/n/2014/0603/c1002-25093694. html。

二、南亚特性与"中国—南亚安全共同体"的定位

作为一个独特的地理单元，南亚具有其特性。主要包括"印度中心"（India Centric）、"断裂性"区域融合进程，以及安全观念与现实议题的不匹配。"印度中心"主要表现在："印度不仅单位体积大，而且处于南亚次大陆的中心。这至少意味着：首先，在安全上，南亚国家的安全考虑都是以印度为主要相关方的（除了巴基斯坦—孟加拉国分治时期）。其次，在经济上，如果没有印度的过境许可，其他国家之间发展双边贸易将不得不面对高昂的运输成本。在经济合作上，南亚出现了一种印度以东阵营和巴基斯坦、阿富汗以西阵营的断裂融合，且这种断裂性的差距可能在未来随着印度与东南亚合作的加深而加大。①

在对地理禀赋的认知上，南亚次大陆长期重陆地而轻海洋，统治者认为安全的威胁主要来自陆地的西北方向，而将海洋天然视为一种安全屏障。随着全球化加深与太平洋时代的到来，印度洋海域成为连接中东与东亚经济贸易往来的重要通道，海洋成为一个集合了经济、安全、发展与战略的议题，这种定位可能不得不面临海陆并重的调整，从重视陆权正在逐步转向重视海权。在国家功能上，南亚地区国家长期关注核问题、国家间军事对抗以及国内冲突，而对各种与发展相关的软性"人类安全"议题（softer issues related to "human security"）关注不够。②

这种"印度中心"和断裂融合的特征给中国通过"一带一路"倡议来构建安全共同体提供了机会，"一带一路"倡议建设已经成为了中国构建与周边国家共同体的最主要方式和手段。我们须认识到，"共同体"不是中国为反制美国亚太再平衡2.0版的临时安排，也不是中国为转移国内矛盾的宣传口号，而是具有系列配套措施的将影响中国未来5—10年发展路径的战略安排。

南亚次大陆安全观念与现实议题的不匹配的现实，也凸显了中国通过"一带一路"倡议建设来构建中国与南亚国家共同体的必要性和可能性。随着印度洋作为海洋通道战略地位的提升，中国海外利益的拓展，中国已

---

① 参见杨晓萍：《南亚安全架构：结构性失衡与断裂性融合》，《世界经济与政治》，2012年第2期，第80—98页，第159页。

② 同上。

经通过某种形式在北印度洋地区有所存在。然而，目前中国在该区域还没有被融入任何一个区域性的海洋安全机制，这对构建一个更加和谐和均衡的海洋安全构建显然是不利的。同时，南亚国家安全中非传统安全议题地位的不断提升，也使中国和南亚国家在涉及"人类安全"议题上的合作存在更大空间。

就"一带一路"倡议和中国南亚安全共同体构建而言，鉴于近期在印太概念（Indo-Pacific concept）下的美印安全防务关系的实质性提升，以及地区间联系的加强——主要包括由于强烈的能源驱动和阿富汗问题而加强的"中亚—南亚"板块（"Central Asia-South Asia"bloc），以及由于经济联系的加强以及地缘政治需求而形成的印度的"东向"（Look East policy）和"东进"（Act East policy）战略——通过"一带一路"倡议而构建中国—南亚安全共同体（China and the South-Asian Security Community）"同"的方面主要包括：一、"共同"点主要基于中国和南亚各国对安全、稳定和发展（特别是经济发展）的巨大需求。毕竟客观上看，中国和南亚各国在人类学、宗教（虽然佛教从印度流传到中国）、以及思维方式上并不存在天然的亲近感；二、中印两国作为亚洲文明最具代表性的两个大国，可以通过地区的合作促进在全球层面一种与西方文明比较不同的发展模式和价值取向。在设计目标上，中国—南亚安全共同体建设追求的是一种可持续的、综合的、包容的和以"人的安全"为驱动的安全目标。中国—南亚安全共同体的建设必须基于这样一种前提：即对各方而言，这种构建均是一种战略机遇，应有利于创造性的发展/增长模式的探寻。

三、"一带一路"倡议框架下安全共同体建设的主要途径

"中国—南亚安全共同体"构建目标的核心是创造性地探寻一种能够实现"可持续性、综合性、包容性"安全的路径，而基本现实是美国亚洲再平衡2.0版，以及"印度中心"、断裂性地区融合、海洋问题在安全认识中的提升、以及南亚各国对"人的安全"的巨大需求。鉴于此，"一带一路"倡议框架下共同体建设的途径主要包括三种：

第一，利用中国经济优势向南亚邻国推进的经济融合，特别是产业链对接政策。目前在南亚，中国倡议了两大经济走廊，即"中巴经济走廊"（China-Pakistan Economic Corridor，CPEC），以及孟中印缅经济走廊（BCIM）。就其设计理念而言，这两大经济走廊分别以印度和巴基斯坦为

核心，符合目前南亚地区经济融合断裂性的现实。鉴于印度和巴基斯坦在经济上的分离性，但同时中印、中巴经济关系仍具有巨大提升空间，这两大经济走廊的提出，有助于中国经济增长的强大优势外溢于南亚地区经济融合的进程，即作为南亚地区最重要的邻国，中国可以通过经济优势起到一种"中介"作用，从而帮助实现印巴经济关系缓慢的提升。

"中巴经济走廊"是在中巴原有经济关系基础上的再次提升，是巴基斯坦在支持美国反恐十多年后国内经济形势恶化背景下，中国做出的必然选择。中巴经济走廊也有强烈的稳定阿富汗安全局势的需求，从地区稳定角度看，中巴经济走廊的推进也符合印度的利益。2015年4月，在中国国家主席习近平访问巴基斯坦期间，在《联合声明》中指出，中巴"双方同意，以中巴经济走廊为引领，以瓜达尔港、能源、交通基础设施和产业合作为重点，形成'1+4'经济合作布局……双方认为，中巴两国安全利益息息相关，愿积极践行共同、综合、合作和可持续安全的亚洲安全观，将继续加强反恐合作、防务合作以及国际地区安全事务配合，三管齐下，共同维护中巴安全利益"。①

孟中印缅经济走廊是由中国地方推动的次区域合作机制，主要出发点是利用相邻国家地缘上的优势来促进产业合作和人文交流。经过十多年的努力后，2013年，印度官方开始对孟中印缅经济走廊有了正面回应。2013年12月，孟中印缅经济走廊召开第一次会议工作组会议并签署相关计划。迄今为止，中国在经贸、交通基础设施建设、投资等领域同其他三国开展广泛合作，并且四国已在人文交流、地区经济一体化和政治互信方面达成了广泛共识。

然而，就孟中印缅经济走廊而言，仍存在两个结构性的问题：一是新德里仍然基于安全考虑，在推进经过印度东北部地区的物理互联互通上犹豫不决；二是缅甸作为中印两国的共同邻国，在某些情况下中印两国的国家利益存在一定的竞争性。因而，也有部分研究认为，与BCIM所倡导的多边合作相比，可能新德里更倾向于中印两国的双边合作，特别是利用中国的资金和基础设施方面的专业技术来改善印度国内基础设施的状况。

第二，大地区视野中的地区机制的对接与议题的拓广，如上海合作组

---

① 《中华人民共和国和巴基斯坦伊斯兰共和国关于建立全天候战略合作伙伴关系的联合声明》（全文），中华人民共和国外交部网站，2015年4月21日，http://www.fmprc.gov.cn/mfa_chn/zyxw_602251/t1256274.shtml。

织（Shanghai Cooperation Organisation，SCO）以及印度洋海军论坛（Indian Ocean Naval Symposium，IONS）中如何更好地将非传统安全议题囊括在内。近年来，随着阿富汗问题及其带来的安全议题的外溢效益，"中南亚"（Central South Asia）概念越来越成为一个理解地区安全并被广泛接受的概念。即很多安全议题，需要将中亚和南亚结合起来考虑。就现有地区机制而言，开放性已经成为了一种需要被接受的主要原则之一。为打击"恐怖主义、分裂主义和极端主义"而成立的上海合作组织，在 2013 年就通过了上合组织成员国维护地区安全和应对部分国际安全援助部队从阿富汗撤军后威胁的联合措施。在 2014 年 9 月，中国国家主席习近平访印期间表示"中方欢迎并支持印度成为上海合作组织正式成员"。[1] 印度加入上合组织，不仅有合作反恐的需求，更有通过机制上的融入扩大与中亚国家能源合作的诉求。

同样地，在海洋安全领域，中国目前在北印度洋地区还没有被融入任何地区机制。但随着中印的崛起，两国在保护航道航行安全（SLOCs）上存在巨大合作空间。可以考虑将中国纳入 IONS 机制，并尝试性在软性的安全议题上进行合作。如打击海盗，以及某些突发的海洋安全事件。这包括海洋恐怖主义、海洋沿岸国家的政治动荡、自然灾害、飞机失联、甚至是商业船只的相撞，而管理这些突发事件需要利益攸关方更加紧密的合作。在系列威胁和不确定的背后，实际蕴含着巨大的合作机遇。

第三，加强中国和南亚国家在海上安全领域的合作。目前的国际形势也比较有利于双边（如中印）和多边海洋安全合作的开展。莫迪执政后，力推改革、发展经济是新政府的基本思路，而中国也提出了海洋丝绸之路战略，并成立了"丝路基金"作为该战略的配套措施。在 2014 年中国国家主席习近平访印期间，"中国承诺将投入 200 亿美元来缓解当前中印贸易赤字问题，并投资在印度马哈拉施特拉邦和古吉拉特邦兴建产业园区"。[2] 中印经济更多的捆绑和融合将有助于增强双方的互信，为双边海洋

---

① 习近平："支持印度加入上合组织"，《北京晨报》，2014 年 9 月 19 日，第 6 版，http://bjcb. morningpost. com. cn/html/2014-09/19/content_311147. htm。

② 卡尔迪凯·梅赫罗特拉（Kartikay Mehrotra），乌尼·克里希南（Unni Krishnan）：《莫迪在边境纠纷时赢得习近平 200 亿美元的承诺》（"Modi Wins 20 Billion $ Pledge from Xi Amid Border Flare-up"），彭博社（*Bloomberg*），2014 年 9 月 18 日，http://www. bloomberg. com/news/2014-09-17/modi-to-host-xi-for-talks-to-bolster-india-s-china-ties. html。

合作的展开创造良好的环境。

就如何在机制上更好地吸纳中国而言，整体思路仍然是要通过扩大利益趋同面，逐步减缓战略竞争来促成总体合作框架的达成。这既包括加强与相关重要国家海洋安全合作的磋商与对话，也包括进一步制订或完善有关海上安全的具体规则和操作程序，以便能以一种更加灵巧、灵活和机动的方式进行合作。

在具体合作领域上，首先可以从一些比较中性的安全领域入手，如自然灾害的联合救援与搜救、反海盗的交替巡逻、港口互访等，通过这些互动来促进中印间信任措施（confidence building measures，CBMs）的建立。与此同时，也可以考虑在印度洋和马六甲海峡区域进行中、美、印的联合演习，在特定行动中甚至包括信息的共享等。

四、主要挑战与建议

就"一带一路"倡议框架下的中国—南亚安全共同体建设而言，面临的挑战主要包括：首先，如何处理"中国—印度—南亚"关系。对于在南亚占主导地位的印度而言，南亚经常被视为其"传统后院"，虽然自从巴基斯坦成立以来印度对来自西线的安全忧虑就从未减少过。中印双边关系在南亚的"竞争性"主要表现为：（1）中巴"全天候"战略伙伴关系（China-Pakistan "all weather" strategic partnership）；（2）中国与南亚其他国家良好经济政治关系的发展，以及由此造成的印度对于中国"战略包围"（strategic encircling）的担忧；（3）随着中国国内经济发展及对能源需求的增加，中国在印度洋地区存在的增加。当然，这并不排除中印双方为保证印度洋航道的安全而进行合作的可能性。

然而，中国在南亚存在的加强，却一定程度在客观上对南亚地区秩序起着纠偏和"均衡"作用。如印度可能为应对中国积极的政策，从而不得不在对邻国的外交中做出了一定调整。

其次，在构建中国南亚共同体时，仍要考虑经济融合和依赖与安全互信如何转换的问题。一方面，就中印关系而言，中印经济关系在边界问题未解决的情况下继续推进；另一方面，在亚太地区层面，美印安全防务关系却在中印关系还不错的表象下取得实质性进展。就海洋安全而言，一方面印度对中国在印度洋的存在表示质疑，认为：中国正在构筑一条'包围印度'的珍珠链战略（String of Pearls），这种包围不是跨越喜马拉雅山，相反，这种围堵可能更多地来自海上;另一方面,印度同时也加强了在南中国海的存在,与越南的军事和经济关系不断加强。这些都表明在很多方面,经济与安全似乎在两个矛盾的方向相互用力。这势必会影响中国—南亚安全共同体建设的效果。

接下来,针对这些问题,笔者给出了如下建议:

首先,中国—南亚安全共同体建设的关键仍将取决于各方,特别是核心国家的政治意愿。即各方如何看待这个战略机会,各方在"信任赤字"(trust deficit)仍存的情况下如何能以更开放的心态、更建设性的方式来务实推进合作。中国与南亚只有向着一个共同体的方向相向而行,才有可能实现最终的双赢。

其次,中国和南亚安全共同体建设的稳定之锚是中国经济优势的最大发挥,应坚信产业链整合的自身逻辑与力量。当然,经济融合是一把双刃剑。中国与南亚国家应继续促进开放、共同参与地区制度的安排和设计。争取中国周边国家长期的经济增长环境,促进中国自身经济结构的转型,并最终能为中国周边国家提供市场,促进共同发展的环境,从而增进周边国家对中国的期待值,加大安全共同体建成的可能性。

再次,中国应该提升经济和安全机制的融合力度。在安全共同体建设的进程中,可以以机制建设和规范创建为重要突破点和着力点,在短期上遵循先易后难原则。要在中国周边树立一个"负责任"国家的形象,提升中国与南亚国家在具体的政策层面的协调力度。

最后,加强人文交流和民心建设。人文交流的加深能够促进"共同体"观念的内化,是共同体建设的基础。

第5章 孟中印缅经济走廊：安全困境是否妨碍地区经济整合？

狄伯杰（B. R. Deepak）*

摘要： 本章追寻历史的脚步，溯及孟中印缅经济走廊的源起，探讨其随中国更为积极坚定的经济参与而逐步演化的发展进程，以及区域内合作所面临的机遇和挑战。同时，本章也从航空交通、跨境铁路、公路、水路、商贸等方面，对孟中印缅经济走廊的先期合作条件进行评估。孟中印缅经济走廊意味着相关国家之间的深层次整合，此举将在诸多方面带来重重机遇，包括贸易、交通、旅游，以及传统和非传统安保领域的合作。本章还得出如下结论：孟中印缅经济走廊中的内陆地区可成为地区互联互通的重要节点，以此减轻贫困、摆脱落后状态。同时，这些地区将在印度洋与太平洋之间起到桥梁沟通作用，对区域的一体化发展大有裨益。

关键词： 昆明倡议，孟中印缅地区经济合作机制（BCIM），互联互通，区域整合，孟中印缅区域挑战

2013 年 5 月，李克强总理访问印度期间所签署的《中印联合声明》第 18 条指出，要促进孟中印缅经济走廊的发展。该声明还要求建立合作研究小组，加强孟中印缅地区间的互联互通，以求在经济、贸易、人员交流等多方面建立更为密切的关系；同时，也提及了孟中印缅区域论坛，指出中印双方应珍惜论坛合作下所取得的进展。然而，令我们不免深思的是，孟中印缅区域经济合作机制（BCIM）的概念是否本身就由来已久而只是换汤不换药罢了？中国和印度是如何实现孟中印缅经济走廊（BCIM-EC）的

---

* 印度尼赫鲁大学中国与东南亚研究中心教授。

有效运作，其后又会出现怎样的演化和发展？安全困境是否会阻碍区域经济整合？

一、历史溯源

据中印相关史料记载，中印在物质与文化上的双向交流由来已久。经中亚路桥（Central Asian Route）即丝绸古道，或经印缅间由今印度阿萨姆邦（Assam）进英属缅甸（今缅甸）（Myanmar）之路以及云南古道（Yunnan Route）即著名的南部丝路（Southern Silk Route），或经中国西藏地区、尼泊尔、不丹（Tibet-Nepal-Bhutan Route），再经海路即所谓的"海上丝绸之路"（Maritime Silk Route）——由此几条线路，两国之间建立起了密切的历史渊源。其中，阿萨姆—缅甸—云南古道（The Assam-Burma-Yunnan route）（以下简称"阿缅云古道"）是中印间最早的通路，这也是经历史考古勘察而证明了的著名古道。这条路线以印度东北部为起点，跨越缅甸北部，进入中国云南省的腾冲、保山和大理，最终到达四川省的成都。后来，该路线贯穿孟加拉地区（Bengal），最终与中亚陆桥交汇。

据来自中国四川省社会科学院（Sichuan Academy of Social Sciences）的段渝教授推测（2010年），印度河流域文明于公元前15世纪就已消亡，然而位于古蜀地的三星堆文明正值发展鼎盛期。从出土的文物来看，有产自印度洋周边地区的大量齿贝，尤其是环纹货贝（Monetriaannulus），大批量的象牙，以及状若柳叶的青铜短剑形制。这些考古发现表明，自古以来，中国与印度的阿萨姆邦以及缅甸就存在着真切的往来与交流。据段渝教授介绍，类似这样的文物在云南多处陵墓中均有出土，目前安置在省博物馆中陈列。

关于阿缅云古道的信息，最早在《史记·西南夷传》（Foreigners in the Southwest）中就有可靠记载："张骞使大夏来，言居大夏（Bactria）时，见蜀布、邛竹杖。使问所从来，曰：'从东南身毒国。可数千里，得蜀贾人市。'或闻邛西可二千里，有身毒国。"据此，可以断定阿萨姆—缅甸—云南古道在公元前2世纪就已成型，可能是中印之间最早的通路。

古代东印度迦摩缕波国（Kamarupa）（今印度阿萨姆邦），中国史籍称之为"盘越国"，或"滇越"，又称"迦摩缕波国"。《史记》中《史记·大宛列传》，以及其他史料如《魏略·西戎传》、《后汉书·西域传》、《梁书》第54卷等等，都有迦摩缕波国的相关记载，其位置以及蜀地商人与其密切的商贸关系。玄奘（公元 601—664 年）的《大唐西域记》中，更清晰地描绘了古迦摩缕波国的状貌："迦摩缕波国，周万余里，国大都城，周三十余里……人形卑小，容貌黧黑，语言少异中印度。"书中写到，迦摩缕波国（Kamrup）距离摩揭陀国（Magdha）有 24000 里路程。要到达这一地区，必须穿越伊烂拏钵伐多王国（Iranaparvata）、占城（Champa）（今印度比哈尔邦巴加尔布尔县）（Bhagalpur, Bihar）、王舍城（Rajanaghara）与那跋檀大城（Pundravardhana）。迦摩缕波国（Kamarupa）东部，峰峦叠嶂，地势不平，故而未能成为都城所在地。山脉构成该国与中国的自然边界，中国西南少数民族聚落与之毗邻。此时的中国西南地区尚未开化，野蛮部落横行。（季羡林，2000 年：第 794 页。）

据信，古代中国的丝绸通过阿缅云古道（The Assam-Burma-Yunnan route）出口到印度。古印度旃陀罗笈多王的孔雀王朝（Chandragupta Maurya）（公元前 340 年—公元前 298 年）有一名官员名为考底利耶（Kautilya）（公元前 370 年—公元前 283 年），他在其经典作品《利论》（Arthashstra）（《论政治经济》（Treatise on Politics and Economy））一书中就早有记载：华夏之地盛产丝绸（Kauseyam Cinapattasca Chinabhumijah）。如果其说法属实的话，那么，中国丝绸早在公元前 4 世纪就已在印度风行。同时，四川作为中国最早养蚕缫丝之地，并与中国入印之门户云南毗邻，由此孕育出印度本土丝织业。实际上，丝织业是印度东北部最早兴起的工业之一。到公元 7 世纪，印度阿萨姆邦的制丝业到达顶峰，日臻完美。公元 7 世纪印度著名的古典梵语小说家波那（Banabhatta）撰写了历史传记小说《戒日王传》（Harshacharita），其印地语直译名曰《戒日王朝录》（Biography of Harshavardhana），该书记录了迦摩缕波国（Kamarupa）国王婆什迦罗跋摩（Bhaskara Varma）（公元 600—650 年），将戒日王朝所产的丝制毛巾作为国礼呈送，称丝质毛巾"如秋夜月般流光溢彩"，丝质遮羞布"如桦树皮般滑腻润泽"。（罗马，2003）

宋元明三朝（公元 960—1644 年），贸易取代宗教成为跨文化交流大潮中的主流，而这条线路依然正应其时。六百年后，来自中国云南的郑和率舰队先后到达缅甸、孟加拉国、印度尼西亚，甚至远至非洲。即使在 20 世纪，阿缅云古道依然具有地缘政治上的战略价值，它在"二战"中充当了同盟国合力对抗日本法西斯的重要救援补给之路。

二、复兴旧丝路的倡议

随着经济全球化纵深发展以及各国经济相互依赖的增强,各种区域共同体相继出现,例如东南亚地区的东盟(ASEAN),欧洲地区的欧盟,北美地区的北美自由贸易协定(NAFTA),拉丁美洲地区的南方共同市场(MERCOSUR),南亚地区的南亚区域合作联盟(SAARC);同时,更多的次区域合作体也在世界范围萌动;也不乏有还处于探索和撮合初期的一些合作组织,比如欧亚经济联盟(EEU),该组织于2015年才正式生效;而至于亚洲地区而言,中国则实施改革开放政策,特别是邓小平1992年的南巡,为中国内政外交定下了总基调;印度在1991年启动拉奥政府经济改革,并自2014年实行东向政策(Look East Policy)或者东进政策(Act East Policy);还有20世纪90年代,孟加拉国开展了大体相仿的改革;在20世纪80年代末,缅甸也主动发力,为更深入的区域重组整合创造更为有利的政策条件。在四国区域合作框架下,存在着各国独立参与的多个经合组织,由此观之,孟中印缅经济走廊只是该区域经济一体化整合中的一块基石。

中国在东盟事务(ASEAN)中更为积极坚定的政治参与,对中国云南和广西的周边毗邻地区的发展大有裨益。中国云南与越南、老挝、缅甸等东南亚及南亚地区接壤,有着绵延4061千米的国境线。中国—东盟(ASEAN)自贸区希望深入开展这一地区的文化基础设施建设。在这一自由贸易协定的框架下,中国决意在云南和广西投入重金,使其成为中国与东盟联系的沟通渠道,由此使得云桂等边境地区成为中国与东南亚之间的物流和贸易中心。从广西壮族自治区省会南宁市到友谊关长达179.2千米的高速公路于2006年建成,将中国与越南河内相连接;目前,又有超过100条航班线将中国云南与东盟区城市相连;从中国到越南的铁路、高速公路、水路网业已就位;昆明—曼谷高速公路以及昆明—新加坡铁路也已动土开工。

自缅甸加入东盟,与印度的公路铁路互联互通建立后,中国对建立铁路公路网的合作发展项目就兴趣益然。正是在这样的背景下,中国社会科学院(Chinese Academy of Social Sciences)专家经云南省政府协助,于20世纪90年代提出了孟中印缅经济共同体的构想。虽然欧贝罗伊(Oberoi,2013)教授将此归功于车志敏(Che Zhimin)教授(时任云南省经济科技研究中心副主任）的科研成绩，后者在 1998 年 11 月访问印度期间以一篇论文——《中印缅孟次区域合作构想》而先声夺人。但是，另一位陈教授在 2005 年的一篇论文中指出，这是中印两国学者的合作成果。例如，在 1994 年谭中（Tan Chung）教授撰写了题为《中国西南地区、南亚、东南亚区域整合前景——一个跨喜马拉雅的视角》一文，并于 1994 年 6 月刊载在第 64 版《中国西南文化研究》第三卷上。除了谭教授，来自香港和大陆的众多学者，如黄枝连、徐康明、王益谦、陈继东、雷启淮也都编撰论文对其研究成果有所补充。中国启动西部大开发战略以来，中国西南地区的学者一直秉持着全新的热忱，推进中国西南地区与南亚、东南亚地区的联系。当然，毋庸置疑的是，随着时间的推移，中国政府将云南省作为通往南亚门户的战略并非易事，学者们虽有官方的鼎力支持，但仍面临不小的压力，需要付出更多努力，以保障政府源源不断的智力支持。在学者的利弊考量中，重建史迪威公路（Stillwell Road）被列入议程，该公路从印度东北部阿萨姆邦的利多（Ledo）开始直通到缅甸的勐育（Mong-Yu）。在缅甸，该公路向北直通中国云南的省会昆明。史迪威—缅甸公路全长 1726 千米，在印度有 61 千米的线路，在缅甸横贯了 688 千米，剩下 976 千米则在中国境内。公路受益多方，包括中国西南地区（主要是四川与云南两省），印度东北部地区的伪阿鲁纳恰尔邦（Arunachal Pradesh）[1]、阿萨姆邦，曼尼普尔邦（Manipur）、梅加拉亚邦（Meghalaya）、米佐拉姆邦（印度一中央直辖区）（Mizoram）、那加兰邦（Nagaland）、特里普拉邦（Tripura），以及缅甸的仰光、曼德勒和密支那。

而且，随着东南亚国家联盟（ASEAN），孟印缅斯泰经济合作组织（BIMST-EC）、南亚自贸区（SAFTA）、亚洲太平洋贸易协定（APTA），以及印度、缅甸、泰国、柬埔寨、老挝、越南等国间的恒河—湄公河倡议（Ganga-Mekong Initiative），还有这些国家间其他区域次区域倡议的提出，都使得孟中印缅四国区域经济文化合作不断深入，同时与以上的经济组织间的交流融合也日益密切。中国西南地区学者在云南省政府的支持下，多次访问印度、缅甸和孟加拉国，同时也在云南省热情接待回访的其他三国学者。在多次的学术访问交流中，四国智库建立其了密切友好的学术联系，并提出了孟中印缅四国区域论坛（BCIM Regional Forum）的构想。

---

① 译者注：印度东北部地区的伪阿鲁纳恰尔邦（Arunachal Pradesh）即大致相当我被占领土藏南地区，属于中印边界争议领土东段区域。

三、从昆明倡议（Kunming Initiative）到
孟中印缅经济走廊（BCIM-EC）

自孟中印缅区域合作提出以来，四国依次成功召开了 3 轮共计 11 次会议。会议主要议题原定围绕"3T"即交通、贸易、旅游（Transport, Trade and Tourism）展开。然而，随会议议题的深入，更多其他方面的议题重要性日渐凸显，比如传统和非传统安全问题，以及其他切实的议题。

（一）第一轮磋商（1999—2003）

1999 年 8 月 15 日到 17 日，由中国云南省社会科学院（Yunnan Academy of Social Sciences）牵头，云南省的学者们云集一堂，召开第一次孟中印缅区域合作发展国际会议，四国共计 134 名代表参加了此次会议，并签署了"昆明倡议"（1999）。这次会议主要讨论了六大议题：区域合作的实际意义与战略意义；经济、贸易、科技合作的可行性；交通渠道和通讯网络的建设研究；经济合作的前景与基础；开放政策与贸易投资环境；区域合作构架。"昆明倡议"达成了七点共识：和平共处五项原则是区域合作的指导思想；强调平等互利，可持续发展；优势互补；采取国际标准，大力开展基础设施建设；加快区域互联互通，促进区域合作最大化。倡议还提出，应创建区域经济合作论坛，建立一个包含两成员国在内的特别工作组，以传达会议精神至各自政府和工商商会。

第二次会议于 2000 年 12 月在印度新德里召开，孟中印缅四国代表共计 50 人出席了本次会议。会议讨论了交通、跨境贸易、旅游观光、信息交流等议题；此外，非传统安全领域，如毒品走私、非法移民等问题，也备受重视。经此磋商，区域合作的范畴更加拓宽。此次会议最大的成果是启动了从中国昆明到印度新德里的商用特许航班，结束了两国长期以来的分离状态，将两大文明古国又一次紧密相连。时任云南省副省长邵琪伟带领政府官员、学者代表共计 100 人的大型代表团乘此航线前来参会。

第三次论坛于 2002 年 2 月在孟加拉国首都达卡召开，此次会议得到了孟加拉国政策对话中心（Centre for Policy Dialogue, CPD）的支持，该中心是符合孟中印缅倡议精神的具有创始意义的合作伙伴机构。此次大会规模宏大，来自各行各业的共计 200 名代表参会，会后发表了《达卡宣言》，主张孟中印缅区域论坛作为二轨民间合作机制，应向一轨官方合作靠拢。

这次大会首次将"论坛"加入到了孟中印缅区域合作中。第四次论坛于 2003 年 3 月在缅甸首都仰光召开，会后发表《仰光声明》，主张合作建立论坛协调办公室以及交通贸易旅游方面的小型研究组织。

（二）第二轮磋商（2004—2010 年）

第五次论坛于 2004 年 12 月 21 日至 22 日在中国云南省昆明市召开。该次论坛由云南省发展研究中心、云南省社会科学院、云南省外事办联合承办，自此，论坛完成了从民间协会交流到政府层级事务的重要转型。此次会议深入讨论了交通通讯、旅游、贸易、人员交流等重要议题。各方就孟中印缅区域合作的现状发表声明，聚焦四国间的港口联系、交通网络，以及其他互联互通的可能性。印方指出，应优化重要港口如吉大港（孟加拉国—港口城市）、仰光港口的职能建设，以容纳更大宗的水路运输。此次论坛也肯定了孟中印缅区域丰富的旅游资源，同时也指出，亟待发展的四国旅游合作，仍是区域合作的一大盲点：严格的旅游护照审查制度，为旅游合作带来了不小的阻力；缺乏旅游宣传的同时，高昂的旅行住宿开销更成为四国民众旅游出行的障碍（卢晓昆、郭穗彦，2004）。

第六次论坛于 2006 年在印度新德里召开。除常规议程外，多次重申了围绕 3T（贸易、交通、旅游）的基础设施便利化建设。此次论坛同时也引入了其他层面的协同合作，譬如艾滋病防治、毒品走私贩卖等关乎人类社会发展的问题。开展孟中印缅四国汽车拉力赛（BCIM Car Rally）也被纳入议程。第七次论坛于 2007 年 3 月 31 日到 4 月 1 日在孟加拉国达卡召开，会后发表了《2007 达卡声明》。此次论坛对自 1999 年昆明倡议签署以来区域整合所取得的成果表示满意，同时也深刻意识到孟中印缅四国协议不仅在官方交流层面硕果累累，也具有发展成政府间层面和非政府间层面的次区域合作项目之潜力。四方一致同意第八次孟中印缅论坛落户缅甸，同时将会议邀请范围拓至政府代表。此外，本次论坛又一次重申改善区域交通、促进互通有无的重要意义，这将意味着区域内商品、服务、人员流动的畅通无阻。贸易设施、交通联系、旅游业合作、科技文化对话也亟待后续发力。

第八次论坛于 2009 年 7 月 23 日至 24 日在缅甸新首都内比都（Naypyidaw）召开。此次论坛议题切换至商业领域，主张建立孟中印缅商业理事会（BCIM Business Council），并发表了《2009 内比都宣言》。

（三）第三轮磋商（2011—2013）

第九次论坛于 2011 年 1 月 18 日在中国云南昆明召开。孟中印缅商业理事会（BCIM Business Council）的成立，四国联合实时通讯（joint newsletter）的建成，以及对孟中印缅汽车拉力赛线路的研究，为会议的召开提供了契机。会议重点议题是签署四国谅解备忘录。论坛还指明，尽管以一轨合作为指导，但四国区域合作机制应成为推进"多轨并进、务实合作"的平台。同时，与会各方也注意到，孟中印缅区域合作的触手深入到贸易、农业、旅游业、文化、教育、健康、科技、脱贫、气候变化和水资源的合理利用以及安全等多层次、宽领域的互联互通。鉴于此，各方一致同意，在定于印度举行的下届论坛上，孟中印缅区域经济合作论坛将正式更名为孟中印缅合作论坛。第十次论坛于 2012 年 2 月 18 日至 19 日在印度加尔各答（Kolkata）召开，此次论坛签署了加强铁路公路海路空运四位一体互联互通的联合声明。后续调查组调研结束后，在本次论坛上建言献策，建议孟中印缅汽车拉力赛以加尔各答为起点，昆明为终点，并于 2013 年开幕。本次论坛也将合作领域拓展到科技、公共医疗、教育、农业、气候及水资源利用和能源安全等方面。

第十一次论坛于 2013 年 2 月 23 日到 24 日在孟加拉国首都达卡召开。本次达卡论坛深入反思了在贸易、投资、金融、多渠道联通、能源利用规划和体制机制安排，并发表了名为《达卡声明》的重要文件。同时，首届孟中印缅汽车拉力赛在"系邦交，促友谊"的口号下成功举办，当年 2 月 22 日，四国选手们从印度加尔各答出发，并于 2013 年 3 月 5 日到达中国昆明。

论坛原本希望完成从二轨民间合作到一轨官方合作的转换；由于中国云南官方对合作进程的浓厚兴趣，中国学者们提出"一轨半合作"的说法，平衡民间与官方合作。在第十一次论坛不久之后，李克强总理访印，促使中印在孟中印缅区域合作机制更进一步，提出"孟中印缅经济走廊"的构想，并发表联合声明，将此落在案头记录上。

（四）联合研究工作组（JSG）系列会议

2013 年 3 月，李克强总理访印期间，孟中印缅经济走廊的构想写入中印联合声明中。此后的 2013 年 10 月，印度总理曼莫汉·辛格（Manmohan Singh）回访中国，双方再次签署声明重申了这一历史性的伟大构想，并提议创立联合研究工作组以研讨孟中印缅经济走廊的理论架构、合作领域、时间安排与经费支出。自此，尽管工作组成员大多具有先前的孟中印缅论坛背景，却并不妨碍四国区域合作由二轨至一轨的转变。

联合研究工作组第一次会议于 2013 年 11 月 18 日至 19 日在中国昆明召开。根据会谈纪要（克里希南，2013），与会各方一致同意，走廊将从东到西连接中国昆明与印度的加尔各答，一路贯穿各大城市以及重要港口，以之作为主要节点，包括缅甸的曼德勒，孟加拉国的达卡、吉大港，等等。交通、能源、通讯领域不断拓宽的互联互通，预示着孟中印缅经济走廊欣欣向荣的未来，这将促进走廊沿线地区共同繁荣和进步。尽管新的时代背景下需要建立联合研究工作组来促进区域合作进入快车道，与之前的孟中印缅区域论坛相比，二者要求的合作领域大致重合。此次会议还指出，在定于 2014 年在印度新德里召开的第三次联合研究工作组会议上提交最终研究报告。

四、评估孟中印缅区域合作进程

许多印度本土学者认为，由于印度在众多区域或次区域合伙倡议中的躲闪倾向，使得同类合作机制受阻重重。尽管合作进展颇为有限，但是，如果我们回首自 1999 年以来孟中印缅四国区域合作机制走过的风风雨雨，深刻审视四方 15 年来通力合作的各项斐然成果，可以说，孟中印缅四国区域合作机制在许多领域的合作还是相当成功的。

（一）空中互联互通

在前文中，我们注意到第二次孟中印缅会议的焦点为开通昆明到新德里的商用特许航班，这标志着中国与印度历经半个世纪将又一次实现空中互联互通。两年后的 2002 年 3 月 28 日，中国东方航空 MU563 航班完成了从北京到印度新德里的首飞，开中印直飞之先河，自此，印中之间正式启动直飞航班项目。直飞线路后来扩展从上海至新德里。此后，印度国航开始运营从新德里至上海的航班。2002 年 4 月 1 日，云南航空启动了从昆明到仰光，昆明到曼德勒的航线，这是云南跨区域直飞中的第一条国际航线。在中国云南省政府的支持下，自 2002 年 10 月 27 日起，中国南方航空同意在昆明建设航空中转站，由此实现了昆明—达卡、昆明—加德满都、达卡—加尔各答、达卡—仰光的互联互通。未来，昆明—古瓦哈提（印度阿萨姆邦）、吉大港—仰光也将运营直飞航班。

（二）陆路水路交通

在此，我们又可注意到，长期以来，中国得以将其区域发展战略与孟中印缅区域合作规划结合，反之亦然。中国自 1999 年启动西部大开发以来，云南省积极响应，力求建立与南亚东南亚地区的联系，这同时也是西部大开发战略中的必不可少的目标；云南省的另外两个目标则是"绿色经济"和"民族文化"。据相关资料显示，自 2004 年以来，云南高速公路铺设每年投入至少 100 亿元人民币的建设资金。到 2005 年，云南省内的大部分地市州都实现了与省会昆明的高速公路联通。自 2004 年起，云南省政府每年投入 160 亿元，以启动 10 条高等级公路的建设。特别是云南昆明—瑞丽高速路，沿线可连接陇川、盈江以及片马港，并且可进一步连接缅甸、孟加拉国和印度。缅甸也加强了对基础设施建设的投资，2001 年在印度的资助下，开工建设长达 160 千米的缅印高速公路（任佳，2014）。在 2002 年 4 月，泰国、缅甸、印度三方同意共建贯穿印度莫雷（Morey）、缅甸的湄索（Mae Sot）以及泰国的麦索（Messo）三地的公路。三国一致同意开放海上交通渠道，将泰国与缅甸土瓦（Dawei）深水港以及印度的港口城市相连。在 2004 年 4 月，孟加拉国与缅甸签订合约，计划建设长达 133 千米的达卡—仰光高速公路。

（三）商业与贸易

在商业与贸易领域，云南省在积极促进与南亚和东亚国家商业合作的同时，也在力图改善区域投资环境。在此方面，除了已有的孟中印缅区域合作倡议，云南省已经创设了多个平台，如昆明贸易博览会、南亚国家商品展销会、南亚商业论坛等。2011 年，云南与印度的贸易额高达 8.42 亿美元，对于 2004 年的 0.822 亿美元的贸易额而言，是一个质的飞跃。平均下来，贸易额年增长率达到 23.8%。如此的贸易额度在与南亚国家总贸易额中占据高达 80% 的比重。然而，在 2013 年，云南与印度的年度贸易额仅达到 5.46 亿美元，贸易额的走低总的来说还是由于中印贸易活跃度的下挫。在南亚，孟加拉国是云南的第二大贸易伙伴，云南与缅甸的贸易额达到 41.7 亿美元，因此，缅甸成为云南当时最大的贸易伙伴。（王林，等，2014）

随着经贸交流的加深，人员交流也雨后春笋般地蓬勃开展。2013 年，云南接纳了近三万名留学生，其中80%来自南亚东南亚地区。

五、基础设施互联互通及其所面临的挑战

在共计11次的孟中印缅合作论坛中，交通领域互联互通作为论坛的主要议题屡次出现。虽然健全基础设施建设是一个步步为营稳扎稳打的过程，但要实现区域内全面互联互通，除了需要巨额投资，还需付出翻山越岭之功。以下将从公路、铁路、水路、航空运输的角度，来探讨今时今日的基础设施建设。

（一）公路

关于印度境内的公路建设，来自印度的英迪尔桑（Indiresan，2000）教授给出了两条建议。第一，选取印度进入中国的最短线路，开展公路重建工作：史迪威公路（Stillwell Road）长约403千米，从印度阿萨姆邦的利多到缅甸的密支那（Mytkina），这样的话无疑会给建设带来不小的难度。第二，拓展已有路线。印度正在建设从曼尼普尔邦（Manipur）的莫雷（Moreh）经缅甸达木（Tamu）到亲墩江（Chindwin River）边的葛礼瓦城（Kalewa）的公路。通过拓展此线路，中国将更好地深入东南亚国家，特别是能与缅甸的铁路枢纽曼德勒建立联系。英迪尔桑教授同时指出，两种方式具有相同分量，印度政府需要双管齐下。此外，如果开展双项目，印度米佐拉姆邦（印度一中央直辖区）可与阿恰布（Akyab）（缅甸西部港市，今称"实兑"／"Shi twe"）连接。并且，如果该项目得到孟加拉国政府支持，印度特里普拉邦的阿加尔塔拉（Agartala）将会与孟加拉国吉大港（Chittagong）相连，这将促进印度整个东北部地区的开放，为东部贸易提供更广阔的商贸渠道。孟加拉国政策对话中心项目主任拉马图拉（M. Rehmanullah，2010）在2010年指出，英帕尔（Imphal）—道基（Dauki）—塔马比（Tamabi）地区与孟加拉国接壤，为山地丘陵地貌，不适合货车运行。但是，印孟间的卡里姆甘吉（印度）（Karimgonj）—奥斯特拉各拉姆（孟加拉国）（Austragram）公路穿越了印度英帕尔（Imphal）直至孟加拉国的锡尔赫特（Sylhet），是相对较短的线路，将缅甸的达木与孟加拉国的锡尔赫特（Sylhet）之间的里程缩短了400千米。拉马图拉更偏向这条路的建设，认为与英帕尔—石龙（Shilong）线相比，这条路更稳定，不易出事故。

关于孟加拉国，拉马图拉提议对道基（印度）—塔马比（孟加拉国）—锡尔赫特（孟加拉国）公路进行改造建设，将其分成 2 级或 3 级双车道公路。穿越孟加拉国跨贾木纳河（Jamuna）的邦格班杜大桥（Bangabandhu Bridge）① 后，分为 A1 和 A2 两条车道；A1 车道将穿越贝内坡（Benepole）然后进入印度加尔各答，A2 车道则去往尼泊尔首都加德满都（Katmandu）方向。

中国雄心勃勃而又成效卓著的公路网升级计划，在四国中当属唯一。连接云南境内楚雄、大理、保山和瑞丽的云南—缅甸公路早已竣工，公路后由木姐（Muse）进入缅甸。木姐—曼德勒段公路长 451 千米，全年通行，接着穿行 600 千米后，到达缅甸的达木。仍需建设的工程是吉大港—仰光高速路以及昆明—实兑高速路（Kunming Shitwe Highway）。

（二）铁路

四国虽在国内具有较为完备的铁路网络，但是国家之间的互联互通却亟待改善。中国正在建设几近与昆明—曼德勒高速公路平行的昆明—曼德勒铁路。昆明—大理段的建设工作已经完成，下一步大理—保山—瑞丽线的建设也纳入研究日程，并取得一定的进展。中国的这条铁路线将在缅甸东北部连接木姐与腊戌（Lashio），腊戌也将与曼德勒相通。为了与印度建立交通联系，缅甸需要在边境地区延长由卡莱（Kalay）至达木（Tamu）的铁路线。

印度的铁路建设前景也还在掌控之中，需要建设达木—吉里巴姆（Jiribum）线将孟加拉国的马赫沙桑（Mahisasan）以米轨铁路（meter gauge line）② 连接。印度特里普拉邦库马尔加特（Kumarghat）—阿加尔塔拉（Agartala）线的建造工作仍在进行，一旦竣工完成，会将印度阿萨姆邦与阿加尔塔相连。在孟加拉国帕尔瓦蒂普尔（Parvatipur）—贾姆陶伊（Jamtoil）线的宽轨铁路（line broad gauge）建设项目也已开工，同时也计划将此线路拓展至吉大港。总而言之，未来亟待统一的是孟中印缅经济走廊铁路轨道系统标准。

---

① 译者注："邦格班杜"（Bangabandhu）是孟加拉国民众对国父谢赫·穆吉布·拉赫曼（Sheikh Mujibur Rahman）的尊称，意即"孟加拉之友"（Friend of Bengal）。

② 译者注：轨距为 1 米（1000 毫米）的窄轨铁路又称"米轨铁路"。目前世界上还使用米轨铁路的地区有法国、中国云南、越南、缅甸、马来西亚等。

（三）水路

拉马图拉（Rehmanullah，2010）在 2010 年还指出，水路方面，需建设中国云南—缅甸之间，以及印度—孟加拉国之间的水路系统。就云南—缅甸水路系统而言，双方都可考虑在伊洛瓦底江（Irawadi River）河岸的八莫（Bhamo）建设河港。此河港预计可承载 400 至 800 吨位的货运量。就印度—孟加拉国水路系统而言，需要攻坚的难题不少。印方建议优化吉大港和仰光港的基础设施建设，以适应更大宗的水路运输。

六、孟中印缅经济走廊的重要性

孟中印缅经济走廊区域国内生产总值（GDP）总量 13 万亿美元，同时占据了世界 40% 的人口。走廊内具有丰富多样的动植物资源，储量庞大的石油天然气和矿产资源，以及潜力巨大的水能开发前景。此外，被誉为"世界经济增长双引擎"的两大人口大国——中国和印度也在该区域内。孟中印缅经济走廊意味着四国间的深层整合，为众多方面的发展带来重重机遇。以下将深入探讨区域合作优势以及潜在的合作领域。

（一）一体化的交通网

一体化的交通网，对所有成员国来说，都是不可多得的福祉，特别是对印度东北部、中国西南部、孟加拉国及缅甸大部分内陆地区意义非凡。《印中关系风云录（1949—1999）：半个多世纪的回顾与展望》作者赵蔚文（2000：402）引用四川大学南亚研究所教授文富德（Wen Fude）之辞指出，从中国经云南至缅甸再到加尔各答的路上交通与传统的海上交通相比较，可减少 4000 千米的里程，因为海上交通，从广州出发绕至加尔各答，途经马六甲海峡，纯属舍近求远。在一体化水路交通方面，孟加拉国已做好万全准备承担重要中转站的责任，同时也期待在贸易和投资方面受益。其他国家也抱有如此期待，因为此举将使交易费用大幅减少，同时也将南亚与东亚直接相连。孟国的吉大港将一举成名，成为跨洋桥梁。

四川大学南亚研究所的陈继东教授（2005：11）亦所言甚是：就孟中印缅的某些地区，特别是中国云南西南、印度东北和缅甸东北而言，还处于沟通的死角，就互联互通而言，地区之间仍然是相互孤立存在的。因此，在历史上的很长一段时间里，这些区域一直处于闭塞或半闭塞状态，经济极其落后,发展十分迟缓。在《展望东北 2020》① (North East Vision 2020)中翔实地描述了印度东北部经济的滞后性。这份报告由印度东北区域发展部下属的东北区域委员会(North Eastern Council of the Ministry of Development of the North East Region)起草,并于 2008 年发布。总而言之,本区域交通领域的互联互通将减轻这些地区的贫困状况,并使其与四国主流经济发展方向并轨。

(二)市场联系与更优准入

几个世纪以来,在孟中印缅经济走廊内,国家之间一直保持亲密的贸易伙伴关系。一旦区域公路铁路网改善升级,区域交通深入整合,特别是中印市场的开放,将会为利益相关方带来更优的市场准入条件。姑且搁置区域安全问题不谈,而以积极的态度看待 2007 年开通的北京至拉萨的铁路线;我们发现,此铁路的通车意味着来自印度东北部、尼泊尔和不丹的货物,可借此一路北上至北京。如果类似性质的互联互通在印度东北部、孟加拉国、缅甸和中国之间开通,四国货物将省去海路运输之累,直接通过陆路运输通达各地。制药、信息技术、农产品、食品加工、纺织、化肥农药等工业部门,亦将因此受益良多。同时,小型成员国孟加拉国、缅甸,除目前致力于扩展市场容量,促进产品多样化外,更优化的四国交通将赐予其国产品牌更大的市场发展空间。源源不断的外国直接投资(FDI)潮也顺带完成了技术转移,促进经济增长率的提高。此外,此举也将彻底杜绝经由非法途径(走私)涌入三国市场的中国产品。耐人寻味的是,在物流方面,中国云南省不惜砸下重金,加强相关设施建设。近期,经中共中央对外联络部(International Department of the Central Committee of the Communist Party of China,IDCPC)的邀请,我得以参加印度、巴基斯坦、孟加拉国和缅甸四国间的二轨对话,并意外地与云南省社会科学院的专家们,中共基层党员,来自云南省昆明市大冲工业园区的泛亚物流中心企业家们碰头会面,并抵掌而谈。最吸引我的是云南泛亚物流集团,他们投资了十亿元,以不到三年的时间就完成了泛亚物流中心的项目建设,并很快投入运营。泛亚物流集团整合了交通、仓储、货物装卸、货品处理、包装和周转等多项职能,辅以信息科技以及电子商务,降低了物流成本,提高了劳

① http://www.mdoner.gov.in/sites/default/files/silo2_content/ner_vision/Vision_2020.pdf

动生产率。另外，物流中心还制定了未来长期战略，誓言成为连接中国南北，沟通南亚和东南亚的战略重地。

云南泛亚物流集团有限公司的建筑研究所（Building Research Institute）着眼于云南的发展战略，统筹协调方针计划和资源配置，重视"一带一路"沿线国家的市场整合。集团总裁告诉我们，到 2020 年，毗邻云南的南亚东南亚边境地区将建成 8 大物流基地，其中规模稍小的物流基地需投资 20 亿人民币，大型物流基地则需 60 亿元的投资。据估计，到 2020 年，年度物流输出量将从原先的 20 亿猛增至 1000 亿元，占据中国物流总输出的十分之一。在与云南省社会科学院专家的讨论①中，我们发现，其多边贸易的性质是显而易见的。对于孟中印缅经济走廊来说，虽然物流中心建设不是直接关乎区域发展利益的大头，无需作为首要考虑的对象，但四国的区域合作也会从中分享一份红利。

（三）能源合作

孟中印缅经济走廊沿线具有丰富的自然资源以及矿产资源。譬如，在中国西南地区与印度东北地区，蕴藏大量未开采的石油、天然气、煤炭、矿物质以及水能资源。能源合作将为资源富饶区相关产业链的建设，引入联合投资。同时，区域内水利水电开发的巨大潜力，也为产业可持续发展提供能源支持。以上合作事宜，同时也会触及跨境交通以及河流水文管理，以此优化四国间的风险事故管控机制。

（四）旅游观光业合作

孟中印缅经济走廊沿线连接中印两大文明古国，保存着诸多历史文化圣地。走廊沿线四国风景秀丽，生物多样性丰富。一体化交通不仅能促进贸易伙伴关系深化，同时也为区域旅游观光业的发展注入强心剂，提升地区认可度和国际知名度。同时，还应尝试生态修复、遗产保护事宜，建设有文化底蕴、有精神气韵的旅游胜地。以上的组合拳，将会吸引相关领域的投资，为当地民众创造更多的就业机会。

---

① 可参照狄伯杰：《"一带一路"倡议中的云南：为次区域合作添砖加瓦》，2016年，http://www.thedialogue.co/yunnan-in-the-belt-and-road-calculus-building-capacities-for-sub-regional-economic-cooperation/。

（五）孟中印缅经济走廊助力政治互信

合作伊始，我们不得不认识到，由于孟中印缅国家间现存的安全问题，旅游、贸易、交通等正常的人类活动颇受限制，区域间壁垒森严。因此，区域欠发展落后的状态，在于人为。回首过去，一味孤立利己又是否使中印边境和印孟边境问题自行化解了呢？答案是否定的，与此相反，此行径不仅激化了地区的不稳定性，而且还导致反政府叛乱此起彼伏。此外，我们也未能杜绝区域内武器贩卖以及其他物品的走私活动。因此，最终政治互信的建立，需要四国合力。在共同安全合作的基础上，建立军事互信机制（CBMs），寻觅其他解决方案才是正道。此外，长期来看，亲密的贸易伙伴关系无疑会助力政治互信。

（六）友好邻邦政策的战略意义

今年来，印度因陷入政策瘫痪而饱受外界非议，经济业绩不断下滑，卢比贬值创历史新低，外交政策毫无建树，与临近小国关系停滞不前，所有这些都将印度推上了舆论的风口浪尖。2013 年 7 月，就在不丹大选之前，印度冷不丁地宣布停止对不丹的能源补助，此事因而成为选举辩论的焦点。时任不丹总理、不丹繁荣进步党（（Druk Phuensum Tshogpa））党首吉格梅·廷里（Jigme Thinley）因此而选举失败。但是，第二点值得注意的是，印度人民院于 2013 年 9 月初，不惜损害印度自身利益，而终止与孟加拉国签订的土地边界协议。此条法案的通过，模糊了飞地归属问题，为边境人员、财产和货物的交换清除障碍，进而解决与孟国的边境问题。由于飞地 65 年来几乎无任何生活基础便利设施，此举也会为饱受苦难的飞地居民带来福音。可喜的是，决策方一直保持理性，并于 2016 年最终签订条约。此外，印度对尼泊尔的外交政策横遭重重障碍，重新审视对尼方针的呼声也越来越高。

新一届印度政府内阁释放出强烈信号，给予邻国优先待遇。譬如，在印度总理莫迪 2014 年 5 月 26 日的就职典礼上，南盟成员国代表亲自到场；总理就职后第一时间（2015 年 6 月 15—16 日）访问不丹，莫迪总理侃侃谈及印度与邻邦之间更紧密的经济关系。考虑到孟中印缅经济走廊为印度和周边国家间的商贸与人员交流的深化提供了千载难逢的机遇，中国不遗余力地开通中国西南地区以促进商业与基础设施的互联互通，印度也需要类似发力。印度应该放弃将加尔各答作为孟中印缅经济走廊中心城市的倡议，转而开放开发印度东北部地区，使其融入东向政策（东进政策）。无论涉及区域整合、地缘政治，还是邻邦安全问题，印度与邻国更加繁荣的经济会带来多方面的利好。

七、孟中印缅经济走廊的挑战

自孟中印缅区域合作论坛构想提出以来，已有先后 11 次的相关国家间的论坛会议成功召开。之后的 2013 年，中印政府在政治平台上的对话，率先将其转变为孟中印缅经济走廊。自此以后，在航空领域、贸易领域的互联互通，均取得了显著进步。然而，2015 年，当中国在印度不知情的情况下，声明指出孟中印缅经济走廊只是 6 条"一带一路"倡议经济走廊之一，这使多年来点滴积累的进步坠入停滞状态。总而言之，在海陆交通互联互通、贸易壁垒和安全等方面还存在诸多固有挑战。以下，就来深入反思这些挑战。

（一）地区代表性缺失

如果我们深入分析这些年来孟中印缅区域合作论坛各主要参会方代表团的成员组成情况，显而易见，中国一直以云南为中心阵地，参会成员主要是云南省社会科学院学者以及云南省政府官员。四川、西藏、贵州和广西壮族自治区却没有代表参会。也许，如今转化为官方层面对话的孟中印缅经济走廊能够改变这一困局。就印度而言，在共计 11 次的论坛以及论坛正式更名为走廊后的第一次联合研究工作组会议上，新德里的中国研究所（ICS, Delhi）依旧坚持二轨合作。此外，印度东北部无一人参会，甚至西孟加拉邦加尔各答也没有代表出席。中方注意到了这一点，并对"学术论坛上的共识可以影响政府决策"的想法深表怀疑。（陈继东，2005：14）。

虽然孟中印缅经济走廊现今转变为跨政府间倡议，但也明确指出，各国省邦一级政府仍是这一倡议的主要舵手。因此，为确保次机制一路顺风顺水，区域以下的相关地方机关也应包含在框架中。此外，需要商讨合作涉及的地区范围。印方一方面正踌躇是否将东北地区向中国开放，却在另一方面要求中国开放整个西南地区作为孟中印缅区域合作机制的一部分。孟加拉国与缅甸立场相对坚定，计划开发全境作为合作机制一部分。然而，近来的罗兴亚危机（Rohingya crisis）又造成了区域关系裂痕。

(二) 安保环境是否为主要消极因素

尽管印度在原则上已经同意同中缅合作，并开发印度东北部的新老线路。然而，由于其在东北地区问题上过分敏感，尤其对牵涉到的安全问题焦虑不堪。这种"一朝被蛇咬，十年怕井绳"的态度并非空穴来风，可追溯至中印边境战争。在印度的"喜马拉雅"大败后，中国转而寻求与巴基斯坦的友好合作关系，后来的 1962 年至 1979 年，印度东北部爆发了那伽和米佐叛乱 (Naga and Mizo insurgencies)，中国亦从中添油加醋。维维卡南达国际基金会 (Vivekananda International Foundation) 的高级研究员、准将维诺·阿南德 (Vinod Anand) (已退休) 指出，目前占据主导地位的安全局势，不断吞噬着孟中印缅论坛所取得的成果，这不利于构建政治互信。同时，他也提到了区域内族群武装分裂团体的存在，中印边界冲突，罗兴亚人越缅入孟等不利因素，危害了地区投资发展的环境。

正是由于这些原因，学者智力支持驱动的印度战略共同体从一开始就对区域合作战战兢兢，如履薄冰。"昆明倡议"签订后，印度理工学院马德拉斯分校 (IIT Madras) 教授兼专栏作家英迪尔桑教授对此则反应冷淡，并指出，考虑到印度东北地区的叛乱因素，以及屡禁不止的毒品走私交易，更为明智的做法是保持现状，关闭国境线。然而，有更充分的原因，譬如为民谋福祉，促地区的全面繁荣，来支持开放边境线的政策。也有像欧贝罗伊一样亲自参与孟中印缅合作机制的社会学家，对机制逐渐向一轨合作靠拢表示满意。然而，他们同时也担心如社会、文化和环境等与边境地区民众生计夙愿相关的"软"问题受到淡化。例如，在孟加拉国达卡召开的第十次论坛就指出了这个弊端。印度以安全问题为主导的对华对话需要改变。汲取历次竞争和合作的教训，是否能为更好的合作与更亲密的伙伴关系铺平道路？让我们拭目以待。

(三) 停滞落后的交通互联互通

虽然各国都有尝试提升基础设施互联互通，但目前与孟中印缅经济走廊构想的区域交通整合之宏图，仍存在较大距离。论文中也已单独探讨今时今日的南方丝绸之路、茶马古道和史迪威路的状况。然而，就目前来看，仍然没有具体的战略与可行的时间框架，来重振这些交通主干线。如今，虽然仍有古道踪迹留存与道上零星的人员往来，但是在人员、车辆和海关等方面仍存在诸多限制。就建设公路、铁路、货运设施而言，仍缺少统一编制的标准。中印边境乃堆拉山口的贸易市场就是一个鲜活的例子。那里缺乏两国间的官方协定，基础设施建设堪忧。中国云南社科院的任佳教授（Ren Jia）在参加孟中印缅第 11 次论坛时指出，陆上交通线路建设中存在众多盲点，需要及时修补；此外，在关于如何开发利用内陆水资源方面，应展开联合勘探调查；最后，考虑到铁路公路建设项目时，既要协调一致，又要张弛有度。

（四）区域经济合作不均衡

区域经济合作需要特惠贸易协定、自由贸易区、统一关税规则、共同市场与经济联盟、全面经济整合等作为支持要素。如果我们将此标准套入孟中印缅经济走廊中，显而易见，区域全面整合还需时日。尽管孟中印缅经济走廊具有良好的贸易联系，尤其是双边贸易上升趋势明显，然而，四国没有一国采取对关税征收的宽松化。孟加拉国政策对话中心的拉赫曼等人坚持认为孟中印缅国家间仍存在限制性的贸易结构。据他们的说法，2007 年印度享受来自孟加拉国的 19.6% 的特惠关税，而孟加拉国在印度市场却仅享受 16.5% 的关税。中国只对孟加拉国和缅甸分别施加 1.8% 与 3.5% 的关税，印度则面临来自中国市场的 9.5% 的关税；而印度却对中国商品征收高达 14% 的关税。缅甸市场最具开放性，孟加拉国与印度以其在孟的最惠国待遇，商品入缅分别只面临平均 3.9% 与 3.4% 的关税。此外，非关税壁垒依然是四国之间贸易竞争的主要手段。非关税壁垒通常包括资质许可、产品标准化障碍、关税收取程序冲突、运输限制、签证许可障碍、海关制约、信贷服务设施的限制开放等等。孟中印缅区域内的外国直接投资资金流，特别是来自中印两大国的资金，仍处在极低的水平。

八、结 论

尽管印度、缅甸、泰国、柬埔寨、老挝和越南之间已促成孟加拉湾多部门技术经济合作计划、南亚自由贸易区、亚太经贸协定、恒河—湄公河倡议等区域次区域协定，而孟中印缅经济走廊只是其中之一，但如果以高度的政治意愿加以倡导，走廊前景非同小可。在贸易、交通、旅游，以及其他传统非传统安全合作领域亦有巨大发展潜力。最值得注意的是，无论是贸易、交通，还是旅游方面的互通有无，经济走廊内陆地区将成为互联互通的重要节点。假以时日，贫困落后状况将随区域发展而消失，本区域将为沟通印度洋与太平洋起桥梁作用。

印度东向政策范围的扩大，促使孟中印缅经济走廊成为需政策调控的另一事宜，这对发展印度东北部欠发达内陆地区意义非凡。我们需要汲取中国的宝贵经验，学习其在发展西南边陲、促进与东盟联系的方式方法。在地区经济发展的转折点，新德里方面是否已经准备好放下其对东北部地区发展的敏感态度？中国—东盟间、印度—东盟间的大规模贸易，是否可外溢乃至影响中国西南与印度东北的贸易活动？如果我们将边境视为门户而非壁垒的话，所有这些追问将得到肯定的回答。

印度和中国分别与东盟签署自由贸易区协定后，奋力发展基础设施建设就显得尤为重要。在"二战"中，历史悠久的史迪威路成为战争物资输送的大动脉。如果重新通路，无疑会成为21世纪区域经济发展主干线。中国成功实现历史性的经济腾飞后，仍对此路的开发兴趣盎然。印度则需要摆脱焦虑，展示自信，启动与中国、缅甸积极而又全面细致的伙伴关系，以此来促进印度东北边陲地区生活水平提高，并将此区域建设成为与中国和东盟间贸易的物流中心。

在整合交通、贸易、旅游，促进区域传统非传统安全升级方面仍存在诸多挑战。但是，经四国齐心协力，挑战终将被克服，机遇将源源不断涌来。在此背景下，对于连接印度东北、缅甸、中国云南的南部丝路来说，复兴仍需时日。就经济发展和区域安全问题而言，同样需要在此路线上建设标准铁路线，建设连接深水港与河港的水路网。随着孟中印缅经济走廊协议的签署，可以预计区域发展必将荆棘载途、一段风雨兼程之后，区域互联互通的明天将近在咫尺。

参考文献

[1] 陈继东.中印缅孟区域经济合作的构想与地区范围问题.南亚研究季刊，2005（1）.

[2] 孟中印缅区域交流//第十一次孟中印缅区域论坛文件［2013-2-23］.

[3] 段渝.中国西南早期对外交通：先秦两汉的南方丝绸之路.四川社会科学在线.http://www.sss.net.cn/ReadNews.asp? NewsID=26826&BigClassid=9&SmallClassID=24&SpecialID=0&belong=sky.

［4］印度驻广州总领事馆．"孟中印缅经济走廊"第一次联合研究工作组会议纪要，2013．http：//www.cgiguangzhou.gov.in/news/news_detail/60.

［5］英迪尔桑 PV．昆明倡议．印度教徒报，2000，17（4）［2000-4-1］．http：//www.hindu.com/fline/fl1707/17070980.htm.

［6］北京大学南亚研究所．中国载籍中南亚史料汇编（上卷）．上海：上海古籍出版社．

［7］中印缅孟地区经济合作的条件与机遇．南亚东南亚信息，1999，17.

［8］季羡林等校注．《大唐西域记》校注．北京：中华书局，2000.

［9］卢晓昆，郭穗彦．孟中印缅地区经济合作论坛第五次会议在昆明召开．云南社会科学院网站．http：//www.sky.yn.gov.cn/dtxx/ynskj/6823128929834129273.

［10］印度外交部．李克强总理印度国事访问联合申明．（2013/5/20）．http：//www.mea.gov.in/bilateral-documents.htm？dtl/21723/Joint + Statement + on + the + State + Visit + of + Chinese + + Li + Keqiang + to + India.

［11］欧贝罗伊，帕特丽夏．孟中印缅合作论坛的反思与前景．印度新德里中国研究所工作论文．（2013-11-1）．http：//www.icsin.org/ICS/WorkingpaperPdf/1.pdf.

［12］拉赫曼，穆罕默德·阿里．孟中印缅区域经济合作前景：一种量化评估．贸易文书系列，亚太研究与培训网络（Asia-Pacific Research and Training Network on Trade Working Paper Series）．（2009/7）．http：//artnet.unescap.org/pub/wp7309.pdf.

［13］拉赫曼 M，拉赫曼 H·S，宾 W．孟中印缅区域合作：前景与挑战．http：//www.researchgate.net/publication/5224239_BCIM_Economic_Cooperation_Prospects_and_Challenges.

［14］拉马图拉．推进孟中印缅交通连接及对策建议：孟加拉国的思考．《东南亚南亚研究，2010（3）.

［15］罗易．中印贸易与贸易路线．加尔各答：进步出版社，2003.

［16］任佳．关于如何加强孟中印缅区域交通通讯互联互通的几点反思．第十一次孟中印缅区域论坛文件，2013-2-23．http：//www.oilseedcrops.org/wp-content/uploads/2014/02/Bangladesh_China_India_Myanmar-BCIM-Connectivity-Overview1.pdf.

［17］任佳，王崇理，陈利君．孟中印缅地区经济合作的回顾与展望．云南日报，2004/12/22．http：//news.sina.com.cn/c/2004-12-22/12354597561s.shtml.

［18］任佳．中印缅孟地区经济合作的基本思路．云南社会科学，2000，2.

［19］任佳．中印缅孟地区经济合作的战略意义．云南社会科学，2000，2.

［20］王宏伟．喜马拉雅情结：中印关系研究．北京：中国藏学出版社．

［21］王林，史广林，赵宇宁．云南阔步建设"孟中印缅经济走廊"．中新社，2014-6-1．http：//www.yn.chinanews.com/pub/2014/yunnan_0602/82157.html.

［22］印度驻广州总领事馆．孟中印缅经济走廊第一次联合研究工作组会议纪要．2013．http：//www.cgiguangzhou.gov.in/news/news_detail/60.

［23］昆明倡议．http：//www.ibiblio.org/obl/reg.burma/archives/199908/msg00946.html.

［24］克里希南.在华举行的首次印中官方层级对话，推动孟中印缅经济走廊进一步发力.印度教徒报，2013-12-21.

［25］阿南德·维诺.孟中印缅经济走廊的前景与忧虑.http://www.vifindia.org/article/2014/june/02/bcim_economic_corridor_prospects_and_issues.

［26］赵蔚文.中印关系风云录：1949—1999.北京：时事出版社.

第6章　中巴经济走廊：巴基斯坦经济的游戏规则改变者

艾哈迈德·拉希德·马利克（Ahmad Rashid MALIK）[*]

摘要： 本章聚焦于"一带一路"倡议下的又一重要走廊——中巴经济走廊，对此，中国承诺将投资570亿美元促进走廊建设，目前已投入140亿美元用于早期收获项目建设。抛开这一经济走廊的地缘政治因素不谈，本章主要探讨中巴经济走廊中所涉及的经济因素。笔者认为，中巴经济走廊作为"一带一路"倡议的试点项目以及旗舰模式，为多边和双边合作将起到相当的模范作用。据估计，中巴经济走廊将会为印度河流域带来繁荣的奇迹，而这种增长势头亦可与战后日本、韩国和东盟在20世纪80年代的经济复兴相提并论。

关键词： 中巴经济走廊，中巴关系，贸易，区域互联互通

导　论

当前，"中巴经济走廊"（China-Pakistan Economic Corridor，CPEC）已成为流行热词，受到各国学者、战略家、决策者以及媒体的关注。全球范围内相关的各式报告、分析和意见稿相继出炉。对中巴经济走廊的分析，大体毁誉参半。与地缘经济方面相比，在地缘政治上关于中巴经济走廊利好的争论更加激烈。来自国际关系、政治科学、安全研究等领域的学者对此议题的研究热情则更为高涨。虽然目前为止还存在着大量的观点冲突、政治解构以及相关忧虑，然而，巴基斯坦与中国政府已笃定信念建设中巴

---

*　巴基斯坦战略研究所高级研究员。

经济走廊，并且持续努力将其构建成为成果卓著的双边经济合作机制，为中巴以及其他国家树立发展榜样。

笔者在本章的探讨对象并不在于中巴经济走廊的地缘政治因素，而着重分析走廊的经济基础因素，以此来评判其对巴基斯坦国内经济有多大程度的切实提振作用。对这一走廊所面临的区域性和全球性政治风险，以及参与国的国内政治呼声则暂时搁置一边。

"一带一路"倡议意图建设一系列的经济走廊，而中巴经济走廊则被设定为其中的先头旗舰项目①。中国国家主席习近平将巴基斯坦视为"一带一路"倡议中的重要伙伴国，并在他2015年4月20日至21日访问伊斯兰堡期间，两国就签署了中巴经济走廊合作协议。他对"一带一路"倡议的详细阐述，则源于两次访问之旅，一次是2013年9月对哈萨克斯坦的访问，另一次是同年对印度尼西亚的访问。实际上，"一带一路"倡议是对古代丝绸之路的新冠名，在古代这条史诗之路上重新联通中国、中亚和中东地区，直至欧洲。其中，中国为丝绸古道的起点，承担"大后方"的角色。以此，复兴旧丝路上曾经辉煌的贸易活动，促进文化交融，提升文明间纽带关系，推进考古研究是"一带一路"倡议背后的基本构想。目前为止，"一带一路"倡议框架下已设计了六大经济走廊②，即中蒙俄经济走廊、新跨欧亚大陆桥、孟中印缅经济走廊、中巴经济走廊、中国—中亚经济走廊、中国—中南半岛经济走廊。除以上走廊之外，在"21世纪海上丝绸之路"倡议框架下，还专门设定了海上经济走廊（Maritime Economic Corridor，MEC）。

"一带一路"倡议主要聚焦于以下五大方面：政策沟通、设施联通、贸易畅通、资本融通以及民心相通。③ 在这六大经济走廊中，中巴经济走廊由于是最早开工的，成为其中的先头旗舰项目。鉴于此，中巴经济走廊的成败与否，则关系到其他经济走廊的未来可行性。

中巴经济走廊在"一带一路"倡议框架内最先上马，这显示出中巴友

---

① 中国准备460亿美元投资巴基斯坦贸易线路建设（China Readies ＄46 Billion for Pakistan Trade Route），《华尔街日报》（*The Wall Street Journal*）（纽约），2015年4月16日。

② 中国国家发改委、外交部以及商务部：《推动共建丝绸之路经济带和21世纪海上丝绸之路的愿景与行动》，北京：外文出版社，2015年3月。

③ 同上，第12—24页。

谊经过 65 年的风风雨雨仍历久弥新，深深根植于两国心中。1962 年中印边界冲突和 1965 年印巴战争使得中巴两国更加密切地站在了一起，并从 20 世纪 60 年代末起建立起强韧的军事合作[1]。然而，中巴两国间的经济合作一直维持在低水平，正如表一所示。长期以来，中巴两国始终缺乏与其高水准军事外交合作相称的贸易平衡机制。在过去的 60 年间，两国却不幸地处于此种尴尬之境地。但毋庸置疑的是，促进中巴两国经济联系、建立密切的经贸关系的需求，则从未消减。

中巴经济走廊建设的基本原理

中巴经济走廊的建设非一日之功，渐进性举措将贯穿中巴经济走廊演化发展始终。除了中巴两国间根深蒂固的双边纽带外，中巴经济走廊的建设还应考虑历史沿革。

2013 年 5 月，中国国务院总理李克强访问巴基斯坦，呼吁这一 24 小时全天候的伙伴关系国，一道促进商贸、能源、基础设施领域的合作，并建设期望已久的中巴经济走廊。[2] 当在巴基斯坦参议院发言时，李克强指出，"我们已整装待发，准备与巴基斯坦一道，共同促进喀喇昆仑高速公路的改造升级，积极探索建立中巴经济走廊的长效机制，拓展利益契合点"。

2013 年中巴两国间石油天然气管道建设的提议，甚至由来更早。早在 2001 年，时任中国国务院总理的朱镕基到访巴基斯坦，并提议建设瓜达尔深水港，这同时促进了后来巴基斯坦瓜达尔港与中国新疆维吾尔自治区喀什市之间的陆上交通建设以及石油天然气管线建设。[3]

2002 年，在中国"西部大开发"战略的引领下，中巴经济走廊的构想被进一步解读。"西部大开发"战略包括六大省份，即甘肃、贵州、青海、陕西、四川、云南以及五大自治区，即广西壮族自治区、内蒙古自治区、

---

① 艾哈迈德·拉希德·马利克博士：《巴基斯坦与中国间日益增长的国防联系》，《问题简报》（Issue Brief），伊斯兰堡：伊斯兰堡战略研究所，2016 年 10 月 7 日，http://issi. org. pk/wp-content/uploads/2016/10/Final-Issue-brief-Ahmad_R_Malik_dated_07-10-2016. pdf.

② 李克强呼吁发展"中巴经济走廊"，《南华早报》（香港），2013 年 5 月 23 日。

③ 陆树林：《中巴经济走廊："一带一路"倡议的示范性旗舰项目》，《战略研究》，第 34 & 35 卷，第 1 & 4 期（2014 年冬 & 2015 年春），第 165 页。

宁夏回族自治区、西藏自治区、新疆维吾尔自治区，还有一个直辖市重庆。① 这些地区虽然幅员辽阔，但对中国国内生产总值（GDP）的经济贡献率却保持在较低水平。在这些地区中，新疆维吾尔自治区与巴基斯坦接壤，如若将巴基斯坦作为内陆新疆的出海口，新疆的繁荣则指日可期。而为了与巴基斯坦更好地实现对接，新疆需要建设交通和通讯网络。

中巴两国之间喀喇昆仑高速公路（Karakoram Highway，KKH）早在1956—1978 年间，就已开启建筑工事并建设完成；也有分析指出，鉴于中巴陆上交通合作存在较深厚的历史渊源，前者在一定程度上促进了中巴经济走廊的酝酿和产生。因此，回首中巴长期的合作历程，我们可窥见深埋其中的历史情愫。

自 2015 年签署 51 项协议以来，中巴经济走廊的建设就一直稳步推进。② 五个能源项目也在此背景下揭牌实施动工，分别是卡洛特 720 兆瓦级水电项目（Karot 720-mW hydropower project）、达乌德 50 兆瓦级风力发电项目（Dawood 50-mW wind-power project）、萨察尔 50 兆瓦级风力发电项目（Dawood 50-mW wind-power project）、中兴能源 900 兆瓦级光伏电站项目（Zonergy 900-mW solar project）、吉姆普尔 100 兆瓦级风力发电项目（Jhimpir 100-mW wind-power project）。③

巴基斯坦总理纳瓦兹·谢里夫（Nawaz Sharif）2015 年 7 月访问中国期间，共同合作委员会成立；五个工作组的联动机制由此形成，包括长期规划组、能源合作组、交通基础设施建设组、瓜达尔港口建设组等。

后来，中国政府将中巴经济走廊纳入本国第十三个五年计划（2016—2020）④。随后 2015 年 11 月，中共中央十八届五中全会在北京召开，并批准了此项目的规划，会议指出，中巴经济走廊的项目建设应基于科学研讨，并应编制短期、中期和长期发展规划⑤；由此，正式开启了巴基斯坦

---

①　赖洪毅（Hongyi Harry Lai）：《中国西部大开发战略：理据、实施和愿景》，《当代中国研究》（Modern China），第 28 卷，第 4 期，2002 年 10 月，第 432—466 页。

②　伊尔凡·海德（Irfan Haide）：《习主席访巴签署协定的细节详述》，《黎明报》（Dawn）（伊斯兰堡），2015 年 4 月 20 日。

③　《中巴签署 51 多个行业案头备忘录》，《国际新闻》（The News International）（拉瓦尔品第），2015 年 4 月 20 日。

④　《中巴经济走廊纳入中国十三五发展规划》，《今日巴基斯坦》（Pakistan Today）（伊斯兰堡），2016 年 11 月 23 日。

⑤　同上。

与世界增长最快的经济体——中国的经济整合进程。

早期收获项目中的许多具体规划，可在 2018 至 2020 年完全付诸实现，并将有力地推动中巴经济走廊项目推进至 2030 年的二期建设阶段（见附录—1）。所有的能源建设项目将意味着未来大量的招商引资，并基于独立能源规划准则，在巴基斯坦合法经营电力服务。而其中，大部分投资来源于中国进出口银行及其他中国商业银行。世界银行国际金融公司以及丝路基金，也为巴基斯坦的能源项目提供了部分建设资金。有些能源项目甚至获得了中国政府的特殊拨款，还有一些项目与当地公司合作共建，共担风险，而非依赖软贷款（Soft Loan）①。② 每一个项目将取决于各地区急切的物资需要，以及投资、援助、股权等金融安排。

贸易畅通

传统意义上，在过去的几十年里，中巴间的经贸关系表现低沉而缺乏协调。③ 与自始至终两国间强韧的军事外交关系不同，在经济关系发展方面，两国一直未能交出令人满意的答卷。在亚太经贸合作的大框架下，两国目前的贸易还需后续发力。④ 在南亚，印度是中国最大的贸易伙伴，接下来依次是巴基斯坦、孟加拉国和斯里兰卡。中巴几十年的贸易数据记录如下表所示：

① 译者注：软贷款（Soft Loan）是指利率低于市场水平的贷款，以及跨国开发银行及世界银行向发展中国家提供的贷款。软贷款除偿还时间表比一般银行贷款长、利率较低之外，还设有宽限期，在这段期间，只需支付利率或服务费。

② 时任中华人民共和国驻巴基斯坦大使馆临时代办赵立坚主持的圆桌会议，伊斯兰堡，伊斯兰堡战略研究中心，2016 年 6 月 14 日。

③ 艾哈迈德·拉希德·马利克博士（Dr. Ahmad Rashid Malik）：《中巴贸易与投资关系》（The Sino-Pakistani Trade and Investment Relations），马尔加拉论文（*Margalla Papers*），第 17 卷，第 1 期，2013 年，第 201—221 页。

④ 同上，第 206 页。

表一：1960—2010 中巴十年期双边贸易额统计

（美元＄单位：万亿）

年份（十年期）	贸易额
1960	18.3
1970	73.4
1980	401.6
1990	424.6
2000	722.1
2010	10854.7

数据来源：国际货币基金组织（International Monetary Fund，IMF）：《贸易统计指南》（Direction of Trade Statistics），华盛顿：国际货币基金组织，2015 年。

1960 年中巴两国之间的双边贸易额只有大概 1800 万美元，而到 1970 年贸易额迅速增长至 7300 万美元，1980 年双边贸易额达到 4 亿 100 万美元，1990 年这一数字增至 4 亿 2 千 4 百万美元，2000 年贸易额高达 7 亿 2 千 2 百万美元。2004 年后，两国采取了一系列措施，以扩大贸易关系。2004 年 10 月，两国签订了特惠贸易协定（Preferential Trade Agreement，PTA），以升级现存的贸易模式。2006 年 11 月两国共同发起了员工帮助计划（EAP）。2007 年，两国签署了《中国—巴基斯坦自由贸易协定》（Free Trade Agreement，FTA），协定自当年 7 月起正式生效，彼时双边贸易已达 7 亿 5 千万美元，而此举将极大地促进双边贸易合作。在中巴两国自贸协定下，中国实现了特惠商品名录中 57% 货品的出口，而巴基斯坦并未完全行使先前谈判中达成的商品出口特许权，只实现了其中 5% 货品的出口。[1] 实际上，巴基斯坦本可以实现零关税出口产品，但是，巴基斯坦缺少相关能力以提升贸易水平，它应充分抓住此次贸易便利化的机遇。目前，中巴自贸协定已进入第二阶段，此间，将消除两国间近百分之九十的关税。由此，在中巴经济走廊的框架下，两国间的自贸区将得以逐步建立。

《中国—巴基斯坦自由贸易协定》的签订以及中巴经济走廊的成立使双边贸易迅速改观，2014 年双边贸易额达到 170 亿美元。目前，贸易额已

---

[1] 萨尔曼·阿卜杜胡（Salman Abduhu）：《巴基斯坦与中国的贸易逆差高达 43.9 亿美元》（Pakistan suffers trade gap of ＄4.39b with China），《民族报》（The Nation）（伊斯兰堡），2015 年 4 月 4 日。

突破 190 亿美元的大关①。

表二：2011—2014 年中巴双边贸易统计

（美元 $ 单位：万亿）

年份	贸易额
2011	11，211.6
2012	13，061.14
2013	15，033.02
2014	17，082.

数据来源：国际货币基金组织（International Monetary Fund, IMF）：《贸易统计指南》（*Direction of Trade Statistics*），华盛顿：国际货币基金组织，2015 年。

目前，巴基斯坦对中国的出口远低于进口，甚至不及三分之一。中国对巴基斯坦的贸易逆差至 2014 年已积累到 120 亿美元。两国政府正在想办法提升巴基斯坦对中国的出口。

2010—2014 巴基斯坦的进出口额以及与中国的贸易赤字

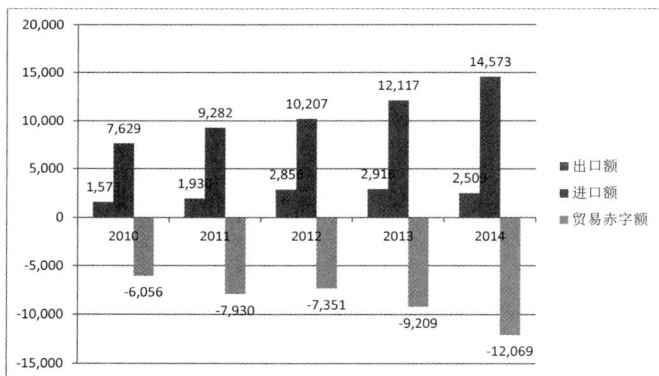

数据来源：国际货币基金组织（International Monetary Fund, IMF）：《贸易统计指南》（Direction of Trade Statistics），华盛顿：国际货币基金组织，2015 年。

双边贸易改观的同时，中巴经济走廊的建设也被提上议事日程；在

---

① 《中国驻巴基斯坦大使：中巴双边贸易额达到 189 亿美元》，《今日巴基斯坦》（*Pakistan Today*）（伊斯兰堡），2016 年 9 月 28 日。

2015 年 4 月 20 日中国国家主席习近平访问巴基斯坦期间,中巴经济走廊正式揭幕。访巴期间,习近平主席在伊斯兰堡国会两院联席会议上发表了重要讲话,他指出:

> 经济走廊的规划与布局,不应只局限于巴基斯坦的经济繁荣区,要使发展的成果惠及巴基斯坦所有民众,惠及区域内其他国家。①

访问期间,两国签署了多达 51 项协议,总计 460 亿美元。许多合作协议涉及能源领域合作,这些协议合计 350 亿美元,可生产共计 10400 兆瓦电力。

在降低巴基斯坦贸易赤字,促进对华出口的努力中,中巴经济走廊可以从多个角度着手。尤其需要注意,随着 2017 年以及次年能源项目的相继揭幕,巴基斯坦的电力短缺现象,将得到有效缓解。此举将为中巴贸易问题的解决,提供更加宽松的国内环境。鉴于此,为了有效缓解贸易困局,中巴经济走廊的影响力构建也不应止步于中巴贸易方面,还应将目光拓展至别国。

此外,中巴经济走廊将巴基斯坦角色定位为南亚"贸易中转国",并开展相应的改造建设以顺应中国之需。此举对中国新疆地区、阿富汗和中亚诸国的意义至关重要。俄罗斯囿于冷战后遗留下来的一系列问题,一直以来渴望与阿拉伯海的暖水域港口联通,而上述的中转国建设,对其来说,如久旱甘霖,十分契合俄罗斯的国家利益。对蒙古国而言,瓜达尔港口亦可为己所用。由此,阿富汗、伊朗和俄罗斯对中巴经济走廊都给予了特殊的关注,而上海合作组织的建立使得区域贸易互联互通的明天更加触手可及。对于瓜达尔港口建设,伊朗也未生怨怼,因为瓜达尔港的建设并非旨在与伊朗的恰巴哈尔港(Chabahar Port)竞争,而是更多地彼此互补,由此尽力满足各国的交通需要。② 2016 年对伊制裁撤

---

① 参见中国国家主席习近平在巴基斯坦议会的演讲,伊斯兰堡,2015 年 4 月 21 日,中国外交部,北京,http://www.fmprc.gov.cn/mfa_eng/wjdt_665385/zyjh_665391/t1257158.shtml,2016 年 10 月 18 日访问。

② 参见伊朗驻巴基斯坦大使迈赫迪·霍纳尔多斯特(Mehdi Honardoust)的声明,《伊朗希望在中巴经济走廊中谋得一席之地》,《黎明报》(伊斯兰堡),2016 年 9 月 10 日。

销后，伊朗重启大规模的石油出口，并积极发展与中国的贸易关系。阿富汗正在夹缝中寻求发展机遇，对中巴经济走廊也表示大力支持。① 俄罗斯则希望改善与伊朗、阿富汗和中亚地区的贸易关系，而中巴经济走廊的倡议则是一场及时雨。②

瓜达尔港和中国新疆喀什之间，将建起管道运输系统，以运送来自伊朗与波斯湾的石油。③ 自波斯湾起，一百万桶原油将出口至中国，预计可在瓜达尔港通过 17 次石油出口中转至中国新疆。瓜达尔港—喀什管线将于 2017 年开工建设，预计 2021 年竣工。④ 作为中国石油进口的一大主要来源地，如果伊朗和波斯湾能向中国出口更多石油的话，那么，巴基斯坦的贸易无疑也会得到连带的提振。在中巴经济走廊的框架下，不断兴起的巴基斯坦将成为中国与中亚地区的门户。此外，这一走廊对促进区域贸易的作用，也不可小觑。至于这一管线的建设对促进中巴贸易的作用，我们也将拭目以待。

2014 年，巴基斯坦的出口额达 57 亿美元，进口额达 189 亿美元，贸易总额合计 246 亿美元。新的贸易基础设施以及工业区建设将大大提升巴基斯坦的贸易水平。

---

① 参见阿富汗驻巴基斯坦大使奥马尔·扎赫瓦尔（Dr. Omer Zakhilwal）的声明，《阿富汗理应在中巴经济走廊中分一杯羹》，《巴基斯坦观察家报》（*Pakistan Observer*）（伊斯兰堡），2016 年 10 月 15 日。

② 参见资深研究员纳塔莉亚·扎玛拉耶娃（Natalia Zamaraeva）博士的声明，俄罗斯科学院东方研究所，莫斯科，《俄罗斯研究员将中巴经济走廊视为区域游戏规则改变者》，巴基斯坦广播电台（Radio Pakistan），2016 年 9 月 28 日，http://www. radio. gov. pk/28-Sep-2016/russian-researcher-describes-cpec-game-changer-for-region，2016/10/27 日访问。

③ 福阿德·尤素福扎伊（Fawad Yousafzai），《中国意图建设从瓜达尔到喀什的百万级石油管线建设》，《民族报》（伊斯兰堡），2016 年 6 月 13 日。

④ 同上。

表三：2014 年巴基斯坦与邻国的贸易额统计

（美元 $ 单位：百万）

序号	国家	出口额	进口额	总计
1	中国（China）	2,509	14573	17,082
2	印度（India）	481	2400	2,881
3	伊朗（Iran）	501	1,801	2,302
4	阿富汗（Afghanistan）	2,222	195	2,417
	总计（Total）	5,713	18,969	24,682

数据来源：国际货币基金组织（International Monetary Fund，IMF）：《贸易统计指南》（Direction of Trade Statistics），华盛顿：国际货币基金组织，2015 年。

在不久的未来，巴基斯坦对华贸易将翻两番，而其与中国的贸易额将在其贸易总量中占较大份额。因此，中巴经济走廊在促进两国双边贸易和区域多边贸易的作用，是显而易见的。在此过程中，稳固的双边贸易纽带将逐步形成。

两国在发展相对落后地区也达成了政策协调，在此引导下，建设工业区、矿区成为建设中巴经济走廊的支柱性工程。[1] 在中巴经济走廊一期工程中，将在走廊沿线巴基斯坦各地建立至少 29 个工业区以及 21 个加工制造区，这种发展规划是前所未有的（详见附录二）。[2]

经济发展大反转

中巴经济走廊是一个长期性和总体性的经济发展规划，对巴基斯坦经济将带来从基础设施建设到教育和国民健康等多重福利和影响。不到两年，这个发展福利就将大大提升了巴基斯坦的经济实力，这着实令人欢欣鼓舞。随着经济发展观的转变、积极发展趋势的显现，巴基斯坦已实现了众多里程碑式的发展成就，经济呈现蓬勃向上的可持续性发展趋势。政府

---

[1] 参见梁桐（中国经济日报驻伊斯兰堡记者）：《中巴经济走廊工业区以及中巴产能合作》，《战略研究》（Strategic Studies），第 34 & 35 卷，第 1 & 4 期（2014 年冬—2015 年春），第 174—184 页。

[2] "政府提议在中巴经济走廊框架下建设 29 个工业区以及 21 个矿区"，《国际新闻》（The News International）（拉瓦尔品第），2015 年 7 月 26 日。

对下一个财年已经定下 5.7% 的增长目标。① 国际信用评级机构也看好巴基斯坦的经济发展趋势，并决定上调其经济信用评级。这些评级机构包括日本贸易振兴机构（Japan External Trade Organization，JETRO）、标准普尔（Standards & Poor's）、穆迪信用评级（Moody's）等。摩根士丹利资本国际指数（Morgan Stanley Capital International）显示，由于巴基斯坦的政策透明度提升、现金流畅通、股票交易市场繁荣，已成为国际新兴市场之一。②

目前，巴基斯坦的国内生产总值只有 2697 亿美元③，与其他亚洲国家相比，此种规模的 GDP 还略显薄弱。中巴经济走廊共计 460 亿美元的投资福利包为巴基斯坦的 GDP 注入强心剂，将占据巴基斯坦 GDP 总量的百分之十七。中巴经济走廊目前取得的进展，十分鼓舞人心。比如说，中国企业已在 30 个已开工的走廊早期计划中投资 140 亿美元。④ 一些计划已经完工，还有一些临近完成，尚需一两年左右的建设期。能源、道路、基础设施建设等项目的建设正不断深化，可以预计的是，在早期收获计划建设完成后，这些项目也将进入加速建设阶段。

投资与贸易密不可分，这也是开展贸易的内在要求。自向巴基斯坦提议建设中巴经济走廊以来，巴国内近三年的外汇储备呈现不断上升之势。2016 年 10 月，巴基斯坦的外汇储备已攀升至 244 亿美元，世界银行对此也给予了高度认可（参见图一）。⑤

---

① 《来自金融、财政、经济事务、统计和私营企业监管等部长的讯息》，《商业记录》（*Business Recorder*）（伊斯兰堡），2016 年 9 月 27 日。

② 《巴基斯坦升级为新兴市场国家》，《论坛快报》（*The Express Tribune*）（伊斯兰堡），2016 年 7 月 15 日。

③ 世界银行：世界发展指标数据库，2016 年 7 月 22 日，http://databank. worldbank. org/data/download/GDP. pdf。

④ "中国目前已向 30 个中巴经济走廊项目投资 140 亿美元"，参见中华人民共和国驻巴基斯坦大使馆临时代办赵立坚的声明，《今日巴基斯坦》（伊斯兰堡），2016 年 9 月 28 日。

⑤ 塔里克·艾哈迈德·艾哈迈德赛义迪："世界银行预计 2017 财年增长率可达 5%，2018 财年可达 4%—5%。"《国际新闻》（拉瓦尔品第），2016 年 10 月 5 日。

图一：2013—2016 年巴基斯坦的外汇储备

（美元 $ 单位：百万）

外汇储备走势

数据来源： 《全球经济》（The Global Economy），http:// www.theglobaleconomy.com/Pakistan/Reserves/，以及《商业记录时报》（Business Recorder Times）（卡拉奇），2016 年 10 月 5 日。

除此以外，劳动力流动也呈现出了积极态势。中巴经济走廊将创造至少两百万的就业岗位。① 譬如说，木尔坦—苏库尔（Multan-Sukker）高速公路的建设就带来了超过一万个就业岗位。② 每个项目都将创造前所未有的就业机遇，由此将大大减少巴基斯坦的失业人口，并降低贫困率。此外，中巴经济走廊还将承担"绿色经济走廊"的角色，引领区域内可再生资源的贸易，使巴基斯坦深入世界级区域市场——中国的碳排放交易市场。③

中巴经济走廊的发展福利包对巴基斯坦的金融领域，也同样具有重要意义。就巴基斯坦的海外直接投资而言，中巴经济走廊的福利包远超巴基斯坦过去 60 年来以各种渠道接收的海外直接投资，可以说是来自外国投资者以及援助机构的最大一笔投资④，甚至占到了自 1947 年巴基斯坦申请国际贷款额的近一半。现今，在中巴经济走廊的框架下，中国在过去三年中为巴基斯坦投入了大量海外直接投资的资金，2015—2016 年间的累计投资

① 《国际新闻》（拉瓦尔品第），2016 年 7 月 5 日。
② 《今日巴基斯坦》（伊斯兰堡），2016 年 9 月 22 日。
③ 阿里·谢赫（Ali Tauqeer Sheikh）：《中巴经济走廊如何助力实现可持续发展目标》，《黎明报》（伊斯兰堡），2016 年 10 月 22 日。
④ 艾哈迈德·拉希德·马力克博士：《互利共赢的中巴经济走廊》，《民族报》（伊斯兰堡），2016 年 5 月 2 日。

资金高达 5. 939 亿美元，成为这段时间内巴基斯坦最大的海外直接投资伙伴。①

区域互联互通

中巴经济走廊聚焦于区域一体化，通过为区域贸易提供现代高效的经济走廊，来促进互联互通与交通发展。换言之，中巴经济走廊是贸易互联互通的代名词。鉴于自然地理的险恶，使这一区域长期处于地理隔绝状态，再加上中国、南亚、东亚和中亚地区在历史上所遭受的殖民统治，这些经济体常年来疏于照应且彼此隔绝。

在殖民统治时期，促进印度半岛与中国、日本以及其他国家的贸易，并不符合英国的国家利益。19 世纪，英国通过从印度向中国出口鸦片，几乎破坏了印度半岛与中国间的正常贸易纽带，法国也参与其中。在另一方面，日本也竭力盘剥中国以及朝鲜半岛一直到 1945 年。西班牙、葡萄牙、俄罗斯以及美国都在此地拓展其势力范围，而对于真正整合东亚和中国，以及南亚和中国，则无意为之，毕竟并不攸关其国家利益。

但是，统治印度次大陆的英国与日本却在当时达成了共识，签署协议决定在南亚和东亚的各自殖民地内彼此不干预相互的势力范围，这一协议直到 20 世纪 20 年代才失去效力。在殖民时代，英属印度与日本间的贸易也随之下滑。

20 世纪 40 年代，殖民主义终结后，亚洲新近独立国家忙于国家的复兴，无暇顾及区域贸易整合和互联互通。直到 20 世纪 60 年代，东盟的成立才为东南亚国家内部的贸易一体化注入了强心剂。

在东盟一体化的进程中，1995 年中国作为成员国的加入，是区域贸易互联互通发展中的里程碑，此后，中国逐渐成为东盟成员国的主要贸易伙伴，也是东盟境内外投资的重要来源。在东盟基础设施开发的总图景中，来自中国的相关企业愈加成为主力选手，并参与区域内各行各业的基础设施建设。这些参与者们不仅仅参与竞标而且积极投资，对所有权的投资也

---

① 巴基斯坦投资促进局：《国家范围的海外直接投资潮》，http://boi. gov. pk/ForeignInvestmentinPakistan. aspx，2016 年 9 月 29 日访问。

毫不吝啬。① 由此，中国与东盟间的贸易蓬勃发展。在两经济体培育彼此间的贸易关系过程中，是东盟率先将中国引入区域合作的框架中。

中国与东盟携手同行的 20 年来，充满着发展的曙光，这种大有发展前景的合作关系，也促进了中国"一带一路"倡议的诞生；2013 年 10 月，中国国家主席习近平访问印度尼西亚雅加达期间对此倡议大加赞赏。此倡议旨在促进中国与东盟贸易的可持续发展，并将发展规划扩展至东亚、南亚、西亚，甚至非洲与欧洲大陆等国家。

中国的此种发展思路与早先帝国主义和殖民主义强烈的利己主义倾向，形成了鲜明的对比；中国有自知之明，不参与任何剥削与帝国主义扩张，而是一心建设合作伙伴关系，愿意在世界范围内分享本国的发展改革经验。通过整合整个亚洲大陆，惠及附近的欧洲和非洲国家，中国由此正在建立起世界上首屈一指的贸易互联互通项目。

中国与美国、德国、日本和英国并称为世界五大贸易国。通过印度洋与太平洋，中国经营着大约共计 5 万亿美元的商品贸易；② 而且，贸易线路绵长，合计 16000 千米，在马六甲海峡以及中国南海水域，有几处地形狭窄险要的贸易口岸熙熙攘攘，恰是这一宏大贸易线路的咽喉要道。如果其中一些贸易能够分流至陆上，经巴基斯坦内陆流通，与前者相比，就显得更加经济实惠，且安全系数较高。从瓜达尔至喀什的贸易路线总长 2500 千米，而管线的建设则使得未来的石油运输安全高效。

鉴于印度洋以及中国南海的"一带一路"倡议互联互通的区域背景，实际上，中巴经济走廊改善巴基斯坦贸易的秘诀，则在于升级更新旧有贸易路线的同时，引入新路线的建设。中巴经济走廊并非只代表中巴间的某条线路，而是联通整个巴基斯坦，并贯通区域内的交通和通讯系统。在巴基斯坦的俾路支省（Balochistan）、信德省（Sindh）、旁遮普（Punjab）、开伯尔—普赫图赫瓦省（Khyber Pakhtunkhwa）、巴控克什米尔（Azad Kashmir）和吉尔吉特—巴尔蒂斯坦地区（Gilgit-Baltistan），新的铁路公路网已开工建设。上述所有这些将使巴基斯坦真真切切地转型成为现代电讯

---

① 东盟秘书处 & 联合国贸易发展委员会：《2015 年东盟投资报告：基础设施投资与互联互通》（*ASEAN Investment Report 2015*：*Infrastructure Investment and Connectivity*），雅加达：东盟秘书处，2015 年 11 月，第 85—89 页。

② 世界贸易组织（WTO）：《世界贸易统计评论》（*World Trade Statistical Review*），2016 年。

线路上基础设施相对健全的亚洲国家。

区域内的省际联通以及主要城市的联通，则将通过限速的高速路、公路、桥梁和隧道以及铁路轨道实现。中国计划在巴基斯坦建设定期往返的高铁项目，时速可达每小时 200 至 350 千米。在高铁建设方面，中国远超日本、美国、德国等国成为全球领跑者。此时，中国正与 30 个相关国家商讨铁路业领域的基础设施建设。中国的高铁招标限制条件远低于发达国家。在过去的 12 年里，中国在边境线内已经建设了长达 16000 千米的高铁线路，甚至超过了世界其他国家高铁总长之和。此外，中国正在印度尼西亚和俄罗斯建设高铁项目，并在美国加利福尼亚州也有高铁投资计划。今年，中国完败日本，成功赢得印度尼西亚的高铁项目招标。

如果卡拉奇—白沙瓦间时速达 200 千米的中型高速列车投入运营，从卡拉奇到白沙瓦就将只需要 9 小时；由此，从伊斯兰堡到拉合尔也只需 1 小时 15 分钟。城际间耗费数日的交通困局将得以改观。自中国的铁路建设项目纳入到中巴经济走廊的规划中，巴基斯坦见证了本国铁路运输的奇迹。拉合尔的城内地铁橙线系统也已开工建设。所有这些努力都将改善巴基斯坦老旧的铁路运输系统，由此建设更为现代化的交通运输网络。

中国将投资 180 亿美元在巴布萨尔山口（Babusar Pass）建设长达 200 千米的隧道工程，此举将确保铁路服务常年运营，并革新区域间的运输服务与货载能力。① 此外，中国正规划建设从喀什至拉瓦尔品第的光缆线路系统，以向巴基斯坦提供更快更安全的网络服务。

未来，各行各业将见证新一波基础设施的建设风潮。中巴经济走廊会将知识经济的元素引入巴国内，使巴基斯坦不断成长为"名副其实的亚洲之虎"，成为出口型枢纽经济体，并满足中国与中亚的需求。

愿　景

"一带一路"倡议以及中巴经济走廊的建设，回应了巴基斯坦民众发展富强的心声与愿望。在对巴友好的全部国家中，中国是巴基斯坦最值得

---

① 森奇·泽林（Senge H. Sering）：《中国的崛起是巴基斯坦诸多民众乐观主义情绪的一大来源》（China's rise is a source of optimism for many in Pakistan），《美国巴扎在线》（The American Bazaar）（德国镇）（Germantown），2013 年 11 月 3 日，https://www.americanbazaaronline.com/2013/11/03/pakistan-chinas-soft-power-gilgit-baltistan/。

信赖与托付的真诚伙伴。两国同是发展中国家，中国可向巴基斯坦传授本国发展经验，特别是在面临庞大人口以及资源锐减时，如何维持国家的可持续发展水平。就此而言，中巴经济走廊是南南合作的典范。巴基斯坦是幸运的，因为上天将中国置于其近旁，对此，巴基斯坦引以为傲。因为对巴基斯坦来说，中国在国际社会上的形象敦厚，经济发展也取得了可持续成就，巴基斯坦以之为发展榜样。中巴经济走廊在印度河流域带来的经济发展奇迹也将令人称奇，这与"二战"后日本经济复苏奇迹、20世纪80年代东盟的发展奇迹、韩国汉江发展奇迹，以及中国的黄河流域发展奇迹，亦可相提并论。[1] 据此，有分析指出，依目前的发展势头来看，印度河流域的发展奇迹也为期不远。中巴经济走廊不断促进巴基斯坦经济的转型升级；此外，其扮演的知识性走廊的角色，也将起到教育公众的作用，并促进科技领域投资。中国还受巴基斯坦求学者的青睐，成为他们学习各领域科技知识的圣地。以巴基斯坦为中心，中巴经济走廊在更广阔的亚洲大陆上，正促进着文明的转型。中巴经济走廊不仅体现了巴基斯坦与中国对未来征途的共同期许，更是巴基斯坦与其他亚洲国家拓展共识的门户。这一走廊彰显了中巴两国之间钢铁般的友谊，是中巴两国领导人、外交官和学者阐述中巴友好关系的有力武器。巴基斯坦经济的美好未来与中巴经济走廊以及中国经济发展走向密切相关，两国将共同努力使巴基斯坦经济完成全面的现代化转型。总而言之，对巴基斯坦而言，中巴经济走廊将不断演化为经济领域的游戏规则改变者，进而影响巴基斯坦的贸易、经济和区域交通互联互通。

附录一：施工中的中巴经济走廊项目

1.	喀喇昆仑公路二期工程（塔科特—哈维连）（Thakot-Havilian）
2.	木尔坦—苏库尔高速公路（Multan-Sukker）
3.	铁路建设项目（Railway Projects）
4.	穆罕默德·阿里·真纳太阳能电站（Quaid-e-Azam Solar Plant）

---

[1] 艾哈迈德·拉希德·马利克博士：《印度河流域的发展奇迹》，《外交官》（The Diplomat）（东京），2015年12月7日。

5.	海尔鲁巴工业园一期工程（Haier Ruba Industrial Park Phase I）
6.	卡西姆港口火力发电项目（Port Qasim Coal-Fired Power Project）
7.	东瓜达尔海湾高速公路（Gwadar East Bay Expressway）
8.	瓜达尔港口货载能力提升计划（Gwadar Port Capacity Recovery of Phase）
9.	维护性疏浚计划（Maintenance Dredging）
10.	库存扩容以及散装货物装卸新设备计划（Expansion of Stock Yard and New Bulk Cargo Handling Equipment）
11.	基建、设施和厂址整修计划（Restoration of Structures，Facilities and Site
12.	5000 马力拖船以及其他特定运输设备购买计划（Purchase of a 5000-HP Tugboat and Certain Transportation Vehicles）
13.	生产生活设施整修以及安全防护（Production and Living Facilities Improvement and Security）
14.	多用途码头区（Multipurpose Wharf Zone）
15.	防波堤（Breakwater）
16.	瓜达尔国际机场（Gwadar International Airport）
17.	瓜达尔海港高速公路（Gwadar East Bay Expressway）
18.	瓜达尔智能港口城市主体计划（Gwadar Smart Port City Master Plan）
19.	瓜达尔电力开发计划（Gwadar Power Plan）
20.	海水淡化厂建设（Desalination Plant）
21.	污水处理厂建设（Sewage Plant）
22.	瓜达尔法奎尔小学（Gwadar Faqeer Primary School）
23.	瓜达尔医院升级计划（Gwadar Hospital Up Gradation）
24.	瓜达尔职业技术学院（Gwadar Vocational Technical Institute）
25.	瓜达尔奖学金项目（Scholarship programs for Gwadar）
26.	瓜达尔现存多功能航站拓建计划（Expansion of Existing Multipurpose Terminal of Gwadar Port）

27.	连接莫克兰海岸高速路与新瓜达尔国际机场的东海湾高速路二期建设工程（Phase-II of East Bay Expressway from Makran Coastal Highway to New Gwadar International Airport）
28.	淡水供应和分配计划（Fresh Water Supply，distribution）
29.	瓜达尔城市污水处理计划（Wastewater Treatment Project for Gwadar City）
30.	胡兹达尔—贝斯玛高速路建设计划（Khuzdar-Besima Highway）
31.	喀喇昆仑公路升级计划三期工程（莱克特 塔科特）KKH Up Gradation Phase III（Raikotto Thakot）
32.	D.I汗—奎达公路扩充至四车道工程（D.I Khan-Quetta，Up Grading Into 4 Lanes）
33.	哈维连集装箱内陆港（Havelian Dry Port）
34.	拉合尔—木尔坦高速公路（Lahore to Multan Motorway）
35.	木尔坦—海德拉巴高速公路（Multan-Hyderabad Motorway）
36.	卡拉奇旧港—海德拉巴高速公路（Kemari-Hyderabad Motorway）
37.	达乌德50兆瓦风力发电场，信德（Dawood 50-mW Wind Farm，Sindh）
38.	巴基斯坦联合能源集团100兆瓦的风力发电场，信德（Uep 100-mW Wind Farm，Sindh）
39.	赛察尔50兆瓦的风力发电场，信德（Sachal 50-mW Wind Farm，Sindh）
40.	中兴能源旗下300兆瓦特真纳太阳能发电厂，旁遮普（Zonergy 300-mW Quaid-E-Azam Solar Park，Punjab）
41.	卡西姆港2×660兆瓦火力发电厂（Port Qasim 2×660-mW Coal-Fired Power Plant）
42.	萨希瓦尔2×660兆瓦火力发电厂，信德（Sahiwal 2×660-mW Coal-Fired Power Plant，Sindh）
43.	卡洛特720兆瓦水利发电厂，旁遮普（Karot Hydropower 720-mW Plant，Punjab）
44.	塔尔煤矿火力发电厂，信德（Thar Mine Mouth Coal-Fired Power Plant，Sindh）
45.	苏基—克纳里水电站，873兆瓦，开伯尔－普赫图赫瓦省（Suki Kinari Hydropower Station，873-mW，KP）

续表

46.	塔尔煤矿二期开发中煤矿口火力发电厂建设，2×330兆瓦（Mine Mouth Coal Fired Power Plant at Thar Block II，2×330-mW）
47.	卡西姆港—拉合尔的电力传输线路（Matiari（Port Qasim）-Lahore Transmission Line）
48.	胡布660兆瓦燃煤电厂（HUBCO Coal Power Plant 660-mW）
49.	卡西姆港—拉合尔的电力传输线路（Matiari（Port Qasim）-Lahore Transmission Line）
50.	默蒂亚里县（卡西姆港）—费萨尔巴德的电力传输线路（Matiari（Port Qasim）-Faisalabad Transmission Line）
51.	中国苏耐格50兆瓦风力发电厂（China-Sunec Wind Farm，50-mW）
52.	塔尔煤矿一期开发中煤矿口火力发电厂建设，信德，2×660兆瓦（Mine Mouth Coal Fired Power Plant at TharBlock I，Sindh，2×660-mW）
53.	拉希姆亚尔·汗2×660兆瓦火力发电厂（Rahimyar Khan 2×660-mW Coal Fired Power Project）
54.	瓜达尔火力发电厂（Gwadar Coal-Fired Power Plant）
55.	中国三峡风力发电二期（Wind Farm Phase II by China Three Gorges）
56.	卡哈拉水电站（Kohala Hydro Power Station）
57.	加达尼电力园（Gadani Electricity Park）
58.	胡布电力公司火力发电厂二期（Hubco Coal Power Plant II）
59.	盐岭煤矿口火力发电厂（Salt Ranges Mine Mouth Coal Power Plant）
60.	塔尔煤矿口火力发电厂（Thar Mine Mouth Coal Power Plant）
61.	穆扎法加尔火力发电厂（Muzaffargarh Coal Power Plant）
62.	天然气发电项目（Gas Power Project）
63.	瓜达尔自由港开发项目（Gwadar Free Zone Development）
64.	海尔工业园二期（Haier Industrial Park Phase II）
65.	瓜达尔—纳瓦布沙天然气管道建设以及瓜达尔液化天然气站建设（Gwadar-Nawab Shah Gas Pipeline and Gwadar LNG Terminal）

续表

66.	地铁橙线，拉合尔（Orange Line Train，Lahore）
67.	瓜达尔—纳瓦布·沙阿天然气管道建设以及瓜达尔液化天然气站建设（Gwadar-Nawab Shah Gas Pipeline and Gwadar LNG Terminal）
68.	中国—巴基斯坦跨境光缆建设（China-Pak Cross Border Optical Fiber）

信息来源：中华人民共和国驻巴基斯坦大使馆，伊斯兰堡

附录二：中巴经济走廊提议建设的矿区以及工业区
矿区

塔尔（煤矿）、拉尔卡纳（煤矿）、盐岭（锑矿）、吉尼奥德（铁矿砂）、德尔盖（铬铁矿）、北瓦济里斯坦特区（铬铁矿）、库拉姆（锑矿）、瓦济里斯坦（铜矿）、吉德拉尔（锑矿）、贝沙姆（铁矿砂、铅）、尼沙布尔（铁矿砂）、莫赫曼德（大理石）、胡兹达尔（铬铁矿、锑矿）、恰吉（铬铁矿）、齐拉·塞义夫拉（锑矿、铁矿砂）、山达克（金矿、银矿）、雷克迪克（金矿）、卡拉特（铁矿砂）、拉斯贝拉（锰矿）、瓜达尔（石油精炼）、穆斯林巴格（锑矿）
【Thar（coal），Larkana（coal），Salt Range（antimony），Chiniot（iron ore），Dargai（chromite），North Waziristan（chromite），Kurram（antimony），Waziristan，（copper），Chitral（antimony），Besham（iron ore，lead），Nizampur（iron ore）Mohmand（marble），Khuzdar（chromite，antimony），Chaghi（chromite），Qila Saifullah（antimony，chromite），Saindak（gold，silver），Reko Diq（gold），Kalat（iron ore），Lasbela（manganese），Gwadar（oil refinery），Muslim Bagh（chromite）】

信息来源：国际新闻（拉瓦尔品第），2015/7/26

工业区

苏库尔、拉卡纳、卡拉奇、卡西姆港、戈伦吉溪、海尔布尔、哈塔尔、卡杜恩、加齐、D·I·汗、洛扎、瑙谢拉、巴努、吉德拉尔、里萨尔布尔、奎达、杜斯坦、瓜达尔、胡兹达尔、乌塔尔、胡布、德拉·穆拉德·贾迈利
【Sukkur，Larkana，Karachi，Bin Qasim，Korangi Creek，Khairpur，Hattar，Gadoon，Ghazi，D I Khan，Jalozai，Nowshera，Bannu，Chitral，Risalpur，Quetta，Dostan，Gwadar，Khuzdar，Uthal，Hub，Dera Murad Jamali】

信息来源：国际新闻（拉瓦尔品第），2015年7月26日。

第7章　中巴经济走廊：
在整个南亚地区的地区合作

齐格弗里德·沃尔夫 （Siegfried O. WOLF） [*]

摘要： 南亚区域合作旨在合力解决成员国之间以及内部存在的经济疲软、政治分裂、社会宗教分歧和其他根深蒂固的冲突。而"经济走廊"则日益成为促进经济增长、深化亚洲次区域一体化的热词；为了促进互联互通，外交政策中逐渐吸纳"经济走廊"这一战略思量。该思想源于东南亚地区，并在 1992 年大湄公河次区域倡议中首次亮相。而在南亚地区，经济走廊则直到近期才得以凸显；目前为止，由中国政府倡议的中巴经济走廊就是其中的典例之一。虽然巴基斯坦政府对这一项目附带的国内外利好热情满满，但对于中巴经济走廊所牵涉的对邻国的区域冲击，也存在着不少质疑和批评的声音。在此背景下，本章将厘清中巴经济走廊中所涉及的利益及战略挑战，并解决以下命题：中巴经济走廊作为区域经济合作与整合的先锋项目，其影响是否可超越单纯的中巴联系领域，而成为南亚区域发展的推手？换言之，此种双边协作对南亚区域互联互通是福是祸，还尚未可知。

关键词： 中巴经济走廊，中巴利益契合点，印度的不安，区域合作

中巴经济走廊：概念与实践

在世界范围内，众多国家和地区将焦点转向"经济走廊"建设，这成

---

[*]　比利时南亚民主论坛研究部主任。

为国家战略布局的新潮流。① 基本而言，经济走廊开发项目通过划定区域范围，力图实现目标期限内的经济增长。② 因此，在明确地理坐标后，经济走廊将连接沿线各经济体，使散布各国城镇的经济枢纽彼此相连。③ 在区域经济活动中心区，经济走廊随之建立起具体的地理框架，持续联通，共享生产、贸易和基础设施，在区域偏远地区，随着交通发展、生产环节的扩大，经济走廊改革与发展的红利将惠及各方。④ 如上所述，经济走廊旨在通过确定联通区域经济核心区，而力图创造延伸全球、惠及区域、基于国内的价值链，（在理想状态下）通过跨多个行业的发展成果所产生的外溢效应，而充分发挥经济走廊的价值。

着眼于此种概念框架，中巴经济走廊数以十亿美元计的基础设施投资项目就此诞生，并被奉为巴基斯坦经济发展与区域一体化的先锋力量。"一带一路"倡议陆路⑤海路⑥双管齐下，连接欧洲、亚洲和非洲。中巴经济走廊作为中国主导的"一带一路"倡议中的重要一环，对牵涉的利益各方而言，其旗下的项目意味着利益纠葛中的新希望、新利好，将会促进地

---

① 赫马瓦蒂·萨菲垂（Hilmayati Safitri）：《经济走廊政策，土地集中以及"社会排斥"：爪哇经济走廊政策的实施》（Economic Corridor Policy, Land Concentration and "Social Exclusion" Java's Economic Corridor Policy Implementation），印度尼西亚，社会研究国际事务所，海牙，荷兰，2012，http://thesis. eur. nl/pub/13083/。

② 同上；AGIL：《佐纳帕斯经济走廊战略》（Zona Paz Economic Corridor Strategy），Abt 协会有限公司，危地马拉—CAP 创收活动项目，危地马拉：Abt 协会有限公司，2002，第 2 页，http://pdf. usaid. gov/pdf_docs/Pnacy158. pdf。

③ 汉斯—皮特·布鲁纳（Hans-Peter Brunner），《何为经济走廊开发项目以及如何在亚洲次区域实现经济走廊开发？》（What is Economic Corridor Development and What Can It Achieve in Asia's Subregions?），亚洲开发银行关于区域经济一体化的工作文件，第 117 号，亚洲开发银行，2013，http://www. adb. org/publications/economic-corridor-development-and-what-it-can。

④ 石田雅美、矶村景云：《湄公河地区新、旧以及潜在的经济走廊》，选自《湄公河流域新兴的经济走廊》，湄公河研究中心研究报告第 8 期，石田雅美编辑（湄公河研究中心，日本亚洲经济发展研究所，泰国曼谷，2012），http://www. ide. go. jp/English/Publish/Download/Brc/08. html。

⑤ "一带一路"倡议中所有陆上线路的总和被称为"丝绸之路经济带"（SREB）。

⑥ "一带一路"倡议中的海路部分又被称为"21 世纪海上丝绸之路"（MSR），此丝路穿越中国南海、南太平洋以及印度洋，与陆上丝绸之路相辅相成。作为古代航线的现代再现，此举旨在通过波斯湾将中国与地中海相连。

缘形势发生显著变化。① 中巴经济走廊被称赞为新经济生命线，其与"一带一路"倡议相对接。为保障战略大布局一致，亟需将中国西部内陆的新疆（全称新疆维吾尔自治区）喀什地区与巴基斯坦西南部俾路支省海岸边的瓜达尔港口相连。② 根据计划，中巴经济走廊将以如下"1+4 合作框架"付诸实践③：经济走廊核心区域跨多个行业的全面发展计划，以及瓜尔达港口（巴基斯坦誓言建设的深水港、中巴经济走廊的旗舰性项目）、能源、基础设施、工业化等四大关键合作领域。为将这一计划付诸实践，走廊需要结合多个代表性因素，譬如，基础设施、贸易、互联互通、交通、机场（瓜尔达）、本地交通建设（地铁），以及石油天然气运输管道。在互联互通背景下，除建设新项目以支持基础设施建设，还需对已有的基础设施系统进行更新升级（譬如喀喇昆仑山高速公路）。除基础设施之外，项目重心还将放在提升可再生以及非可再生能源供给能力上（这占据了大约三分之二的投资，共计 350 亿美元④）——包括太阳能、风能、水能和传统煤炭火力发电。管道项目规划预计将提升石油和天然气进口。此外，所有这些项目配套相应的基础安保举措，也会为中巴经济走廊的发展构建一个安全的环境。⑤ 从本质上说，中巴经济走廊涵盖三条主要线路穿越巴

---

① 石泽：《中国"一带一路"发展新思路、发展伟壮举》，席勒研究所国际会议上的报告，巴黎，法国，2015 年 6 月 13—14 日，http://newparadigm. schillerinstitute. com/media/pr-shi-泽-regard-sur-le-concept-nouveau-d-une-ceinture-une-route/；石泽：《"一带一路"理论与实际的新灵感》，第 30 届年度席勒研究所国际会议上的报告，法兰克福，德国，2014 年 10 月 18 日，http://newparadigm. schillerinstitute. com/media/one-road-and-one-belt-and-new-thinking-with-regard-to-concepts-and-practice/。

② 阿德南·阿米尔（Adnan Aamir）：《中巴经济走廊》，《今日巴基斯坦》，2015 年 2 月 7 日，http://www. pakistantoday. com. pk/2015/02/07/comment/pak-china-economic-corridor/。

③ 马苏德·汗（Masood Khan）：《中巴经济走廊：胜利在望》，《巴基斯坦观察者报》，2015 年 5 月 28 日，http://pakobserver. net/detailnews. asp? id＝264996。

④ 丹尼尔·S·马基（Daniel S. Markey）、詹姆斯·怀斯特（James West），《中国在巴基斯坦开局得胜的背后》，《专家简报》，美国外交关系委员会，2016 年 5 月 12 日，http://www. cfr. org/pakistan/behind-chinas-gambit-pakistan/p37855。

⑤ 英国广播公司（BBC），《中巴丝绸之路会成为"游戏规则"改变者吗？》，2015 年 4 月 22 日，http://www. bbc. com/news/world-asia-32400091；马丁·海德尔（Mateen Haider）：《坚决采取行动打击巴国恐怖主义直至铲除》，援引拉赫尔将军，《黎明报》，http://www. dawn. com/news/1192103。

基斯坦境内并向北延伸：第一条线路是所谓的东向协同线路，主要穿越中部的旁遮普省和信德省①；第二条线路，也就是中部线路部分穿过开伯尔—普赫图赫瓦省，接着将先前彼此相对孤立的旁遮普省和信德省相连。第三条线路称为西部协同线路，将开伯尔—普赫图赫瓦省与俾路支省的相对欠发达地区相连②。此外，还有一条线路就是所谓的北线（利用现存的喀喇昆仑山高速公路），此线路将其他三线对接，直至红其拉甫山口（Khunjerab Pass）的中巴边境处，并继续深入至中国领土。整个项目主要由中国出资，预计于 2030 年完工（包含长期规划）；其中，部分项目可于接下来的一年至三年内完成（短期见效项目）。然而，需注意的是，实施中巴经济走廊，中国可为巴基斯坦提供几种有益条件：其一，巴基斯坦需要稳定的安保环境；其二，需要保证国内和谐与共识；其三，需要及时将中巴经济走廊付诸实践。换言之，项目起始越快越好，由此，箴言应为：从最简单处着手。

中国与巴基斯坦对经济走廊的利益期待

中巴经济走廊的多边开发项目会影响国家和社会的众多方面，包括经济领域、政治领域、社会领域以及外交政策目标和地缘政治。

（一）巴基斯坦的利益考量

从经济学的角度看，吸引外资是巴基斯坦的主要利益之所在。换言之，在该国亟需大批国外投资时，中巴经济走廊的提出可谓恰逢其时。③巴基斯坦政府希望其中各个项目都能马到成功，以此来改善国内的基础设施与能源供应局势，创造积极向好的外溢效应，并使其他经济部门大受裨益。在此背景下，中巴经济走廊着眼于建设特别经济区，在为商品与原材

① 沙巴兹·拉娜（Shahbaz Rana）：《中巴经济走廊：发展繁荣线而非分裂线》，《论坛快报》，2015 年 5 月 17 日，http://tribune.com.pk/story/887949/china-pakistan-economic-corridor-lines-of-development-not-lines-of-divide/。

② 沃尔夫冈·彼得·金吉尔（Wolfgang Peter Zingel）：《中国选定巴基斯坦：全天候战略伙伴关系的经济社会影响》，印度国际中心季报，2015，42（2）：14—24。

③ 章家敦（Gordon G. Chang）：《中国在巴基斯坦的宏图伟业》，《国家利益》（The National Interest），2014 年 11 月 10 日，http://nationalinterest.org/feature/chinas-big-plans-pakistan-11827。

料提供中转路线的同时，也会起到催化剂的作用，并促进工业发展与制造业中心的潜力挖掘。这些经济枢纽将提振巴基斯坦表现不佳的经济状况，并为企业家们带来了新机遇。

对工业化城市区与欠发达偏远区一视同仁，探寻其中的经济枢纽中心，以此带动全国范围内的经济增长，拉动穷困省份脱贫致富。[①] 为实现这一目标，巴基斯坦需要将本国的各大城市连成一线，建设新一轮全国性基础设施建设的锁链，以此发挥带动作用。眼下是中国慷慨的技术支持，往后则是可期的经济增长，巴基斯坦对缓和国家发展顽疾充满信心，失业问题、经验缺乏、管理不善、交通落后、贸易受阻等问题都将在未来得到不同程度的解决。除着眼于以上问题外，中巴经济走廊在扭转人才高度流失、资本大量外流的局势方面，也将积极发力。[②] 如果这些项目最终取得成功的话，中巴经济走廊对民众整体心态而言，也将具有积极的导向作用：一方面吸引国外高素质青年，促进那些有意向出国的人员选择留守本国投身国家的未来建设。另一方面，这也会劝服那些海外投资者提供风险投资资金。巴基斯坦总体经济指数显示，随着中巴经济走廊的发展，巴基斯坦的外汇储备有望提升。毋庸置疑，当中国最终下定决心超越地缘政治限制、拓宽双边关系、为经济合作固基、加深社会政治共识时，巴基斯坦政府也希望借此契机深化中巴合作。巴基斯坦计划发展和改革部部长阿赫桑·伊克巴尔（Ahsan Iqbal）指出，他本人相信中巴经济走廊将拓宽中巴联系领域，实现"从地缘政治到地缘经济的转变"，并"对巴基斯坦经济转型和升级意义非凡"。[③] 随着中巴经济走廊的不断深入实施，"巴基斯坦

---

① 拉菲·阿姆那·艾贾兹（Rafi，AmnaEjaz）：《中国国家主席访问巴基斯坦》，《伊斯兰堡政策研究中心评论》，伊斯兰堡政策研究中心（伊斯兰堡），2015 年 4 月 29 日，http://www.ipripak.org/chinese-president-visit-to-pakistan/。

② 齐格弗里德·沃尔夫：《中巴经济走廊：可行性以及对印度的角色评估》，《南亚民主论坛评论》（SADF Comment），南亚民主论坛，2016 年 3 月 16 日，http://sadf.eu/new/blog/comment-nr-19-china-pakistan-economic-corridor-cpec-feasibility-need-assessment-indias-role/。

③ 沙米尔·夏姆斯（Shamil Shams）援引阿赫桑·伊克巴尔（Ahsan Iqbal）：《中国在本国经济殖民地巴基斯坦扩展影响力》，《德国之声》，2015 年 4 月 20 日，http://www.dw.de/china-expands-influence-in-economic-colony-pakistan/a-18393881。

地理战略重要性将发生根本性的转变"。①

　　此外，也应注意到巴基斯坦一贯力图促进外国援助投资组合多样化。虽然，传统而言，巴基斯坦主要是依赖于美国的财政援助；然而，资本的输入通常伴随着各式的政治附加条款。随着美巴关系进入冷却期，美国政府旋即减少了对这一区域的参与，这促使巴基斯坦得寻求美国援助的可信替代品。中国对中巴经济走廊的投资不仅仅填补了此处援助的真空，而且，对巴基斯坦决策者而言，中国不仅仅是一个全天候伙伴，而且更是有望在接下来的十年里转型成为政治经济超级大国的宝贵盟友。因此，巴基斯坦政府在政策取舍时，会主动牺牲与美国的联盟关系，以深化与中国政府的关系。此外，在中国南海问题、朝鲜问题、尤其是台湾问题，以及贸易、反恐方面，中美虽立场迥异，但在上述问题中，巴基斯坦政府与中国官方的政策趋向，却更具协同性。国际社会对美国总统特朗普奉行的外交政策游移不定的心态，间接上促使巴基斯坦更为坚定地转向中国，由此促进中巴利益更加契合。鉴于美国政府不断对伊朗施压，迫使其终结对跨国恐怖主义的支持，在此背景下，这种趋势将会持续增长。②

　　毋庸置疑的是，以上所提及的经济机遇对政治和社会领域也会产生重要影响。据此可期：首先，省际关系改善、中央地方关系深化；其次，中巴经济走廊的全面成功施行，将会有助于提升民选政府的可信度以及执政能力，强化良好的管理进程；第三，基于"新经济体自信"意识的觉醒，未来，巴基斯坦将在国际上树立新的国际地位，并提升在区域内的影响力。③ 巴基斯坦决策者将此种意识铭记于心，希望下一步能克服制约本国在南亚区域的"外交孤立"之窘境，④ 进而与阿富汗、伊朗、中亚各国以

　　① 沙米尔·夏姆斯（Shamil Shams）援引米尔扎·胡拉姆·沙赫扎德（Mirza KhurramShahzad），《新闻原声：经济走廊将容纳多条线路》，《黎明报》，2015年3月3日，http://www.dawn.com/news/1168081/sound-bytes-economic-corridor-will-have-multiple-routes。

　　② 詹姆斯·多尔西（James M. Dorsey）：《美国总统就支持激进分子一事向伊朗施压》，《论坛快报》，2017年2月10日，http://mideastsoccer.blogspot.de/2017/02/trump-pressured-to-confront-pakistan-on.html。

　　③ 拉菲，2015年4月29日。

　　④ 穆罕穆德·达因·法兹尔（Muhammad Daim Fazil）：《中巴经济走廊：潜力与不足》，《外交官》，2015年5月29日，http://thediplomat.com/2015/05/the-china-pakistan-economic-corridor-potential-and-vulnerabilities。

及俄罗斯改善经济政治合作。① 最后，卓越的增长预期也会使普通百姓受
益。在此背景下，大众生活的改善也必将遏制政治激进主义，并削弱好战
主义和极端"圣战派"的势力。简而言之，中巴经济走廊将有助于铲除巴
基斯坦的恐怖主义。②

　　然而，上述的积极作用只是冰山一角，同时也无法掩盖其所伴随的指
责和批评。巴基斯坦政府处理中巴经济走廊项目的举措饱受外界诟病，国
内对各项目的实施缺乏共识与和睦，冲突主要集中于富饶省份与欠发达地
区之间，以及中央与地方之间，前者争吵的最为激烈的是俾路支省、开伯
尔—普赫图赫瓦省、联邦直辖部落区三方。以下将详细列举各地区如何批
评项目实施的：决策时地区参与程度不够、开采地区资源时薪金支付问
题、土地合并、在动荡区（强制）居民搬迁、国内移民使社会人口统计数
字屡屡变动、对公平自由经济竞争的高压打击。因此，中巴经济走廊激化
中央地方冲突、煽动抗议情绪、触发社会政治动荡的言论，也并非空穴
来风③。

（二）中国的利益关切

　　分析人士认为，中巴经济走廊要想站稳脚跟、顺风顺水，还面临着重
重挑战，尽管如此，中国仍然手握足够的激励机制，可为中巴经济走廊筹
集大量发展资金。④ 安保问题的解决虽任重道远，但中国政府坚信，在区

---

① 克里斯托弗·欧内斯特·巴伯（Christopher Ernest Barber）：《中巴经济走廊：
巴基斯坦全球化的有力武器，巴国能尽其所用吗?》，《外交官》，2014 年 2 月 27 日，
http://thediplomat. com/2014/02/the-pakistan-china-corridor/。

② 马丁·海德尔，2015 年 7 月 3 日。

③ 齐格弗里德·沃尔夫：《中巴经济走廊以及其对巴基斯坦吉尔吉特—伯尔蒂斯
坦地区的影响》，《南亚民主论坛焦点》，第 25 卷，2016 年 11 月 24 日，http://sadf. eu/
new/wp-content/uploads/2016/11/FOCUS. 25. SOW_. CPEC_. pdf；齐格弗里德·沃尔夫，
《摇摆不定：联邦部落直辖区改革与中巴经济走廊》，《南亚民主论坛焦点》，第 21 卷，
2016 年 10 月 11 日，http://sadf. eu/new/blog/sadf-focus-21-betwixt-fata-reform-process-chi-
na-pakistan-economic-corridor-siegfried-o-wolf/。

④ 加布里埃尔·多明格斯（Gabriel Domínguez）援引安德鲁·斯莫尔（Andrew
Small），笔者采访加布里埃尔·多明格斯：《双边关系：中巴轴线——亚洲讳莫如深的
关系》，德国之声，2015 年 1 月 15 日，http://www. dw. de/the-sino-pakistani-axis-asias-
little-understood-relationship/a-18194448。

域植入关键发展规划,终可还区域一片太平。① 此外,中国政府认为,巴基斯坦可持续的经济繁荣也将对恐怖主义起到遏制作用;因此,此举将减少来自巴基斯坦的恐怖威胁,进而维护中国的经济利益、领土完整和安全。换言之,中国政府意在创造根除巴基斯塔恐怖主义、保护中国国家利益的双赢局面。② 据安德鲁·斯莫尔(Andrew Small)报道,"巴基斯坦动荡不安、安保乏力,威胁中国雇佣工人的人身安全,中国投资将会随之削减"。在某种程度上,"巴基斯坦将成为中国海外投资的禁区"。③ 因此,应中国要求,巴基斯坦政府应致力于维护中国主权与领土完整、采取明确具体的行动保障在巴中国公民的安全和利益。具体而言,采取措施粉碎巴国恐怖分子以及分裂主义者扰乱中国大陆的企图,尤其是新疆某些分离主义势力的不法活动。④ 此外,中国还渴望巴基斯坦大力奉行"一个中国"政策。⑤

除上述利好之外,基于陆上领土的中巴经济走廊将为中国进入印度洋另辟蹊径,而不是单纯依赖马六甲海峡到达非洲与中东地区。⑥ 有战略家也指出,中巴经济走廊将会成为中国的战略累赘,美国及其亚太盟友极可能联合起来对中国进行封锁遏制。⑦ 美国新政府近期的外交风波,以及中

---

① 安德鲁·斯莫尔:《中巴经济走廊将改变区域局势",《严肃新闻》(*Hard-news*),2015 年 7 月 3 日,http://www. hardnewsmedia. com/2015/07/chinapakistan-economic-corridor-will-change-region% E2% 80% 93-andrew-small;安德鲁·斯莫尔:《中巴轴线:亚洲地缘政治新局面》,纽约:牛津大学出版社,2015 年;香农·蒂耶兹(Shannon Tiezzi):《中国投资能为巴基斯坦带来和平吗?》,《外交官》,2015 年 4 月 21 日,http://thediplomat. com/2015/04/can-chinas-investments-bring-peace-to-pakistan/。

② 杰米·富勒顿(Jamie Fullerton):《中国宣布投入 300 亿美元将巴国与经济走廊联通》,《独立报》,2015 年 4 月 20 日,http://www. independent. co. uk/news/world/asia/china-unveils-30bn-plan-to-link-to-pakistan-with-economic-corridor-10190916. html。

③ 多明格斯援引安德鲁·斯莫尔,2015 年 1 月 15 日。

④ 《每日时报》,《中巴发起经济走廊》,2015 年 4 月 21 日,http://www. dailytimes. com. pk/national/21-Apr-2015/pakistan-china-launch-economic-corridor;《纽约时报》,《中国在巴基斯坦的大冒险》,2015 年 4 月 23 日,http://www. nytimes. com/2015/04/23/opinion/chinas-big-plunge-in-pakistan. html?_r = 0。

⑤ 新华社:《巴基斯坦重申对"一个中国"政策的支持》,2016 年 1 月 20 日,http://news. xinhuanet. com/english/2016-01/20/c_135028885. htm。

⑥ 英国广播公司,2015 年 4 月 22 日;章家敦,2014 年 12 月 10 日。

⑦ 沙闪克·乔西(Shashank Joshi):《印度会封锁中国吗?》,《外交官》,2013 年 4 月 12 日,http://thediplomat. com/2013/08/can-india-blockade-china/。

国南海不断升级的紧张局势，也更加传递出消极信号。鉴于中国 80% 的能源进口依靠马六甲海峡，中国不久或将面临"马六甲困局"。① 而旨在缩短路线、降低成本、规避海盗风险的中巴经济走廊虽能在一定程度上减少中国对马六甲海峡的依赖，② 但实际上，它却和其他陆上走廊一样无法完全替代马六甲海峡的经济功能。

以上利好或许解释了中国大力改善与中东以及非洲国家关系的趋向，还有一个原因也不容忽视，那就是，近年来，在以上相关区域，中资企业大量进驻，中国雇员大批上岗，同时，开发项目轮番开工建设。③ 由此，中巴经济走廊关乎中国海外利益，能够提供额外的物流支持，并协调中国的"全球经济商业活动"。④

同时，中国也希望中巴经济走廊能为提振中国当前疲软的经济提供一大契机，特别是中国西部内陆地区，譬如新疆维吾尔自治区。⑤ 这一项目可搭建中国东部经济发达地区以及西部欠发达地区之间的发展桥梁⑥，激励国企私企拓展经济活动领域、创造就业机会、提升欠发达地区的消费水平。⑦ 西部欠发达地区作为安保薄弱环节一直牵动着中国政府的心，但由此，通过改善西部地区周边的经济环境，该地区有望获得稳定局势。⑧ 然

① 阿伦·赛格尔（Arun Sahgal）：《中巴经济走廊：南亚局势的改变者》，《跨欧亚评论》，2015 年 4 月 24 日，http://www.fsidelhi.org/china-pakistan-economic-corridor-changing-dynamics-of-southern-asia-analysis/。

② 杰克·德奇（Jack Detsch）：《中国在巴国建设基础设施的宏图，习近平主席与巴基斯坦政府签订协议，使中国得以直接进入印度洋》，《外交官》，2015 年 4 月 21 日，http://thediplomat.com/2015/04/chinas-grand-plan-for-pakistans-infrastructure/；《每日时报》，2015 年 4 月 21 日，穆罕穆德·佐勒菲卡尔（Rakhmat, Muhammad Zulfikar）：《中国进军伊斯兰堡：中巴经济走廊》，《赫芬顿邮报》，2015 年 6 月 11 日，http://www.huffingtonpost.co.uk/muhammad-zulfikar-rakhmat/china-pakistan_b_7532434.html。

③ 英国广播公司，2015 年 4 月 22 日。

④ 石泽，2015 年 6 月 15 日。

⑤ 伊桑·塔鲁尔（Ishaan Tharoor）：《中巴特殊友谊意味着什么》，《华盛顿邮报》，2015 年 4 月 21 日，http://www.washingtonpost.com/blogs/worldviews/wp/2015/04/21/what-china-and-pakistans-special-friendship-means/。

⑥ 许维鸿：《中巴经济走廊：新疆南部经济转型升级的关键要素》，《环球时报》，2015 年 7 月 5 日，http://www.globaltimes.cn/content/930491.shtml。

⑦ 英国广播公司，2015 年 4 月 22 日。

⑧ 多明格斯，2015 年 1 月 15 日。

而，在新疆造谣生事、发动分离主义运动的激进分子也借此机会非法利用区域资源。总而言之，中国希望通过改善新疆的经济环境，来促进社会政治稳定，并铲除分裂主义、恐怖主义、宗教极端主义等三股势力。①

印度对中巴经济走廊的不安

正如以上所阐述的，"一带一路"倡议的总体布局以及中巴经济走廊的具体布局为区域合作带来了诸多机遇，对印度而言，则尤其如此。② 直至今日，印度才响应加入中巴经济走廊，之前对中孟印缅经济走廊建设（简称"BCIM-EC"③，"一带一路"倡议中在南亚的第二大走廊）④ 却并未投入切实举措。在"一带一路"倡议中，为何印度在定位本国角色、挖掘本国潜力方面却显得颇为勉强呢？印度对中巴经济走廊何来担忧情绪？基本而言，抛开"一带一路"倡议所带来的机遇不提，确实有些事宜让印度对中国所提出的这一倡议滋生逆反心理。

首先，印度决策者对中巴经济走廊中中巴两国不断升级的安保合作心存疑虑。此外，印度当局惧怕中国隐现的海上扩张主义，在"21世纪海上丝绸之路"倡议框架下⑤承担一系列战略任务的瓜达尔港口尤其让印度当局揪心，害怕其终会成为中国的海军基地。有分析指出，中国发起的"珍珠链战略"，又称"钳子战略"，在印度眼中也有包围印度之势。⑥

换言之，中巴经济走廊下，中巴伙伴关系对印度在南亚地区的区域主

---

① 伊丽莎白·戴维斯（Elizabeth Van Wie Davis）：《中国新疆维吾尔穆斯林族群的民族分裂主义》，亚太安保研究中心，2008年1月，http://apcss.org/college/publications/uyghur-muslim-ethnic-separatism-in-xinjiang-china/。

② 阿洛克·蓝詹（Alok Ranjan）：《中巴经济走廊：印度的抉择》，中国研究所，中国研究所不定期论文第10号；尼赫鲁大学国际关系学院南亚研究所，新德里，2015年6月5日，http://www.icsin.org/uploads/2015/06/05/31e217cf46cab5bd9f15930569843895.pdf。

③ 即孟中印缅经济走廊。

④ 阿肖克·桑杰哈尔（Ashok Sajjanhar）：《解读孟中印缅经济走廊以及印度的反应》，观察者研究基金会简报第147号，观察者研究基金会，新德里，2016年6月，http://www.orfonline.org/wp-content/uploads/2016/06/ORF_IssueBrief_147.pdf。

⑤ 2014年10月18日；蒂耶兹，2015年4月21日。

⑥ 马赫·拉赫曼（Maseeh Rahman）：《中国在塞舌尔的计划使印度再感被包围的风险》，《卫报》，2012年3月22日，http://www.theguardian.com/world/2012/mar/22/china-seychelles-indian-fears-encirclement；巴伯（Barber Media），2014年2月27日。

导地位构成了挑战，使印度在南亚以及南亚以外地区的影响力受到遏制。①

第二，走廊穿越印巴两国在克什米尔领土争议区——现巴基斯坦吉尔吉特—巴尔蒂斯坦地区，也这使印度难以加入中巴经济走廊。要使印度纳入到走廊合作机制，我们需要对区域地缘政治现状有清晰的认识：如果印度加入中巴经济走廊，就意味着印度要正式承认目前巴基斯坦所实际控制的这一片领土的现状，而实际上印度同样对查谟和克什米尔这一整片争议领土声称又有主权②（两国都声称对峙争议领土拥有统一主权，但实际仅仅掌握部分治权）。

第三，围绕"一带一路"倡议中的各项目，外界的质疑声此起彼伏，主要是对中国政府建设这一走廊的真实意图的猜测。其中有一种观点认为，项目旨在改善停滞不前的经济、提升中国与中亚、南亚互联互通，以开发譬如新疆等西部欠发达省份，这对一些观察者而言，是合情合理的。此外，鉴于中国制造业的性质以及外界对中国制造业产品的庞大需求，中国发起确保能源安全、供应链连贯、市场准入顺畅的大规模项目也就不足为奇了。这种国门之外的开发项目亦并非首创，可追溯到中国政府早年间订立的"走出去"战略。此战略旨在鼓励中国企业向海外投资③，借此构

① 萨贾德·阿什拉夫（Sajjad Ashraf）：《中巴经济走廊》，南亚研究所简报第 364 号，新加坡国立大学南亚研究所，新加坡，2015 年 4 月 9 日，http://www. isas. nus. edu. sg/isaspapers/Pages/Briefs. aspx；施瑞亚·塔尔瓦（Shreya Talwar），《中巴经济走廊及其地缘政治影响》，空军力量研究焦点关注，空军力量研究/国家安全研究论坛，新德里，2015 年 6 月 22 日，http://capsindia. org/files/documents/CAPS_Infocus_ST. pdf。

② 穆罕穆德·达因·法兹尔（Muhammad Daim Fazil）：《巴基斯坦：中巴经济走廊的阻碍来自何方?》，《外交官》，2016 年 2 月 15 日，http://thediplomat. com/2016/02/pakistan-what-stands-in-cpecs-way/；泽林·森奇（Sering, Senge H. ）：《吉尔吉特—巴尔蒂斯坦地区：新亚洲经济走廊的铰链地带》，《外交官》，2014 年 6 月 5 日，http://thediplomat. com/2014/06/gilgit-baltistan-nexus-of-a-new-asian-economic-corridor/；沃夫，2016 年 11 月 24 日。

③ 朱巴约提·巴塔查尔吉（Dhrubajyoti Bhattacharjee）：《中巴经济走廊》，印度世界事务理事会简报，2015 年，http://www. icwa. in/pdfs/IB/2014/CPECIB12052015. pdf；彼得·巴克利（Buckley, Peter J. ）、亚当·克罗斯（Adam R. Cross）、谭辉（Hui Tan）、刘欣（Xin Liu）、欣里希·沃斯（Hinrich Voss）：《中国对外直接投资的前世今生》，《国际管理评论》（Management International Review），第 48 卷，第 2 号，第 715—748 页，2008 年。

建所谓的中国海外特别经济区①。现今，中国正试图挖掘其经济成果，以之为政治跳板，在更广大的国际舞台上施展政治影响力，这种概念性连贯一体的筹谋绝属空前。由此，在"一带一路"倡议的大背景下，中国渴望创造多极化世界以服务于中国的国家利益的意图显露无疑。② 在此背景下，许多印度观察家对中国"合力打造互利共赢局面"的说辞嗤之以鼻，而更倾向于将"一带一路"倡议解读为中国为谋求自身国家利益最大化的多边合作手段。③

鉴于"一带一路"倡议项目涉及的广大地理范围（覆盖大约 60 个国家和地区）以及牵涉的经济和金融合作层面（援引《经济学人》杂志④，官方数据显示，约 900 宗交易正在谈判中，合计 8900 亿美元的贸易额），显而易见的是，"一带一路"倡议远非单纯的发展倡议。纵使中国官方坚持对外界采用"倡议"一词，但其对中国外交战略政策的挈领作用使其不失为一种"新型宏大战略"。

然而，对于新丝绸之路的狂澜之势以及安保涉及领域，印度方面一直心存顾忌。虽然中国政府一再强调本国的对外投资一律基于互利共赢的原则，不参与经济霸权争夺，但是，由于决策缺乏透明度、中国官方的缄

---

① 萨拉赫·额拉希迪（Salah E. M. I. Elrashidy）：《中国海外经济特区对本国经济发展的作用》，论文，美国大学开罗分校政治系，2016，http://dar. aucegypt. edu/handle/10526/4878；黛博拉·布劳蒂加姆（Deborah Bräutigam），唐晓阳：《中国海外新经济特区的经济手腕：软实力、贸易、资源保护?》，国际食品政策研究所文书 01168 号，国际食品政策研究所，华盛顿，2012 年 3 月，http://cdm15738. contentdm. oclc. org/utils/getfile/collection/p15738coll2/id/126834/filename/127045. pdf。

② 布拉茨·萨尔瓦拉（Balázs Sárvári）、安娜·史泽多维茨（Anna Szeidovitz）：《新丝路背后的政治经济学》，《波罗的海欧洲研究期刊》，塔林理工大学，第 6 卷，第 1 号（20），2016 年，https://www. degruyter. com/downloadpdf/j/bjes. 2016. 6. issue-1/bjes-2016-0001/bjes-2016-0001. pdf。

③ 塔维·马丹（Tanvi Madan）：《混乱中的秩序：印度如何看待中国的"一带一路"倡议》，2016 年 3 月 14 日，博客，布鲁金斯学会（The Brookings Institution），华盛顿，https://www. brookings. edu/blog/order-from-chaos/2016/03/14/what-india-thinks-about-chinas-one-belt-one-road-initiative-but-doesnt-explicitly-say/。

④ 《经济学人》（The Economist）：《我们的推土机、我们的规约者：中国的外交政策可使世界经济大体向好》，2016 年 7 月 2 日，http://www. economist. com/news/china/21701505-chinas-foreign-policy-could-reshape-good-part-world-economy-our-bulldozers-our-rules。

默，以及对项目实际营业能力的预期，使印度的质疑和忧虑不断发酵。①
中国对"一带一路"倡议在多边协定平台上进行谈判的退避，使外界更质
疑项目的具体可操作性，这也搅动着印度国内对此倡议的争议。印度在走
廊内毫无进展的现状令人痛惜，长此以往，印度不仅会错失亟需的区域互
联互通改善机遇和经济发展机遇，还将更难于打入中亚以及非洲市场，使
原本一团乱麻的市场准入与资源开采现状，变得更加复杂而不可期。总而
言之，印度政府需要及早决定是否加入"一带一路"倡议，尤其需忖度是
否加入中巴经济走廊。如果印度选择不合作，同时也不愿意成为中国发起
的欧亚一体化进程中的一部分的话，那么，它需要着手构建一个替代性的
战略框架。

中巴经济走廊对区域合作的影响

中巴经济走廊对区域合作会带来多少利好，这取决于中巴经济走廊框
架下互联互通的发展程度。因此，建设中巴两国之外交通、能源和贸易基
础设施网络是中巴经济走廊整合项目的当务之急。此外，中巴经济走廊途
经欣欣向荣的特别经济区喀什地区②，这样就确保了与北面网络的对接，
将中巴经济走廊与中亚各国、俄罗斯和欧洲连接起来③。然而，巴基斯坦
走向繁荣之路的同时，也需不忘与邻邦分享走廊利好④。这样，巴基斯坦
可为中巴经济走廊开辟东西通路，东部包括印度，西部包括伊朗和巴基斯
坦。纵向延伸后，巴基斯坦有望极大改善区域互联互通，成为南亚地区合
作的重量级选手。但是，要想实现切实成果，前提是印巴关系正常化以及

---

① 皮特·威尔斯（Peter Wells）、唐·维恩兰德·菲奇（Don Weinland Fitch）担
忧"一带一路"倡议所能实际取得的可期回报》，《金融时报》，2017 年 1 月 26 日，ht-
tps：//www. ft. com/content/c67b0c05-8f3f-3ba5-8219-e957a90646d1。

② 米安·阿布拉尔·米安（Mian Abrar Mian），《中巴经济走廊——南亚发展新
愿景》，《今日巴基斯坦》，2012 年 12 月 6 日，http://www. pakistantoday. com. pk/2014/
12/06/comment/china-pakistan-economic-corridor-a-new-vista-of-development-in-south-asia/。

③ 巴伯，2014 年 2 月 27 日。

④ 印度亚洲通讯社：《印度需要成为中巴经走廊的一份子》，《经济时报》，2015
年 10 月 10 日，http://economictimes. indiatimes. com/news/politics-and-nation/india-needs-
to-be-part-of-china-pakistan-economic-corridor/articleshow/49298727. cms；《纽约时报》，
2015 年 4 月 23 日。

巴伊关系的建设性发展。此外,我们重点还需要对巴基斯坦目前对印伊以安全防范为主导的外交政策进行彻底反思。① 然而,此种反思也需建立在以伊朗政府和印度政府为典型的区域决策集团对巴基斯坦思维定势转变的基础上。印巴关系紧张局势,持续干预和阻碍了南亚区域互信合作进程。至于阿富汗,巴基斯坦需要放弃"战略纵深"的考量或其他类似的偏激观点,而对阿富汗内政采取无党派的中立政策。②

因此,巴基斯坦应当重新审视其区域角色,与邻邦发展正常化的经济外交关系③。《愿景 2025》④ 的诞生,巴基斯坦政府至少是在理论上迈出了第一步。然而,巴基斯坦还需要抛除意识形态的成见,制定理性发展双边关系的外交政策。具体而言,巴基斯坦需要加强对贸易与经济合作的重视,而非一味埋头安保防御。⑤ 时至今日,巴基斯坦的军事情报部门对促进邻邦关系的建设性作用才初步显现。巴基斯坦代表邀印度加入中巴经济走廊的努力也并非初衷。⑥ 此外,巴基斯坦边境活跃的恐怖主义活动也不断阻挠着巴基斯坦与印度和阿富汗的可持续友好关系的重建。

---

① 沙杨・马利克(Shayan Malik)、额努姆・纳赛尔(Enum Naseer):《中巴经济走廊政治——前瞻性分析第一部分》,2015 年 4 月 30 日,http://spearheadresearch. org/SR_CMS/index. php/researchopinions/cpec-politics;沙杨・马利克(Shayan Malik)、额努姆・纳赛尔(Enum Naseer):《中巴经济走廊政治——前瞻性分析第二部分》,2015 年 4 月 30 日,http://spearheadresearch. org/SR _ CMS/index. php/researchopinions/cpec-politics-part-2;齐格弗里德・沃尔夫:《囿于定式? 巴基斯坦与阿富汗关系的未来》,《独立报》,孟加拉国,2012 年 4 月 20 日,http://crossasia-repository. ub. uni-heidelberg. de/2820/。

② 哈桑・阿斯卡里・里兹维(Hasan Askari Rizvi):《中国与巴基斯坦经济复苏》,《今日巴基斯坦》,2013 年 7 月 9 日,http://www. pakistantoday. com. pk/2013/07/09/comment/columns/china-and-pakistans-economic-recovery/。

③ 哈桑・阿斯卡里・里兹维,2013 年 7 月 9 日;阿里什・汗(Aarish U. Khan):《中巴经济走廊:理想与现实》,《焦点》(*Spotlight*),区域研究所:伊斯兰堡,2015 年,http://irs. org. pk/spotlight/spjan15. pdf。

④ 巴基斯坦战略研究分析所:《愿景 2025 的行动图》,巴基斯坦战略研究分析所,国防大学,伊斯兰堡,http://irs. org. pk/spotlight/spjan15. pdf。

⑤ 巴伯,2014 年 2 月 27 日。

⑥ 印度亚洲通讯社:《避免敌对,加入中巴经济合作委员会:巴基斯坦军队指挥官对印度如是说》,《印度斯坦时报》,2016 年 12 月 21 日,http://www. hindustantimes. com/india-news/shun-enmity-join-cpec-pakistan-army-commander-tells-india/story-iuwc5GktYxaVi2TO7QIspM. html。

虽然在恐怖主义的问题上，中国与巴基斯坦阵营一致①，但却又不想因此而干预印巴冲突局势。出于此点考虑，中国政府希望以对话机制声明"经济走廊对印始终敞开大门，中国高层将作出郑重承诺"②。在对巴利益攸关国之中，中国最有潜力改变巴基斯坦目前的思维定势。也只有改变这种思维定势，区域互联互通才能得到真正提升，巴基斯坦和中国，以及周边更广大的区域，才能享受到经济走廊所能带来的最大化的利益。为了促进区域可持续合作，中巴经济走廊以及其他类似走廊项目需要一个政局稳定的阿富汗。挣脱"圣战主义"枷锁、清除穆斯林族裔分离主义分子窝点③、维护新疆法律秩序是中国对阿富汗未来河清海晏的期待，也是未来中国的利益攸关之所在。此外，阿富汗不诉诸军事基地部署也至关重要，否则，中亚诸国④将动荡不宁，"一带一路"倡议将面临关键项目乏力的危局，进而危及倡议总体成果。然而，新问题也将随之而生，在劝服巴国铲除本国边境恐怖主义势力中，中国政府在与巴国安保部门商讨时胜算几何？这种顾虑并非空穴来风，因为一旦巴国政府采取绥靖政策，为"圣战"分子提供庇护，邻邦定会遭受波及，"一带一路"倡议所要求的区域和平局势也将前景黯淡。

虽然提及此事，不可不先入为主而着重聚焦于中国对此的推动力，然而冷静分析各国对阿富汗的外交斡旋之后，我们可以注意到，中国与巴基斯坦在阿富汗有着不同的任务安排：中国政府的首要关切是使阿富汗恢复和平稳定，以免其消极发展趋向外溢至中亚和中国新疆地区。然而，这种"大公无私主义"是存在上限的，只要阿富汗国内的社会、经济、政治发展轨迹不触及中国的利益禁区，纵使其具有恶性演化趋势，中国也不会将

---

① 例如，印巴关于吉尔吉特—巴尔蒂斯坦地区归属的领土争端中支持巴方，抑或是在印美试图将巴国武装分子列入联合国安理会制裁委员会的恐怖分子名列时，中国表明反对立场，谴责美国利用联合国将"穆罕默德军"领导人马苏德·爱兹哈尔（Masood Azhar）列为恐怖分子，《黎明报》，2017年2月7日，http://www.dawn.com/news/1313303。

② 印度亚洲通讯社，2015年10月10日。

③ 夏姆斯，2015年4月20日；齐格弗里德·沃尔夫，《友好邻邦：中国在阿富汗的替代战略》，《独立报》，周五专题报道，达卡，2012年5月11日，http://crossasia-repository.ub.uni-heidelberg.de/2826/。

④ 即哈萨克斯坦、吉尔吉斯斯坦、乌兹别克斯坦、土库曼斯坦、塔吉克斯坦。

其作为首要解决任务。在另一方面,伊斯兰堡希望调动国内积极因素,将本国对手印度赶出阿富汗。① 有趣的是,之前,中国将对阿富汗政策直接照搬到对巴政策上,但近年来,在西方社会大裁军的余波中,中国政府一改往常,积极参与对巴专门政策编制。② 中俄巴三国间最近召开的三边会谈明确显示了中国对阿富汗安保工作的最新风向标,显示了中国从旁观者到利益相关者的角色转变。③ 但是,中国政府希望巴国能将中方的利益关切存于心中。④

此举会改善巴基斯坦和阿富汗关系,推动巴基斯坦与阿富汗的经济合作。土库曼斯坦—阿富汗—巴基斯坦—印度管道项目、阿富汗—巴基斯坦贸易中转协议、以及中亚南亚电力传输贸易协定这三个合作框架在未来的运行状况,将会成为阿富汗—巴基斯坦建设性合作走向的试金石。

中巴经济走廊西部互联互通的另一重要方面是发展与伊朗的合作。而合理的东进倾向,不仅有助于深化区域合作,而且对宏观上的中巴经济走廊发展,以及具体上的经济走廊西部对接使命,也带来诸多机遇。伊朗和巴基斯坦重归于好,将促进能源贸易合作。此外,伊朗—巴基斯坦—印度管线建设为挖掘印度、巴基斯坦、阿富汗的潜在合作领域另辟蹊径。《联合行动全面计划》是伊朗与其他世界级大国达成的协定,旨在遏制伊朗方面的核武器研制计划。⑤ 直至今日,许多观察者注意到,协议随之而来的制裁撤销,对伊朗而言却是一大可喜之事,不仅会在总体上重新树立伊朗在国际关系中的地位,还会在众多微观合作领域为伊朗打开新的机遇之窗,对与巴基斯坦合作的助益作用尤其牵动人心。美国宣布对伊制裁引发

---

① 《每日时报》,2015年4月21日;多明格斯,2015年1月15日。

② 多明格斯援引安德鲁·斯莫尔,2015年1月15日。

③ 白田田:《中俄巴在阿富汗问题上开展三边谈话》,《环球时报》,2016年12月27日,http://www.globaltimes.cn/content/1026031.shtml;《在莫斯科举办关于阿富汗问题的俄中巴战略对话》,《民族报》(巴基斯坦),2016年11月21日,http://nation.com.pk/international/21-Nov-2016/moscow-to-host-russia-china-pakistan-strategic-talks-on-afghanistan-in-december-kabulov。

④ 多明格斯援引安德鲁·斯莫尔,2015年1月15日。

⑤ 王晋(以色列海法大学):《美国对伊朗的制裁:对中国是福音还是厄运?》,《外交官》,2017年2月7日,http://thediplomat.com/2017/02/us-sanctions-on-iran-good-or-bad-news-for-china/。

了美伊新一轮紧张局势①，鉴于此，之前商讨达成的"核协议"所能取得的可期成果陷入渊薮之地，其对改善与中东地区关系的作用尤其受到质疑。美国特朗普政府正式警告伊朗，并宣布如果其再违反《联合全面行动计划》（JCPOA）②抑或是再对恐怖主义活动提供国家资助，美国对伊实施惩罚性措施则势在必行。除此之外，美国还要求其联盟伙伴国响应其对伊政策。具体而言，伊朗的任何个人与企业"不得与美国企业有任何贸易往来，严令禁止其他国家经济实体与伊朗发展商业关系，一经查实，同受美国制裁"。③ 尽管美国最近实施的制裁同样会针对中国的企业与个人④，但中国政府在美伊对峙中更愿意保持中立态度，以避免介入到伊朗什叶派阵

① 2017 年 2 月 3 日，美国政府对伊朗进行新一轮制裁，制裁列表包括三个独立的项目，意图压制支持伊朗弹道导弹开发项目、封锁对伊朗革命护卫特种军的援助，是针对伊朗政府于 2016 年 1 月 29 日开展中程导弹测试的反击，对伊朗政府为国外非正义军队提供援助的威慑。这其中包括也门什叶派胡塞叛军或黎巴嫩真主党等。王晋，2017 年 2 月 7 日；朱莉安·博格（Julian Borger）、大卫·史密斯（David Smith），美国政府对伊朗的新制裁，《卫报》，2017，https://www.theguardian.com/us-news/2017/feb/03/trump-administration-iran-sanctions。

② 译者注：《关于伊朗核计划的全面协议》的官方称呼为"联合全面行动计划"（Joint Comprehensive Plan of Action，JCPOA），协议是在瑞士洛桑达成，并由欧盟外交事务专员茉格里尼（Federica Mogherini）与伊朗外交部长扎里夫（Mohammad Javad Zarif）发表联合声明。然而协议还必须具体化为白纸黑字的协定，包括伊朗与所谓的"P5+1"（联合国安理会五常任理事国加上德国）。伊朗核问题六国（美国、英国、法国、俄罗斯、中国和德国）与伊朗 2015 年 7 月 14 日终于达成了历史性的全面解决伊朗核问题的协议。六国和伊朗通过一年半多时间的谈判，为解决延续了 12 年的伊朗核问题达成了政治共识。伊核问题协议包括解除对伊朗制裁及其行动计划、核技术合作、对协议实施的监控、对伊朗核能力的设限以及联合国安理会决议的草案等关键方面的内容。协议实施后，对伊武器禁运最长将可维持 5 年，对伊弹道导弹技术转让禁令最迟在 8 年后取消。国际核查人员不能随意获得授权核查伊朗敏感设施，包括军事基地。伊朗有权对国际核查人员的核查要求提出异议，一个由伊朗和六国人员组成的仲裁机构将对有关争议作出裁决。联合国安理会将于 7 月底通过决议批准伊核问题全面协议。协议将在获得安理会批准后 90 天内生效。

③ 泽希汗·阿利姆（Zeeshan Aleem）：《美国政府的新制裁针对伊朗，为何中国不悦》，VOX 新闻（Vox News），2017 年 2 月 6 日，http://www.vox.com/world/2017/2/6/14522040/iran-sanctions0china。

④ 王晋，2017 年 2 月 7 日。

营与沙特阿拉伯逊尼派阵营间的争斗中。① 若非如此，宏观上会危及"一带一路"倡议的布局，具体而言，也会损害中国在中东地区的利益。但无论如何，中国政府所不能容忍的是，美国自行其是坚决干涉中伊关系，以致威胁中国对伊投资的主导地位以及与伊朗其他方面的合作。②

虽然美中关系的发展走势不失为定海神针，但是，无论其走向如何，"一带一路"倡议的发展大局仍在掌控之中。抛开杞人忧天的愿景和预计，外界对美国总统特朗普也各执一词。有分析指出，虽然特朗普政府以其聒噪反常的言辞而广受诟病，但是只要不触及美国国内事务与国家安全大局，其政策论断对改变美国外交政策基本底线的作用相当有限，对其经济合理性的争论也并非大忌。据预测，在国内声音的导向下，长远来看，受美国的迪拜化（Dubaization of America）思想浸润的特朗普最终拾起对"一带一路"倡议这样的基础设施倡议的兴趣，也并非不可能。然而，就现今的局势而言，巴基斯坦与伊朗促进中俄密切合作的决心昭彰。除此以外，还有其他促进"一带一路"倡议以及中巴经济走廊的有利条件，譬如跨太平洋伙伴关系协定（TPP）的取缔，俄罗斯与巴基斯坦重归于好，中俄合作加强，"一带一路"倡议中有望吸纳土耳其加入。但是，以上趋势并不一定会促进伊朗—巴基斯坦关系改善。

毋庸置疑的是，巴基斯坦与沙特阿拉伯友好关系的重建，需要妥善处理两国间目前微妙的关系，并审视双方对待彼此的态度。巴基斯坦与沙特阿拉伯在国防与安保领域的合作具有历史渊源，沙特也屡次帮助巴基斯坦政府度过财政危机。③ 但是，中巴经济走廊的横空出世，也会使巴基斯坦的区域观发生缓慢转变，影响其与伊朗和沙特阿拉伯的关系。一方面，巴

---

① 伊朗什叶派阵营与沙特阿拉伯逊尼派阵营间的区分，纯粹存于脑海中，可以找到很多例子来证明两方之间没有什么明显区别，因为他们都图谋干涉国家内政外交。伊朗在叙利亚进行军事干预，其与什叶派合作的同时，也与逊尼派异常亲密，此种脚踩两只船的策略可以作为以上论断的有力证据。还有一个证据是伊朗对阿富汗塔利班的支持（逊尼派），同时对巴基斯坦政府惠及什叶派的聚居政策表明支持态度，而巴基斯坦则希望借此改变本国动荡地区的社会宗教状况。

② 王晋，2017年2月7日。

③ 劳伦斯·范德维尔（Laurence Vandewalle）：《中巴：永久的铁哥们?》，对外政策理事会政策研究部，布鲁塞尔，2015年，http://www.europarl.europa.eu/RegData/etudes/IDAN/2015/549052/EXPO_IDA（2015）549052_EN.pdf。

基斯坦将伊朗作为能源、交通、贸易等领域潜在的合作伙伴，另一方面也不想过分亲近伊朗而激怒沙特。[1] 鉴于中东局势的不稳定，沙特和伊朗又长期敌对，巴基斯坦将很难掌握其中的平衡点。譬如，在沙特决定对伊朗支持的侯赛因恐怖分子的也门行动予以坚定的行军扫荡时，巴基斯坦议会投票否决，对此沙特甚为不悦。[2] 在此背景下，巴基斯坦需要更为谨慎地处理类似情形，以免疏远沙特。然而，巴基斯坦所面临的平衡伊朗和沙特利益的困局只是中巴经济走廊中的一大挑战而已。目前为止，经济走廊对伊朗的角色定位依然左偏右倚，它到底是伙伴还是竞争对手呢？

如上所述，中国政府对不断酝酿的政治冲突、安保问题、延期事故以及其他阻碍中巴经济走廊建设的问题忧心忡忡。但是，伊朗也可有望成为框架内的合作伙伴，并提供经济走廊的替代性线路，其目前运营顺利的恰巴哈尔港以其地理优势可作为替代港口，取代仅相距 36 千米但是更加偏远而动荡的瓜达尔港[3]。与瓜达尔港相比[4]，恰巴哈尔港更易调动国家基础设施，确保中国的投资和劳工安全。值得注意的是，中国对伊朗投资 510 亿美元，超过中巴经济走廊建设中其对巴基斯坦的初步投资（如今，巴国则面临贷款投资的重担）。总而言之，中伊间若有若无的经济走廊日益凸显，这对中巴经济走廊构成极大威胁。然而，鉴于巴基斯坦绝佳的战略位置[5]（这可以成为巴国的王牌）以及中国的利益考量，伊朗终究不过是个备选项，其替代作用还是极为有限的。

结　论

中巴经济走廊以包容性的姿态、建设性的方式向各意向国敞开大门。

---

① 沙米尔·夏姆斯：《伊朗的鲁哈尼阵营是否会胜过巴基斯坦？》，德国之声，2016年 3 月 24 日，http://www.dw.com/en/can-irans-rouhani-win-over-pakistan/a-19138190。

② 英国广播公司：《也门冲突：巴基斯坦响应沙特联盟号召》，2015 年 4 月 10日，http://www. 英国广播公司 .com/news/world-asia-32246547。

③ 章家敦，2014 年 12 月 10 日。

④ 赛义德·法兹尔·海德尔（Syed Fazl-e-Haider）：《叛乱阻碍瓜达尔建设》，《亚洲时报》，2014 年 5 月 9 日，http://www. atimes. com/atimes/South_Asia/SOU-01-090514. html。

⑤ 法兹尔，2015 年 5 月 9 日。

因此,巴基斯坦政府必须凝聚国内共识、建设和睦环境。为此,巴基斯坦也须抛除地域偏见,对国内各地区发展一视同仁,照顾好欠发达地区的民众生活,尤其是俾路支省和吉尔吉特—伯尔蒂斯坦地区,并能够致力于平息反中巴经济走廊骚动和抗议活动、缓和省域之间的恶性竞争。由此,巴基斯坦可有效引入全面包容、各方透明的决策机制。

同时,建立走廊内省际利益公平分配机制也同样不可或缺。换言之,巴基斯坦联邦政府需要关照当地普通民众疾苦。目前,其对俾路支省的分离主义叛乱活动采取零容忍态度以及粉碎性的军事打击政策,这很可能使局势不断恶化升级①,并危及驻扎该省的中国工人的人身安全以及相关项目的推进。而实际上,针对中国工人屡遭人身威胁,巴基斯坦也证实了这一担忧。鉴于此,巴基斯坦政府应该深刻反思,因为"发展不一定带来和平,但是和平一定会促进发展"。② 如果俾路支省恢复和平安定,那么瓜尔达港口的全面开放也并非不可期,如此一来,该省将转身成为区域能源运输要道。③ 同样,面临相似危局的吉尔吉特—伯尔蒂斯坦地区也可作为另一参照。长期以来,什叶派与逊尼派的冲突相持不下,从历史角度而言,曾经喀喇昆仑山高速路的建设也未能使冲突化解,反而随着时间推移而不断升级④,但是,巴基斯坦坚信,国内社会经济状况的改善,对调解纷争、促进和平的作用仍是不可小觑的。就国际视角而言,巴基斯坦在与邻邦尝试订立建设性伙伴关系之前,应对其外交政策进行全面而彻底的反思。如果巴基斯坦的对外形象仍停留在"不可信赖"的状态的话,那么,在中巴经济走廊中的合作也将举步维艰。就印度而言,该国亟需确定宣布其对中巴经济走廊持何种立场,对此,其在国内的政治对话中不应牵涉意气用事

① 罗伯特·维尔辛(Robert G. Wirsing):《俾路支民族主义和能源资源地缘政治:巴基斯坦分裂主义的背景》,美国和平研究所,2008年4月,file:///C:/Users/User/Downloads/Baloch_Nationalism. pdf。

② 法兹尔·海德尔,2014年5月9日。

③ 法兹尔·海德尔,2014年5月9日;维尔辛,2008年4月。

④ 伊兹哈尔·胡恩扎伊(Izhar Hunzai):《吉尔吉特—巴尔蒂斯坦地区冲突动向》,特别报道321,美国和平研究所,华盛顿,2013年,http://www.usip.org/sites/default/files/SR321.pdf;齐格弗里德·沃尔夫:《雪上加霜:吉尔吉特—巴尔蒂斯坦正遭受教派冲突和政治剥夺,社会经济也被忽视》,《独立报》,达卡,2012年12月14日,http://crossasia-repository.ub.uni-heidelberg.de/2846/。

的感性认知，而需要基于对政策备选项的理性思考。鉴于印度对中巴经济走廊的种种顾忌，此种方式的实施并非易事。此外，印度政府对中国意图的猜测，也使局势更为复杂。如果不尽早处理这些遗留问题，中巴经济走廊不仅不会发挥关键支点的作用，帮助巴基斯坦饱受拖累的经济、社会、政治进程，而且其对南亚整个区域互联互通、合作与一体化的改善作用也将大大受限。

第 8 章 中蒙俄经济走廊：机遇与挑战

沙拉德·索尼 (Sharad K. Soni)*

摘要：研究表明，近些年来，中国一贯奉行的周边外交政策在中蒙关系中取得了积极的成果。对于蒙古国而言，中国不再对其构成领土威胁，反而成为蒙古国可持续的商业合作伙伴。蒙古国不仅同意加入丝绸之路经济带，而且还积极响应中国倡议，并成为亚洲基础设施投资银行创始成员国之一。中蒙俄经济走廊将中国丝绸之路经济带与俄罗斯跨欧亚铁路桥计划，以及蒙古国的"草原之路"计划（也称"直通草原"倡议）有效对接。就此，本文将探讨其重要意义。如今，中蒙关系已升级为全面战略伙伴关系；中蒙俄经济走廊的建设，将在两国今后的关系走向中意义非凡。

关键词：中蒙关系，中国周边外交，关键项目，机遇与挑战

中国自对外宣布其涉及贸易、基础设施网络互联互通的两大建设计划以来，就力图通过丝绸之路经济带（Silk Road Economic Belt，SREB）和21 世纪海上丝绸之路（21st Century Maritime Silk Road，MSR），也就是"一带一路"倡议（'One Belt, One Road'（OBOR）Initiative）的实行，将亚洲与欧洲和地中海地区相连。对此，欧亚大陆沿线的诸多国家，特别是中亚国家与蒙古国，都给予了积极的响应。原因在于，在新时代的背景下，人们需要重新审视这些地区和国家巨大的经济增长潜力，并冠之以新丝路国家的名号。特别需要注意的是，随着北京与莫斯科的互联互通更加活跃，与中俄接壤的蒙古也不想错过地区间互联互通之发展的良好机遇，于是也开始谋求参与"一带一路"倡议的布局。此外，蒙古作为中国北部邻邦，中蒙关系对中国睦邻友好方针和周边外交政策，具有直接的影响。

---

* 印度尼赫鲁大学内亚研究中心教授。

在过去几年里，就中蒙关系而言，中国周边外交方针已在中蒙关系中积累了不少积极成果。这在今时今日显得尤为重要，因为蒙古国不再将中国视为其领土威胁，而是将其视为可以促进共同利好的可持续商业伙伴。如今，中国已成为蒙古最大的经济贸易伙伴。同时，双方承诺到 2020 年使中蒙贸易额争取翻一番，实现从 60 亿美元/年到 100 亿美元/年的跨越式增长①。自 20 世纪 80 年代中蒙关系正常化以来，双方为拓展双边与多边伙伴关系远行已久。特别是在中国国家主席习近平提出建设连接中国、蒙古、俄罗斯的经济走廊（即"中蒙俄经济走廊"）后，"一带一路"倡议的春风，使得中蒙关系进一步深化发展。

正是在这样的背景下，本文试图厘清在中国国家主席习近平的领导下，中国睦邻友好方针和周边外交政策将会发生怎样的转变，以适应其所提出的"一带一路"倡议。本文充分肯定了"一带一路"倡议在促进区域互联互通方面的合理性，特别是在中蒙俄区域合作大背景下对于改善中蒙合作深化中蒙友好的特殊意义。此外，建立经济走廊以连接中国丝绸之路经济带（China's Silk Road Economic Belt）、俄罗斯的跨欧亚铁路桥计划（Russia's Trans-Eurasia railway）、蒙古"草原之路"计划（Mongolia's Prairie Road）（也被称为"直通草原"倡议）这个过程中，机遇与挑战并存，本文也将就此展开详细讨论。

一、中国睦邻友好方针

自 1991 年苏联解体后，中国的对外方针与安全政策在很大程度上一直是重点发展与亚太地区周边邻近国家的睦邻友好关系。② 就中国而言，非对抗的合作关系就是此项政策的实质内涵。国力的不断强盛，尤其需要友好的周边环境与其相一致，这或许是促使中国在近些年来更加积极坚定地奉行睦邻友好方针的原因所在。近年来，"中国在国际舞台上始终展现愿为区域稳定与合作贡献力量的负责任大国形象，在处理与亚洲邻近国家关系的具体问题上，也力图改革，制定专门方针，寻求与亚洲其他国家在经

---

① 参见《中蒙深化邻邦纽带》，《透视中国》（*China Insight*），2014 年 8 月 27 日，第 1 页。

② 参见沙拉德·索尼：《中国的周边政策：对中蒙关系的影响》，《印度季刊》（*India Quarterly*），第 65 卷，第 3 期，2009 年，第 225 页。

济和安全领域的利益契合点"①。这样,综合性的方针政策包括周边外交方针和睦邻友邻富邻政策应运而生,以此来处理中国与邻邦的外交关系。②以务实合作为基础的中国邻邦方针(更确切的说法为"睦邻友好方针")是极为明智的战略抉择,与邻邦的和睦关系会赐予中国更安全的边境环境,由此亦可以增强中国在国际事务中的影响力。③

然而,在 1989 年春夏之交的政治风波后,北京与西方国家的经济关系陷入了僵局,由此,中国深感奉行睦邻友好政策的必要性。来自西方的经济制裁使中国意识到了事态的严峻性,于是决意要发展与邻邦的关系,特别是要发展与那些有领土接壤国家的政治经济合作。1990 年,中国领导人邓小平率先为冷战后中国两大对外政策定轨:一是反对霸权主义,二是建立国际政治经济新秩序。④ 尽管此项政策后来几经修改,却仍旧被纳入到中国现行的睦邻友好方针政策中来。大概十年之后,也就是在 2002 年 11月的中国共产党第十六届全国代表大会上,中国领导人江泽民作了重要讲话,除了要促使区域合作迈上新台阶之外,还一再重申要坚持与周边毗邻国家建立睦邻友好伙伴关系。这标志着"区域合作"在历次中共全国代表大会报告中,被首次提及,并成为中国睦邻友好政策的主要方向指引。⑤此外,2003 年 10 月 7 日,中国国务院总理温家宝在东盟商业投资峰会(ASEAN Business and Investment Summit)上发表题为"中国发展与亚洲复兴"的主旨演讲,明确指出中国将通过加强互利共赢合作、深化区域次区域协调合作、积极促进区域经济一体化发展,为邻邦带来和平、安全与繁荣。⑥ 2005 年,在印度尼西亚首都雅加达的亚非峰会(the Afro-Asian Summit)上,中国国家主席胡锦涛率先提出要建设"和谐世界";此后,"和

---

① 赵穗生:《中国周边外交政策构成》,选自赵穗生主编的《中国对外政策:求真务实与战略行动》,纽约州阿蒙克市:M. E. 夏普出版社,2004 年,第 258 页。
② 由冀和、贾庆国:《中国崛起于其外交战略》,选自郑宇硕主编的《中国评论》(China Review),香港:香港中文大学出版社,1998 年,第 128 页。
③ 赵穗生:《中国周边外交政策构成》,第 259 页。
④ 钟健平:《中国在亚太地区的多边合作:北京睦邻友好方针体制化》,伦敦 &纽约:劳特里奇出版社,2011 年,第 14 页。
⑤ 张弛:《中国与边境国家的历史风云(1949—2012)》,瑞典:安全与发展政策研究院,2013 年,第 18 页。
⑥ 曹云华、徐善宝:《中国政策的睦邻友好性以及中国与东盟关系》,《和平》(Peace),第 72 期,2004 年 9 月,第 4—5 页。

谐世界"不仅写入中国总体外交战略，还作为高频词汇在与其对邻邦的具体外交政策中屡次提及。[1] 胡主席尤其注意改善与邻邦的关系，他清醒地认识到和平安全的周边环境，也就是一个"和谐的世界"对于本国的发展，起着至关重要的作用。

近年来，北京的睦邻友好政策发生了明显变化，这为中国处理其与邻国的关系带来了诸多挑战。其中一个主要问题是，随着中国的和平崛起，北京对亚洲邻国的战略意图在外界激起了重重忧虑。同时，中国国家主席习近平就职以来，中国政府显示出比上届胡锦涛的领导班子更为强硬的外交手腕，由此也面临了外界些许指责之声。[2] 这种强硬立场表明了中国在追求睦邻友好政策中更加积极有为的态度，而这种态度的鲜明特征则是更为自信而坚定地预见和保护中国国家利益。[3] 在 2013 年 10 月 24—25 日举行的高层会议上（译者注：即党的周边外交工作座谈会），这一态度不言自明。此次大会首次探讨了中国在周边地区需要采取的外交方针，并在维系与邻邦的关系方面纲举目张。会议强调，需要改变长期以来处理邻邦关系的准则的同时，也一再重申维系和平稳定的周边环境是中国外交的头等大事。同时，习近平总书记的主旨演讲为外交原则提出四点基本构想："亲、诚、惠、容"。[4] 后来，经中国驻美国大使崔天凯证实，北京仍致力于促进区域和平稳定，发展与别国的睦邻友好关系，建立更强大的伙伴关系共同体，力求和平对话协商解决区域争端，促进区域共同繁荣。[5]

不管事实如何，中国的智库和学界都一致指出，中国与周边邻邦的关系已进入"升级、加速和发力"期。[6] 回想中国国家主席习近平就职以来，

---

① 钟建平：《中国在亚太地区的多边合作》，第 19 页。

② 川岛真（Kawashima Shin）：《友邦合作与非妥协外交政策间的界限：习近平领导下的中国外交》，《外交》（*Diplomacy*），第 22 期，2014 年 7 月 3 日，http://www.japanpolicyforum.jp/en/archives/diplomacy/pt20140703152152.html。

③ 张泊汇：《过渡中的中国外交政策：趋势与影响》，《现代中国事务期刊》（*Journal of Current Chinese Affairs*），第 39 卷，第 2 期，2010 年，第 40 页。

④ 源自时任中国驻美大使崔天凯的评论：《中国亚太政策》，中华人民共和国驻美国大使馆，2014 年 4 月 5 日，http:///www.china-embassy.org/eng/sgxx/ctk/rota/t1150642.htm。

⑤ 同上。

⑥ 邦尼·格拉泽（Bonnie Glaser）、迪普·帕尔（Deep Pal）：《中国的周边外交倡议：对中国邻邦与美国的冲击》，2013 年 11 月 7 日，http://www.chinausfocus.com/foreign-policy/chinas-periphery-diplomacy-initiative-implications-for-china-neighbors-and-the-united-states/。

中国在其总体外交政策组合中，重新突出了与周边国家的关系建设。在此背景下，此举也就不足为奇了。同时，这也标志着与自邓小平时代沿袭下来的大国外交政策的一次突破，而后者在当时的时代背景下意在确保中国的发展机遇与国土安全。虽然习近平为首的领导班子仍将旧有政策即"发展大国关系"作为中国外交政策的重要一环，但将"发展周边外交"作为当务之急，也预示着外交范式的转变。为了适应这一转变，中国政府进一步提出了"一带一路"倡议这一宏伟战略规划，并将构建中国与周边邻近国家的联系放在了突出重要的位置。在另一方面，中国希望借助"一带一路"倡议与周边伙伴国家建立更为紧密的政策、基础设施、贸易、金融与社会纽带，以促进其与邻邦更活跃的互联互通。蒙古国正是其邻邦之一，可受益于中国的睦邻友好方针，特别是在"一带一路"倡议提出后，又得以享受"一带一路"倡议所带来的发展福利。

二、"一带一路"倡议

就某种程度上来说，"一带一路"倡议是自 1949 年新中国成立以来北京所做出的最雄心勃勃的战略谋划。中国国家主席习近平于 2013 年 9 月 7 日在哈萨克斯坦（Kazakhstan）的纳扎尔巴耶夫大学（Nazarbayev University）发表演讲，指出要建立"丝绸之路经济带"（Silk Road Economic Belt（SREB））以恢复中国与传统丝绸之路国家的联系。正是在此次演讲中，习近平主席首次提及"一带一路"倡议。随后，在 2013 年 10 月 24 日，习近平主席在印度尼西亚国会（Indonesian Parliament）的演讲中，申明为中国周边外交擘画经济方针的重要性，并提出了建设"21 世纪海上丝绸之路"倡议（21st Century Maritime Silk Road（MSR））。二者合称为"新丝绸之路"（New Silk Road）或者是"一带一路"（OBOR），这种更宽广的胸怀与更远大的愿景，显示出中国促进与邻邦区域整合的坚强决心。最新研究指出，"一带一路"倡议之所以在世界范围内都匠心独具，是源于以下几方面的因素：中国更加积极有为的金融参与；创新型、网络式的区域合作项目规划；更具包容性的全球治理观。① 因此，我们注意到，这与时下

---

① 理查德·吉阿西（Richard Ghiasy）、周家怡：《丝绸之路经济带：安全思虑以及中国欧盟合作前景》，斯德哥尔摩国际和平研究所，2017 年，https://www.sipri.org/sites/default/files/The-Silk-Road-Economic-Belt.pdfBEL。

流行的条约式的区域一体化大相径庭，因为后者往往从合作伊始就对未来合作的地理范围、伙伴关系国家和战略原则条款就做出了明确的框定。①

2015年3月，中华人民共和国发改委、商务部和外交部经国务院授权，联合发布了"一带一路"倡议框架下的愿景与行动规划纲要文书——《推动共建丝绸之路经济带和21世纪海上丝绸之路的愿景与行动》。文书指出，"一带一路"倡议主张在灵活、开放、包容的合作框架下多渠道推动与沿线国家的互利合作②。此外，为促进该倡议实施，还就区域合作和互联互通提出了5点重要目标③：

1. 在现存以及新发展的双边/多变机制中促进政策协调一致。

2. 在陆上海上交通、能源、通讯基础设施领域加强互联互通。

3. 除增设自贸区外，简化海关通关系统，简化外国投资审查程序，促进贸易畅通。

4. 在双边贸易中以人民币作为结算货币，发挥中国多边金融机构作用，深化金融整合。

5. 深化人员交流，广泛促进文化学术沟通、人员交流合作、媒体合作、民间对话、志愿服务，为加强双边多边合作赢得公众支持。

《愿景与行动》这一文件圈定了"一带一路"倡议所涉及的广阔地域范围，在一端连接活跃的东亚经济圈，同时以欧洲发达商圈为另一端口，横跨亚欧非三大洲，沿线覆盖了众多经济增长潜力巨大的国家和地区。在陆上，"一带一路"倡议将重心放在合作建立新亚欧大陆桥，发展中蒙俄经济走廊、中国—中亚—西亚经济走廊、中国—中南半岛经济走廊上；在海上，则重点合作建立畅通、安全、高效的交通线路以连接"一带一路"倡议沿线的重要海港。中巴经济走廊和孟中印缅经济走廊同样是"一带一路"倡议的重要部分，对此，愿景文件也号召相关国家间更为密切的通力

---

① 同上。

② 吉塞拉·格里格尔（Gisela Grieger）：《一带一路，中国区域整合倡议》，《欧洲议会研究中心简报》，2016年6月，第3—4页，http://www.europarl.europa.eu/RegData/etudes/BRIE/2016/586608/EPRS_BRI（2016）586608_EN.pdf。

③ 中华人民共和国发改委：《合作建立丝绸之路经济带与21世纪海上丝绸之路的前景与行动》，2015年3月28日，http://en.ndrc.gov.cn/newsrelease/201503/t20150330_669367.html。

合作,以培育发展这两大经济走廊。此外,文件也明确指明连接中国和其他丝路国家的门户地区。① 譬如,中国西北部的新疆维吾尔自治区作为中巴经济走廊中的重要节点,可利用地缘优势进一步发展,由此成为与中亚、南亚、西亚互通有无之地。与此类似,中国东北部的黑龙江省处在跨亚欧高速交通走廊中的中心,连接北京与莫斯科;也可利用地缘优势进一步发展,成为连接蒙古国与俄罗斯远东地区的门户。

加强互联互通对于"一带一路"倡议意义非凡。因为,"一带一路"倡议的框架下,沿线涉及65个国家,共计44亿民众,占世界总人口的大约70%。此外,国民生产总值(GNP)总量占全球的55%左右,沿线覆盖区域蕴藏着世界目前可探明能源储量的75%上下。同时,"一带一路"倡议下,新的地理格局将各国内政外交与时下新兴的政治经融合作机制对接了起来。② 在此战略框架下,中国能够更好地管控跨亚欧非三大洲的基础设施建设项目。经"一带一路"倡议的统筹安排,中国境外投资显著增长,这可提升北京的国际地位,使其成为全球发展领跑者。世界著名安全智库——瑞典斯德哥尔摩国际和平研究所"武装冲突与冲突管理"项目主任理查德·吉阿西(Richard Ghiasy)与北京第二外国语学院下设的中国"一带一路"战略研究院执行副院长邹统轩教授对此作出了合理解释:"现今的发展改革机制是由西方社会主导的,依此,是无法有效解决亚洲巨大的基础设施建设赤字的。据估算,2017至2020年,亚洲基础设施建设将产生4万亿美元的赤字。"他们同时指出,"为满足这一需求,中国将主动担负领导角色,为区域发展、互联互通,乃至社会稳定出谋划策"③。

正如此,"经济合作能够扩大中国的朋友圈,并且,如果实施得当的话,将会提升其国家软实力,促进周边外交走向深化"。④ 对那些与中国毗邻的小国而言,"一带一路"倡议框架下的周边外交新举措,可以潜移默化地促进其国内局势的改变。此外,在多边和双边基础上与中国建立更为密切的互联互通,将为蒙国等欠发达邻邦带来诸多发展机遇。中蒙俄经济走廊旨在以更广阔的区域为背景,连接三邻邦,以促进交通互联互通与经

---

① 《"一带一路"倡议》,2015年5月1日,http://www.frontline.in/world-affairs/one-belt-one-road-initiative/article7098506.ece。

② 格里格尔:《"一带一路"倡议》,第4—5页。

③ 吉阿西(Ghiasy)、周家怡:《丝绸之路经济带》,第7页。

④ 吉阿西(Ghiasy)、周家怡:《丝绸之路经济带》,第7页。

济合作。然而，需要明确的是，在中蒙俄经济走廊中，中国、蒙古、俄罗斯如何在宏观上做好政策协调？对蒙古国而言，它需要具体落实哪些任务同时又要做出怎样的调整呢？

三、中蒙俄经济走廊的机遇

中蒙俄经济走廊隶属"一带一路"倡议框架下中国确定计划建设的六大走廊之一。与其他五个走廊相比，该条走廊覆盖了更大的领土范围，对亚洲东北部的经济整合与交通网建设意义尤其重大。2014 年和 2015 年上海合作组织分别在塔吉克斯坦首都杜尚别（Dushanbe）与俄罗斯的乌法（Ufa）举行会议，中国在会上除了表达发展与蒙古国的睦邻友好关系的意向外，还凸显了与俄罗斯不断加深合作的决心；这两次会议更加体现了中国在"一带一路"倡议跨欧亚大陆的大区域下，与沿线国家拓宽合作领域的意愿。2016 年是具有里程碑意义的一年，在此期间，三方最终签署了为建设"中蒙俄经济走廊"而专门编制的发展计划协议。约翰·霍普金斯大学高级国际事务研究院东亚赖肖尔研究中心（Reischauer Center for East A-sian Studies at Johns Hopkins University's School of Advanced International Studies）主任肯特·加尔德教授（Kent Calder）认为，该项协议显示出洲际经济整合不断加深的"宽领域区域发展趋势"，他同时还指出，"多个发展要素促使区域间相互依赖日益加深，譬如：中国经济不断增长；而自乌克兰危机以来，欧俄关系紧张，由此中俄外交纽带更为紧密；自苏联解体以来，中亚地区获得更大的发展自主性；全球高速铁路与通讯技术不断走向更新升级"。[1] 因此，在中蒙俄经济走廊中，蒙古通过与中俄两大邻国合作，已步入机遇众多的经济发展新时代。

在探讨中蒙俄经济走廊机遇时，我们首先要回答一个问题，那就是该如何界定"经济走廊"一词呢？虽然没有型制完全一样的经济走廊，但在广义上，我们可将其定义为，在某个特定的地理区域内，通过推进基础设施网络的一体化，激发区域发展的潜能。由此可以看出，经济走廊通过划定地理区域，实现各经济主体的对接。主要以城市区划为中心，连接各主

---

① 彼得·比特纳（Peter Bittner）：《中蒙俄签署久盼的经济伙伴协议》，《外交官》（The Diplomat），2016 年 6 月 28 日，http://thediplomat.com/2016/06/china-russia-mongolia-sign-long-awaited-economic-partnership-agreement/。

要经济节点和重要枢纽,从而集中大量经济资源和其他经济行为体。① 总之,建设经济走廊需要考虑以下诸因素②:

1. 公路铁路基础设施投资;
2. 区域发展战略的实施;
3. 贸易便利化,支持跨境贸易、服务和旅游;
4. 区域发展战略与政府政策的协同一致。

值得注意的是,在区域发展战略实施中,需要支持边远地区的城镇化发展。除了在旅游业加强投资力度之外,还需促进重工业企业产能升级,改善中小型企业的投资环境。另外,政府政策、区域发展战略的协同一致亦对建设优质经济走廊意义重大。以上诸原则也同样适用于中蒙俄经济走廊,因为三国之间已具备政策协同的先决条件,包括中国的"丝绸之路经济带"倡议、蒙古"草原之路"计划、俄罗斯的"跨欧亚铁路公路网建设计划"。2014 年 9 月 11 日,在塔吉克斯坦首都杜尚别(Dushanbe,Tajikistan)召开了第 14 届上海合作组织峰会,以此为契机,中蒙俄三国领导人顺势召集三边峰会。实际上,正是此次峰会使这一经济走廊的愿景成型。蒙古国总统额勒贝格道尔吉(President Elbegdorj)借峰会之机首次表明国家立场,希望从不断深化的中俄关系中受益。由于意识到蒙古国在新兴跨欧亚丝路"大局"中的角色空缺,他同时也明确表示,"中俄两国相比蒙古国,虽国富力强,但蒙古国以其丰腴的矿产储量,理应不该被排除在交通能源合作之外"。③

在俄罗斯联邦城市乌法(Ufa)举办的上海合作组织第 15 次峰会主会

① 汉斯－彼得·布鲁纳(Hans-Peter Brunner):《经济走廊如何发展?在亚洲各分区又能取得怎样的成果?》,亚洲开发银行区域经济整合工作文书系列,第 117 期,2013 年 8 月,第 1 页,https://www. adb. org/sites/default/files/publication/100110/reiwp-117-economic-corridor-development. pdf。

② 奥特刚苏里(B. Otgonsuren):《蒙中俄经济走廊基础设施合作》,东北亚经济研究所报告,第 127 期,2015 年 12 月,第 3 页,http://www. erina. or. jp/wp-content/uploads/2015/02/se12710_tssc. pdf。

③ 阿莉西亚·坎皮(Alicia Campi):《蒙俄中关系转型:杜尚别三边峰会》,亚太期刊,第 12 卷,第 45 期,第 1 篇,2014 年 11 月 10 日,http://apjjf. org/2014/12/45/Alicia-Campi/4210. html。

场之外，中蒙俄三国间第二次的三边会晤于 2015 年 6 月召开。在第一次会议中，三方主要就合作前景交换了意见，包括发展基础设施与交通中转运输，修缮现存铁路线路，建设与中蒙俄经济走廊相适应的新铁路线。而在第二次会议上，除确定发展三边合作的中期路线图外，三方还签署了建设经济走廊的谅解备忘录。此外，会议突出强调了三方合作的第一要务是建立健全对接三国的基础设施，同时，三方同意在采矿、中转运输、基础设施建设、旅游以及环保等领域深化合作。然而，事实上，直到 2016 年 6 月 23 日的三国间的第三次会晤上，中蒙俄三国领导人历时 3 年的谈判终见成效：三方最终签署了建设"中蒙俄经济走廊"的发展规划。与前两次会晤类似，第三次会晤是在乌兹别克斯坦首都塔什干（Tashkent，Uzbekistan）召开的第 16 届上海合作组织会议主会场之外举行。

对于中蒙俄经济走廊的发展规划，三国企盼已久，特别是在 2015 年，中国国家主席习近平提到中国大陆公司向其"新丝路倡议"（代指"一带一路"倡议）参与国投入 150 亿美元的资金，这与去年同比增长百分之二十[①]。正是在这样的背景下，发展规划的制定则显得尤为迫切。整个规划旨在通过提升贸易层级，改善产品竞争力，促进中蒙俄三国之间的跨境交通运输，由此不断深化三边合作。总而言之，规划强调，除在常规经贸领域加强中蒙俄三国合作外，还需发展交通基础设施和互联互通，加强港口合作和海关检验检疫监管，促进产能投资合作。中国顶层经济规划部门——中国国家发展和改革委员会（国家发改委）指出，三国贸易合作领域增长点众多，譬如农产品、能源、服务行业、建材，以及软件设计和数据维护。[②]

为使中蒙俄经济走廊建设顺利，可使用多渠道筹措资金。譬如，政府投资、公私合营、向亚投行（AIIB）和中国国家开发银行等国际金融机构引资[③]；由此走向相互依存，三国可有效维持经济发展。2014 年由中国中央政府（国务院）和地方政府共同参与制定的改善东北的政策（即"振兴

---

① 《中俄蒙签署经济走廊协定》，《南华早报》（*South China Morning Post*）（香港），2016 年 6 月 24 日，http://www.scmp.com/news/china/diplomacy-defence/article/1980597/china-russia-mongolia-sign-economic-corridor-plan。

② 《中蒙俄经济走廊新动向》，《环球时报》（*Global Times*）（北京），2016 年 9 月 13 日，http://www.globaltimes.cn/content/1006360.shtml。

③ 《中蒙俄经济走廊新动向》，《环球时报》（*Global Times*）（北京），2016 年 9 月 13 日，http://www.globaltimes.cn/content/1006360.shtml。

东北等老工业基地计划")与中蒙俄经济走廊框架可有效对接。此外,中蒙俄经济走廊为蒙古货运提供更广阔的国际市场,使其可经中国东北三省到达俄罗斯远东第一大城市符拉迪沃斯托克,亦可经赤塔(俄罗斯西伯利亚南部城市)到达西欧。[①] 中俄两国已同意投入 2300 亿美元资金,启动连接北京与莫斯科的高速铁路项目,此举将原本历时六天的 7000 千米行程缩短至两天。同时,我们也应该注意到,这样的铁路互联互通项目,除了促进中蒙俄三国在铁路、公路、能源、物流、交通和农业方面的合作以外,还将进一步深化中蒙俄经济走廊的建设。[②]

四、中蒙俄经济走廊下的主要项目

在签署中蒙俄经济走廊发展规划时,三方明确表示,三边合作不应仅仅局限于简单的经济走廊建设即发展交通和处理海关等事务上,因而又进一步确认了 32 个以期实施的重点合作项目。同时,在互联互通方面的区域合作也应列为要务之一。中国发展东部地区与蒙古国东部地区、俄罗斯远东地区合作的构想,得到了另外两国的公开支持。类似地,中国内蒙古自治区由于同时与蒙古国和俄罗斯接壤,在"一带一路"倡议项目中承担着向北开放的窗口作用,因而,在经济走廊规划中具有重要意义。内蒙古目前开放了 16 个国家级口岸,其中包括 13 个陆地口岸与 3 个航空口岸。在内蒙古的 16 个口岸中,以下口岸具有特殊的战略意义[③]:

1. 满洲里陆地口岸(包含满洲里铁路口岸和满洲里公路口岸)是目前为止从环渤海地区到俄罗斯等欧洲国家最方便、最经济且最重要的路海交通枢纽。

2. 二连浩特铁路口岸是连接中蒙两国的唯一铁路口岸,同时也是欧亚沟通的重要国际枢纽。

3. 满洲里口岸(包含满洲里陆地口岸和满洲里航空口岸)、二连浩特

---

① 奥特刚苏里(B. Otgonsuren):《中蒙俄经济走廊基础设施合作》,第 5 页。

② 沙拉德·索尼(Sharad K. Soni):《思考一带一路框架下中蒙俄经济走廊的重要性》,《对话》(*The Dialogue*),2017 年 1 月 16 日,http://www.thedialogue.co/gauging-the-importance-of-china-mongolia-russia-economic-corridor-in-one-belt-one-road/。

③ 杨臣华、杨琴玉:《合作建立中蒙俄经济走廊:共享发展新机遇》,2015 丝绸之路论坛内部文书(Internal Document for Silk Road Forum 2015),http://en.drc.gov.cn/YangChenhua. pdf。

口岸（包含二连浩特铁路口岸和二连浩特公路口岸）、策克公路口岸、甘其毛都公路口岸、珠恩嘎达布其公路口岸、满都拉公路口岸、黑山头水运口岸除充当中国与俄罗斯、蒙古国经贸合作的平台外，还是中国能源进出口的重要渠道。

为管理中蒙俄经济走廊中与各项目计划相关的融资问题，三方规划在蒙古国首都乌兰巴托市创建投资规划中心。三国将平均分担中心建设费用。中国发改委、蒙古外交部和俄罗斯联邦经济发展部将联合对走廊建设涉及的项目规划负责。在这一涵盖不同经济行业的经济走廊发展规划中，有 32 个重点扶持项目将依如下条目实施[①]：

交通基础设施领域

1. 对修缮经济走廊内主要铁路线实施可行性研究。【（俄罗斯）乌兰乌德—（俄罗斯）纳乌什基—（蒙古国）乌兰巴托—（蒙古国）扎门乌德—（中国内蒙古）二连浩特—乌兰察布—张家口—北京—天津线】，建设双线路轨，并为沿线分配电力。

2. 对经济走廊北部铁路线建设实施可行性研究。【（俄罗斯）库拉吉诺—（俄罗斯）克孜勒—（俄罗斯）塔旺陶勒盖—（俄罗斯）阿茨苏里（Arts Suuri）—（蒙古国）敖包特—（蒙古国）额尔登特—（蒙古国）萨吉特—（蒙古国）扎门乌德—二连浩特—乌兰察布—张家口—北京—天津线】

3. 对经济走廊西部铁路线建设实施可行性研究。【（俄罗斯）库拉吉诺—（俄罗斯）克孜勒—（蒙古国）查干—（蒙古国）陶勒盖—（俄罗斯）阿茨苏里（Arts Suuri）—（蒙古国）科布多—（蒙古国）塔卡什肯（Takashiken）—（蒙古国）哈希—乌鲁木齐线】

4. 对经济走廊东部铁路线建设实施可行性研究。【（俄罗斯）博尔贾—（俄罗斯）索罗夫斯克（Solovevsk）—（蒙古国）艾伦查布（EreenTsav）—（蒙古国东方省首府）乔巴山—（蒙古国）霍特（Khuut）—（蒙古国）毕其格图—（蒙古国）祖恩卡塔夫赤（ZuunKhatavch）—（蒙古

---

① 多尔衮·巴雅尔萨可汗（Dulguun Bayarsaikhan）：《30 个项目上马促三边经济走廊发展》，2016 年 6 月 29 日，http://the ubpost. mn/2016/06/29/over-30-projects-lined-up-for-trilateral-economic-corridor/。

国）乌兰卡德（UlaanKhad）—（中国内蒙古）赤峰—锦州线】

5. 对图们江交通走廊项目，也叫"海岸 2 号"铁路走廊，实施可行性研究。【（蒙古国东方省首府）乔巴山—苏木拜水—腊山（Rashaan）—（内蒙古自治区东部）乌兰浩特—长春—延吉线】

6. 对"海岸 1 号"铁路走廊，实施可行性研究。【（蒙古国东方省首府）乔巴山—苏木拜水—腊山（Rashaan）—满洲里—齐齐哈尔—哈尔滨—牡丹江—绥芬河—海参崴（即符拉迪沃斯托克）—纳霍德卡港（Nakhodka）】

7. 对跨莫斯科、北京以连接蒙古国的超级高速公路建设条件实施可行性研究。

8. 组织联合讨论会议，讨论建立双边物流公司。

9. 将亚洲高速公路网 AH-3 【（俄罗斯）乌兰乌德—（蒙古国）恰克图线，（蒙古国）阿勒坦布拉德—（蒙古国）达尔汗—（蒙古国）乌兰巴托—（蒙古国）赛因山达—（蒙古国）乌德扎门线，（内蒙古）二连浩特—北京—天津线】积极投入使用以促进交通，同时设计将蒙古与 AH-3 高速公路网联通的线路，并对其进行可行性研究。

10. 扩展建设高速公路网 AH-3 线路：新西伯利亚—（俄罗斯）巴尔瑙尔—（俄罗斯）戈尔诺—阿尔泰斯克—（蒙古国）塔山塔（Tashanta）—（蒙古国）乌兰拜申特（UlaanBaishint）—（蒙古国）科布多—雅然台（Yarantai）线，以及塔卡什肯—乌鲁木齐—喀什—（中国新疆喀什地区）红其拉普线

11. 对"东部高铁走廊"【（俄罗斯）博尔贾—（俄罗斯）索罗夫斯克—（蒙古国）艾伦查布（EreenTsav）—（蒙古国）乔巴山—（蒙古国）西乌尔特—（蒙古国）毕其格图—（蒙古国）祖恩卡塔夫赤（ZuunKhatavch）—（中国）西乌珠穆沁—乌兰哈德（Ulaan had）；分别联通祖恩卡塔夫赤与朝阳市（辽宁省西部）以及承德与锦州的两条线路】进行可行性研究；如果研究取得积极成果，则开始着手建设工作。

12. 在蒙俄中三国政府间达成建设亚洲高速公路网的国际协定，即《亚洲公路网政府间协定》。①

---

① 译者注：《亚洲公路网政府间协定》作为亚太经社会第 60 届会议最富实质内容的成果之一，于 2004 年 4 月 26 日晚在上海正式签署。http://www.un.org/chinese/documents/decl-con/docs/XI_B_34。

13. 在建设通讯基础设施、管控相关技术操作、保障走廊交通安全方面加强协同努力。具体可在（俄罗斯）乌兰乌德至（蒙古国）恰克图线以及（蒙古国）阿勒坦布拉格—（蒙古国）达尔汗—（蒙古国）乌兰巴托—（蒙古国）赛因山达—（蒙古国）扎门乌德线，还有二连浩特—乌兰察布—北京—天津线进行安全排查整治行动。

工业部门

1. 促进中蒙俄经济走廊主体工程建设，创造条件和机遇，探索并达成三国间工业合作协议。

2. 在中国黑龙江省、中国内蒙古自治区、蒙古国、俄罗斯之间探索建立经济合作区，并对其进行可行性研究。

边境哨所改革

修缮三国的边境哨所，包括俄罗斯在贝加尔斯克（Zabaikalsk）、波葛兰钦尼（Pogranichny）、克拉斯基诺、蒙迪（Mondi）的哨所，中国在满洲里、绥芬河、二连浩特的哨所，以及蒙古国设在边境地区的部分哨所。

能源领域

在蒙古国和俄罗斯电力分配网络翻新工程研究项目中，探索中国公司在其中的合作机遇。

贸易、关税和检验检疫专业化

1. 2015 年 7 月 9 号，在发展进口港、创造三国贸易发展有利条件的方面加强合作，并达成框架协议。

2. 确保俄罗斯联邦关税管理局（Russia's Federal Customs Service）、中国海关总署（China's General Administrationof Customs）、蒙古国税收和关税管理总局（Mongolia's General Taxationand Customs Administration）三方签署的协议得以顺利实施，同时确保在税务稽查环节对某项商货的准入审查结果达成共识。

3. 2015 年 10 月 3 日，中蒙俄三方在食品安全合作方面发表联合声明，指出食品安全合作应与跨境食品贸易管控和改善贸易环境分别操作。

4. 2016 年 6 月 23 日，对蒙中俄三国海关总署达成的合作协议表明支持立场，同时表示要在以下方面开展合作：促进动植物产品的关税监管稽查；防止动植物疾病迁移感染人类；防止有害生物的侵袭；确保对动植物产品的贸易安全管控。

环境保护与生态领域

1. 特别自然保护区受益方，应加强务实合作与相关的交流。中蒙俄三方组织咨询会议，尤其加强在蒙古国的蒙古达谷尔草原湿地高级保护区（Mongol Daguur）的互利合作。

2. 在保护野生动植物、候鸟以及野生动植物、水域的科学考察监测领域，加强三边合作。

3. 加强三国官方信息交换系统的合作，加强环境保护与生态行业等方面的合作研究，并探索未来的发展机遇。

科技领域

1. 中蒙俄间的科技产业园与创新创业公司不断发展，可促进在交通、环保和自然资源合理利用；可持续科技；信息通讯科技；纳米技术；能源开发与利用；能源保护与废物控制；农业科技；新工业技术以及自然与科技灾难等领域的合作研究。

2. 三国除努力促进学术交流培训外，同时还拓宽信息交换涉及的科技发展合作范畴。

3. 除促进以教育资源分配状况为基础的青年学生交换项目，也需拓展国际学生交流计划。

人权领域

1. 除加强跨蒙中俄旅游圈建设，也应建设跨境旅游目的地，譬如蒙古国的库苏古尔湖（Khuvsgul Lake）、俄罗斯的贝加尔湖（Baikal Lake）和中国的呼伦贝尔草原（Hulunbuir Grassland）。

2. 中蒙俄三国将联合打造"万里茶道"（"Great Tea Road"）国际旅游品牌。

3. 除创建三方间的联合影视业，也应促进三国间电视电影贸易以及作品交流。

农业领域

2015 年，在蒙古国动物培育和病疫防治部（Mongolia's Department of

Veterinary and Animal Breeding)、俄罗斯联邦兽医与动植物防疫监管服务局
（Russia's Federal Service for Veterinary and Phytosanitary Supervision）、中国
农业部兽医局（China's Veterinary Bureau of the Ministry of Agriculture）间签
署农产品病疫防治协议。

医疗科学领域

除在公共健康领域开展合作外，三方应合力组织医疗科学国际研
讨会。

2016 年 8 月，为了试验中蒙俄经济走廊的倡议，三国决定每国出 3 辆
卡车共 9 辆卡车组成联合车队，从中国天津出发，试跑 2152 千米，到达俄
罗斯联邦共和国西伯利亚境内的布里兰特共和国首都乌兰乌德。沿古茶道
经停 11 个主要城市，共计 7 天的旅程结束后，卡车队最终抵达终点。值得
注意的是，中国加入联合国的《国际公路运输公约》（United Nation's
Transport Internationaux Routiers（TIR）Convention），并于 2017 年 1 月 5 号
成为正式成员国。作为正式成员国之一的中国，将成为全球陆上贸易线路
的一大关键。《国际公路公约》作为全球唯一的一个世界性海关中转机制，
可促进亚欧间潜在贸易额增长。同时，通过铺设新的贸易渠道，也可促进
蒙古国与俄罗斯及中亚内陆地区的互联互通，特别是海上联通。① 《国际公
路运输公约》在俄罗斯已实行 30 年，在蒙古国也有十多个年头。鉴于此，
卡车队通行三国时，接受一次统一海关审查即可，使原本冗复繁多的边境
稽查手续大大精简，而且陆上交通成本仅为空运成本的十分之一。并且，
随着中蒙俄经济走廊的公路网建设，公路运输将会比铁路运输更加灵活机
动。中国边境规划的下一步计划是加强跨欧亚的贸易路线建设，减轻对任
意单一进出口货品的依赖，拓展新兴内陆地区与工业区的互联互通。②

① "三边货运交通"，《边境战略笔录》（Frontier's Strategy Note），2016 年 9 月 16
日，第 5 页，http://frontier. mn/index. php/research/daily-report/736-trilateral-transit-trans-
portation。
② 韦德·谢泼德（Wade Shepard）：《欧盟国际公路运输协定如何促进中国一带一
路经济走廊战略》，《福布斯杂志》（Forbes），2016 年 8 月 22 日，http://www. forbes. com/
sites/wadeshepard/2016/08/22/how-the-emerging-china-mongolia-russia-economic-corridor-is-
enhanced-by-the-uns-tir-convention/#447989da5079。

五、中蒙俄经济走廊的挑战

虽然中蒙俄经济走廊建设能为三方经贸合作带来诸多机遇，但毋庸置疑的是，许多随之而来的挑战也亟待处理。目前在中蒙俄经济走廊中有两条主干线，其一是从蒙古国首都乌兰巴托出发经中国内蒙古自治区的二连浩特到天津港的总长1963千米的线路，其二是从蒙古国东方省首府乔巴山出发经中国内蒙古自治区的满洲里到达大连港的总长为2264千米的线路。值得注意的是，走廊内最短通路——从蒙古国东部到中国的锦州长达1100千米的线路仍在计划修建中。然而，我们也不得不承认，"虽中蒙俄间目前开工建设的跨欧亚货物运输网存在大量机遇，但现今仍缺乏像样的货运联系"。[1]（引述时任中国发改委副主任张国宝之辞）还有一点需要指出的是，铁路建设应谋求最低成本，选取最短路线，竣工后可有效将产品运输到目标市场，这是各国的利益攸关所在。鉴于此，蒙古国应尽可能地利用好现存铁路线，以将相关投资成本降到最低水平。

经济走廊内的另一严峻挑战在于中蒙俄三国铁路轨距标准制定的差异。俄罗斯标准铁路轨距为1520毫米，而在中国则是1435毫米。这种不同的标准使得中蒙、中俄和中欧间边境地区的跨境货物转载程序陡增。经蒙古国首都乌兰巴托从北京到莫斯科的高速铁路即将竣工，这对改善跨境运输是否助益，我们还要拭目以待。长期以来，中蒙、中俄贸易结构以"成品原材料交易为主"[2]，要想改善这一铁板一块的贸易结构尚需时日。除此以外，三国经济发展模式迥异，这构成三边贸易的另一大挑战。就蒙古国而言，蒙古依赖从中国进口电力、日用品、衣物、食品、水果、蔬菜、建材以及石油衍生品，同时也向中国出口矿物、皮革、羊毛和羊绒。另一方面，俄罗斯除向中国出口林业产品，也出口矿物产品。由此可见，蒙古国与俄罗斯两国会为争夺中国的矿物市场而形成竞争关系。尽管如此，俄罗斯热衷于提高本国的出口产品多样化，使贸易出口可扩展至涉及机械设备、农产品、肉类以及乳制品等行业。因此，需要厘清三国经济发展和贸易结构的细微差别，寻求中蒙俄经济走廊的各利益方互利合作的有

---

[1] 奥特刚苏里（B. Otgonsuren）：《蒙中俄经济走廊基础设施合作》，第4页。
[2] 同上，第6页。

效途径。①

尽管三国已制定计划多渠道筹资，促进基础设施建设，却仍需集中投资。无可置疑，在"一带一路"倡议下，来自私企以及公私合营企业的投资得到了鼓励，其他的融资渠道却亟待探索。此外，中蒙俄经济走廊还面临着以下挑战②：

1. 大小经济体的差异造成众多挑战，需要坚持互利共赢的原则。

2. 虽然三国经济体存在着一定的互补性，但三国间亦存在着竞争关系。

3. 未来，生态环境将可能日趋脆弱，沙漠化严重，亦将构成严峻挑战。蒙古国建设煤液化工厂以及电站，并将能源出口中国。长此以往，将会造成该国水资源短缺与空气污染问题。

4. 需要特别注意的是，公路铁路线路建设中的各类金融投融资问题亦亟待解决。

最后一点挑战则是，在中蒙俄经济走廊框架下的东北亚地区合作前景仍显渺茫。这是因为，二十多年来，东北亚地区的经济合作一直还处于低水平。③ 国家间的贸易合作仅局限于双边合作，造成东北亚国家间的贸易额仅占总外贸额的百分之二十。换言之，区域经济整合以及多边贸易合作在本区域内还未兴起。鉴于此，中蒙俄经济走廊的三大利益方需认真审视合作关系，促使该条经济走廊有效运行。

六、结　论

在中国国家主席习近平的领导下，中国睦邻友好方针与周边外交政策发生了些许转变。就促进区域互联互通而言，这为"一带一路"倡议的提出，提供了必要条件，进而使中蒙俄三国间的合作走向深入。而这些在很

---

① 奥特刚苏里（B. Otgonsuren）：《蒙中俄经济走廊基础设施合作》，第6页。

② 丹巴·刚巴特（Damba Ganbat）：《2015 丝路论坛论文》，2015 丝绸之路论坛内部文书（Internal Document for Silk Road Forum 2015），2015 年，http://en. drc. gov. cn/DambaGanbat. pdf。

③ 奥特刚苏里（B. Otgonsuren）：《蒙中俄经济走廊基础设施合作》，第4页。

大程度上源于"一带一路"倡议不仅仅局限于重建和促进区域内交通通讯基础设施方面的互联互通，而更关乎创造各特色经济走廊间的网络联系：经济走廊选在跨欧亚的战略位置，并与中国相连。中国更加坚定不移地促进睦邻友好方针与周边外交政策，俄罗斯也意图发展其远东欠发达地区，而蒙古国亦决心抓住这一千载难逢的合作机遇。在中国的战略布局中，"中蒙俄经济走廊"被描述为"一带一路"倡议"主动脉中的生命线"，鉴于中国的"丝绸之路经济带"倡议与俄罗斯的跨州铁路计划和蒙古国的"草原之路"计划（"直通草原"倡议）能有效对接。

许多跨欧亚国家在经济发展中面临诸多挑战，鉴于此，中蒙俄经济走廊会为这些国家提供合作机遇，因为走廊建设意味着在"一带一路"倡议框架下提升边境贸易的安全性。走廊旨在促进互联互通，以及更大规模的人员交流与思想碰撞。当务之急不仅止于建设各色基础设施，也需为未来跨欧亚合作的发展强本固基。但是，不可忽视的是，中蒙俄经济走廊中仍然挑战重重，在政治、经济和领土等方面都存在着不和谐因素。因此，要促进发展规划的顺利实施，凸显其战略地位，还需不断加强走廊内伙伴国家的协调合作。

第9章 跨欧亚大陆多边合作
背景下的当代中亚

米尔佐希德·拉希莫夫 (Mirzokhid RAKHIMOV)[*]

摘要： 中亚地区在古丝路时期高度发达，是国际经济贸易的积极参与者和文化交融的有力推动者。16世纪以来，随着丝绸之路的衰落，中亚地区的发展进入停滞期，并延续至今。如今在新时期的大背景下，在"一带一路"倡议的感召下，是时候以古为鉴，广泛重建强韧的区域和国际合作。中亚诸国应与其他国家一道积极参与连接欧亚的东西方交通干线建设，促进经济互联互通。而在此背景下的"一带一路"倡议在带来区域发展机遇的同时，也包含着诸多挑战。

关键词："一带一路"倡议与中亚，日本的丝绸之路和中亚，跨欧亚互联互通，外部效应

导 论

众所周知，当代世界历史中的政治变化波谲云诡，不仅见证了苏联的创立与解体，还经历了后殖民化风潮以及东西方冲突等其他问题。20世纪末和21世纪初的国际关系充满了不确定性。如今，区域合作与一体化是当代国际政治的一个重要方面。这一趋势在20世纪中期初现端倪，表现为政治经济区域组织和机制的逐渐兴起。各学科领军人物也在不断寻求对区域一体化的理论阐释，构建其他的主要分析框架，譬如功能主义、新功能主

---

[*] 乌兹别克斯坦国立大学历史研究所教授。

义、政府间主义、经济一体化理论等等。但是，应对国际事务的各种方法总有其弊端，并且众所周知的是，不存在放之四海而皆准之道，因为解决方法应因形势而异。① 在中亚地区，当代许多国际问题与区域问题的解决，都需要更广阔的视角和更全面的应对方案。在后苏联区域内的相关问题处理方面，则始终存在局限，如能分析过去25年来这一区域面临的难题，并结合当下面临的问题，那么，这些局限终将得以有效解决。自苏联解体以来，中亚诸国试图在短时期内创建新的双边与多边协定。彼时，中亚诸国的国家地位同样得到很多国家的承认，彼此间也建立了战略关系，并互相派驻了使领馆。总而言之，中亚诸国不仅加入了主要国际组织，获得了正式成员国的身份，同时自身也成为区域型合作组织共创者的一份子。与此同时，他们还试图与亚洲主要国家发展互利共赢的关系，包括日本、韩国、印度、伊朗等。中亚区域内部关系虽有利益契合之处，但也免不了机遇与挑战并存。笔者认为，详述中亚多边关系25年来的经验教训，对未来区域合作与发展国际伙伴关系大有裨益。

苏联解体后中亚地区的地缘政治

哈萨克斯坦、吉尔吉斯斯坦、塔吉克斯坦、土库曼斯坦、乌兹别克斯坦独立后，这些国家与外部联系的大门才得以缓缓打开。然而，在此过程中，也隐现了诸多问题。首先，由于前苏联时期对各加盟共和国进行严密封锁，断绝其与国际社会的关系，这造成了独立后中亚诸国不得不在国际政治中白手起家。其次，苏联解体使这些国家的经济、政治和民族冲突不断恶化。第三，在前苏联崩塌的废墟上，中亚地区开始出现新地缘政治格局。

苏联解体后，中亚地区的国际地位日益凸显，造成此种局势的因素有三。首先，中亚临近俄罗斯、中国、伊朗、印度、巴基斯坦等主要国家的地缘优势，使其成为地缘政治争夺中炙手可热的区域。第二，中亚及其附

① 克里斯汀·雷乌斯-斯米特（Chistian Reus-Smit）、邓肯·斯奈德（Duncan Snidal）："乌托邦与现实：国际关系话语实践"（Between utopia and reality：the practical discourses of international relation），选自《国际关系牛津指南》（the Oxford Handbook of International Relations），克里斯汀·雷乌斯-斯米特、邓肯·斯奈德编辑，牛津大学出版社，2010年，第9页。

近的里海地区能源资源丰富，为该地区的地缘经济增加了战略性筹码。具体而言，哈萨克斯坦的探明石油储量预计 300 亿吨，天然气储量达 1.5 万亿立方米。土库曼斯坦与乌兹别克斯坦主要盛产天然气，探明储量分别为 17.5 万亿立方米与 1.1 万亿立方米。① 哈萨克斯坦是中亚地区最大的石油生产国与出口国，而土库曼斯坦与乌兹别克斯坦是主要的天然气生产国与出口国。哈萨克斯坦与乌兹别克斯坦同时也出口黄金、铀以及其他战略性矿产。乌兹别克斯坦是世界上第五大棉花生产国与第二大棉花出口国。第三，阿富汗问题、毒品非法生产和走私、恐怖主义以及其他安全威胁，更突显了这一区域的重要战略地位。

当代中亚诸国概况②

国家	人口（百万）	国内生产总值（百万美元）	国内生产总值增速	School enrollment, primary（% gross 基础教育毛入学率③
哈萨克斯坦	17.7	189.6	1.2%	104.9
吉尔吉斯共和国	6	6.6	3%	105.9
塔吉克斯坦	8.4	7.9	4.2%	99.6
土库曼斯坦	6.8	43.6	6.5%	/
乌兹别克斯坦	31	66.9	8%	/

① 资料来源：英国石油公司（British Petroleum），《英国石油公司：世界能源统计评论》，2015 年 6 月。

② 资料来源：哈萨克斯坦、吉尔吉斯斯坦、塔吉克斯坦、土库曼斯坦、乌兹别克斯坦统计局，独立国家联合体统计委员会，世界银行经济数据更新，2016 年 4 月，http://wwwds. worldbank. org/external/default/WDSContentServer/WDSP/IB/2016/05/03/090224b0842f1054/3_0/Rendered/PDF/The0impact0of00ope0and0Central0Asia. pdf。

③ 译者注：这里所显示的毛入学率出现了 100% 的情况，并非统计有误；中国小学从 1991 年到现在毛入学率一直都是超过百分之百的。拿高等教育打比方，入学率分为"毛入学率"和"净入学率"两种："毛入学率"并不是粗略计算的意思，而是指公式中毛入学率计算分子高等教育在学人数时，不考虑学生的年龄大小（指某一级教育的在校生人数与符合官方为该级教育所规定之年龄的总人口之比）；而"净入学率"是指公式中计算分子高等教育在学人数时，要考虑学生的年龄大小，即只包括与分母相同年龄段（18—22 岁）的学生人数，小于 18 岁或大于 22 岁的学生不计算在内。

所有这些因素以及其他因素一并促进了区域实力派和全球大国在中亚地区的影响力争夺。苏联解体后的中亚地区成为众多国家觊觎的锁钥之地，俄罗斯、美国、欧盟、伊朗、印度等国家，以及联合国、北约（NATO）、欧安组织（OSCE）和其他主要国际性组织对此区域都格外关注。21世纪伊始，中亚地区便置身于各种形式的地缘政治转型。维持地缘政治平衡，尤其是平衡好俄罗斯、中国、美国、欧盟以及其他主要国家的关系，与多国和多个国际组织①创建多边伙伴合作体系，是目前中亚地区面临的主要挑战。

中亚诸国与各主要亚洲国家都已建立了强韧的伙伴关系，并取得了在亚洲主要国际组织的成员国资格，包括经济合作组织（Organization of Economic Cooperation，ECO）、伊斯兰合作组织。同时，中亚地区也是众多区域机制的创始成员国，包括中亚合作组织（Central Asian Cooperation Organizations，CACO）、欧亚经济共同体（Eurasian Economic Community，EEC）、独立国家联合体（Commonwealth of Independent States，CIS）、上合组织（Shanghai Cooperation Organization，SCO）、跨欧亚经济联盟（Eurasian Economic Union，EAEU）等。

上海合作组织与"一带一路"倡议

中国作为中亚最大的邻邦之一，在其对中亚的外交政策中，突出与这一区域国家在双边与多边基础上拓展贸易、深化经济联系并保持密切政治对话；同时，把拓宽经济参与空间、平衡政治势力和维护区域稳定作为当务之急。1996年，俄罗斯、中国、哈萨克斯坦、吉尔吉斯斯坦、塔吉克斯坦五国首脑为解决边境争端、减少边境武装部署而创立了"上海五国机

---

① 参见亚历山大·库利（Alexander Cooley）：《区域大博弈，本地小规则：中亚地区新权力之争》（Great Games，Local Rules：The new Great Power Contest in Central Asia），纽约：牛津大学出版社，2002年；马琳（Marlene Marlene）、塞巴斯蒂安·佩鲁斯（Sebastien Peyrouse）：《使中亚全球化，地缘政治与经济发展挑战》（Globalizing Central Asia. Geopolitics and the Challenges of Economic Development），劳特利奇出版社，2013年；米尔佐希德·拉希莫夫："中亚以及其他重要区域力量：复杂的地缘政治"，选自《中亚：忧虑、问题、视角》，苏纳蒂罗·乔波波夫（Sunatillo Jonboboev）、米尔佐希德·拉希莫夫、雷蒙德·赛德尔曼（Reimund Seidelmann）编辑，哥廷根：古维利耶出版社（Cuvillier Verlag），2015年，第103—120页。

制"。2001 年 6 月 15 日在中国上海,五国与乌兹别克斯坦一道举行会议,商讨建立上海合作组织(SCO)。在这次峰会上,六国首脑签署宣言,并宣布创立上海合作组织,发布《上海公约》即《打击恐怖主义、分裂主义和极端主义上海公约》(Shanghai Convention against Terrorism, Separatism and Extremism)。虽然上合组织在幕后是由中国一手操办的,但对中亚国家而言,加入上合组织能带来不少利好,亦可促进基础设施建设,维持中亚地区的稳定,并创建了与中俄的伙伴关系。2004 年,在圣彼得堡的上合组织峰会上,各方决定在北京设立秘书处。2004 年 6 月,在塔什干举行的上合组织峰会上,各方决定在塔什干建立反恐中心。

上合组织在体制机制的政治演化中历经多个阶段。目前,它作为跨国舵手可协调多边合作领域。笔者在访谈中亚区域组织专家后得出结论,上合组织是目前跨欧亚地区最成功的组织之一。①

自上合组织 2001 年创立以来,其范围不断拓宽,触及领域不断扩大。目前,蒙古、伊朗、阿富汗和白俄罗斯也自觉向这一组织内规则靠拢;土耳其、亚美尼亚、阿塞拜疆、柬埔寨以及尼泊尔也成为对话伙伴国。印度与巴基斯坦则在 2016 年 6 月塔什干的上合组织峰会上获得正式成员国资格,这显著地提高了上合组织的政治经济筹码。然而,还需注意的是,上合组织成员国间一系列经济和体制问题亟待解决。此外,上合组织还面临着众多新的挑战与未知问题。鉴于此,上合组织理所应当与各大洲主要国家以及重要的国际组织发展合作关系。长期来看,上合组织为成员国间的合作与整合创造出了源源不断的机遇,同时也有助于增强区域与国际安全。

2013 年,中国国家主席习近平在哈萨克斯坦共和国首都阿斯卡纳宣布建设"丝绸之路经济带"倡议,之后又宣布要筹措"丝路基金"(SRF)(400 亿美元),创建亚投行(AIIB)(1000 亿美元)。此举显示了在"一带一路"倡议框架下,中国为诸如基础设施、工业、金融、交通通讯等行业提供投资融资支持的意图。

中亚诸国表明其对"一带一路"倡议的支持态度,并成为中国主导的亚投行(AIIB)的创始成员国。

---

① 米尔佐希德·拉希莫夫:《中亚地缘政治背景下上合组织转变》,选自《上合组织与跨欧亚地缘政治:新方向、新视角》,哥本哈根大学北欧亚洲研究出版社,2013 年,第 72 页。

日本的"丝路"外交与中亚区域

新世纪伊始,日本与韩国对中亚地区事务情有独钟,这一态度也受到中亚地区的欢迎。1997年,也就是中国宣布"一带一路"倡议的16年前,日本就早已编制了本国的"丝路"外交,以期在中亚地区拓展贸易投资。日本政府洞察出中亚诸国在国际安保中日益显现的战略重要性后,决心更积极地参与跨欧亚地区事务。在过去20年里,日本与中亚地区关系日益升温,成为中亚最大的对外援助国之一。中亚与日本在众多领域深得彼此共识,譬如教育、民主、经济发展领域的合作,能源资源与基础设施的合作等等。中国虽较晚涉足中亚能源领域,如今却昂首阔步。日本政府对中亚的政府开发援助(ODA)则涉及投资以及社会公共项目建设,总计35亿美元,主要用于通讯网络建设、建筑厂房修缮、机场铁路更新换代。

"一带一路"倡议行动计划出台不久,日本首相安倍晋三于2015年访问中亚诸国。尤其值得注意的是,在访问哈萨克斯坦与乌兹别克斯坦期间,他与两国签署了一系列能源等其他行业的协议,并重申日本将致力于帮助中亚地区提升文化教育水平。面临中国在区域中的崛起势头,日本此举是否是为了开辟中亚"缝隙市场"以提升本国的经济参与呢?纵使日本有此雄心,问题与挑战依然存在。笔者对中亚问题专家的访谈显示,大部分分析人士对中亚与日本间的关系持积极态度,认为任何形式的问题终将得以消弭,但也有一小部分人指出,语言障碍、低层次的政治合作、稍有起色的经济合作、日本企业进驻中亚所面临的交通不便、经验缺乏等问题,为日本与中亚地区的合作带来了重重困难。① 然而,未来发展多边关系并非不可实现。而且,众所周知,中亚地区一贯持续支持日本竞选联合国安理会常任理事国。

中亚与韩国

另一个主要亚洲经济体韩国也是中亚国家,特别是对乌兹别克斯坦来说的重要伙伴。2006年乌兹别克斯坦与韩国首脑间举行了第十五次峰会,

---

① 米尔佐希德·拉希莫夫:《中亚与日本:多边双边关系》,《欧亚研究》(*Journal of Eurasian Studies*),2014年,第1期,第79—80页。

在此次会上，两国签署了战略伙伴关系宣言。在时任韩国总统朴槿惠访问塔什干期间，两国签署了联合宣言，意在加强与深化战略伙伴关系。韩国是乌兹别克斯坦最大的投资伙伴之一，总投资额超过 50 亿美元。韩国政府已稳坐乌兹别克斯坦主要贸易国的宝座。

自 2007 年，"韩国—中亚"多边论坛成为规制，为深化和拓展经济、信息通讯技术、基础设施建设、交通、科学、文化和旅游业提供条件。在韩国以及各中亚国家首都也举行了多次会晤。2011 年 11 月，第五次"韩国—中亚"合作论坛在塔什干举行。在第六届首尔论坛上，韩国宣布其致力于中亚区域发展的意愿，表示要拓展专业技术领域的经验交流，促进中亚地区的经济发展。2007 年至 2016 年间，论坛反思了众多事宜，表明要拓宽合作领域，深化在信息技术、农业、制药、健康、电子政务、能源效率和基础设施建设等领域的合作。据信，该论坛已成为韩国与中亚国家会晤的重要机制，而在上述领域还需启动探索务实合作途径。由于国民秉性的相似性，韩国的电影、卡通和音乐在中亚地区愈加受到追捧。

互联互通成为跨亚洲以及国际整合的重要因素

当代亚洲国家认为，在国家和区域发展中，互补性的区域交通通讯为重中之重。由此看来，中亚各国赞同丝路复兴、支持"一带一路"倡议以及由此带来的东西南北交通通讯的新发展也不足为奇。中亚地区处在亚洲内陆，乌兹别克斯坦人口稠密，与列支敦士登（Liechtenstein）合称为世界仅存的两个双重内陆国（double land-locked countries）。中亚地区地理偏僻、远离海港、贸易劣势明显，因此国际贸易发展滞后。中亚各国新近独立，就将建设区域交通通讯网络放在本国以及区域战略的突出位置，由此带动了一批交通通讯系统建设，其与其他区域类似机制的一体化也不断加强。尤其需要指出，中亚国家与中国、伊朗、巴基斯坦、高加索地区诸国一道，参与到连通欧亚的交通干线与通讯设施建设中，著名的欧洲—高加索—亚洲交通走廊（Transport Corridor of Europe-Caucasus-Asia，TRA-CE-CA）就是其中之一。该项目在重建海路、公路、铁路时得到了欧盟的鼎力相助。2007 年，欧洲议会发布"提升铁路货载，重组交通网络"的计划（The Reorganization of Transport Network by Advancing Rail Freight Concepts，RETRACK），明确了中欧间彼此竞争的陆上铁路走廊。1996 年 5 月，捷詹—萨拉赫斯—梅什赫德—阿巴斯港铁路线（Tejen-Serakhs-Meshkhed-

Bandar-e Abbas rail link)竣工,将中亚与里海湾的伊朗港口相连,并穿越土耳其直达欧洲。此外,2016 年 4 月,土库曼斯坦、乌兹别克斯坦、伊朗、阿曼和卡塔尔之间早先订立的阿什哈巴德协定正式生效,为连通中亚与波斯湾、阿曼海的港口创建了新国际交通走廊。

自"一带一路"倡议提出以来,中国更加积极地参与到跨欧亚地区新交通通讯线路建设中来,尤其是经俄罗斯连接欧亚的洲际铁路线建设。该铁路线还有由哈萨克斯坦、乌兹别克斯坦、土库曼斯坦、伊朗入欧的补充线路建设。铁路支线横跨东西、连通南北、途经俄罗斯、乌克兰、白俄罗斯和波兰等国家。此外,第二条铁路支线沿途穿越哈萨克斯坦、乌兹别克斯坦、土库曼斯坦、伊朗、土耳其和南欧地区。塔什干—安集延—奥什—萨雷塔什—伊尔克什坦机动车高速公路(the Tashkent-Andizhan-Osh-Sarytash-Irkeshtam motor highway)以及铁路线建设项目,已为中国与中亚之间更加密集的经贸往来,提供了利好背景。然而,这一战略布局同样伴随着些许问题。譬如,由于各国互联互通节点的战略部署差异,10 年前就敲定的吉尔吉斯斯坦—土库曼斯坦铁路线建设迟迟未提上日程;其背后的政策考量就源于乌兹别克斯坦建设本国的一套建设日程,它意图建设安格连(塔什干区)—帕普(费尔干纳谷地的纳曼干区)① 铁路线。该线路由乌兹别克斯坦铁米尔·尤拉里公司(Uzbekistan Temir Yollari)② 牵头建设,并于 2016 年 6 月竣工。公司预计年载客量将达 50 万人次,年货运量则可达 460 万吨。然而,这一建设规模依然无法满足整个费尔干纳谷地的发展需求。退一步想,如同意参与和塔吉克斯坦的互联互通中转项目建设,那么本国交通建设成本将大减。中亚地区一直积极支持与中国建立强韧的交

---

① 超过 1000 万人口居住在乌兹别克斯坦的纳曼干、费尔干纳、安集延等地区。在前苏联时期,连接乌兹别克斯坦的费尔干纳谷地与塔什干的高速公路途径塔吉克斯坦。自那时起,发展费尔干纳谷地与本国其他地区安全稳定的交通联系,就对乌兹别克斯坦战略意义至关重要。

② 安格连—帕普线总长 123 千米,沿途山势高俊,海拔最高超过 2 千米。项目总费用为 16 亿美元,其中 10 亿美元由乌兹别克斯坦铁米尔·尤拉里公司(Uzbekistan Temir Yollari)捐助,3 亿 5 千万美元由乌兹别克斯坦国家重建开发中心出资,还分别从中国进出口银行(China's Eximbank)以及世界银行贷款 1 亿 9 千 5 百万美元。这一建设项目于 2013 年开工,到 2016 年已初步建成 10 架桥、数个铁路站和 2 条隧道。其中一条隧道长 19.1 千米,由中国铁路隧道建设集团(China Railway Tunnel Group)负责修筑。

通和通讯联系，在开放与中国的跨区域线路方面仍有较大提升空间。

发展跨区域交通和通讯系统的同时，还需要注意不得干涉中亚的地缘政治与经济，并威胁里海碳氢化合物类①的资源储备。这一资源优势也是近些年来世界各大国，尤其是日益崛起的中国，纷纷将目光转向中亚地区的原因。2005 年 12 月，从西哈萨克斯坦的阿塔苏至中国边境城镇阿拉山口的油气管道建设完成。接着，2009 年，中国与中亚间的首个天然气管线建设收班。次年，穿越土库曼斯坦以及乌兹别克斯坦、哈萨克斯坦的第二条和第三条天然气管线建设相继完成。这些线路创建了一道中转走廊，由此，石油天然气可运至诸多国家。此外，政府间管道建设协定——土库曼斯坦—阿富汗—巴基斯坦—印度管线（the Turkmenistan-Afghanistan-Pakistan-India（TAPI）pipeline）建设也得以签署。但是，目前为止，这一项目依然进展缓慢。

阿富汗政局的稳定以及国家局势的积极转变，会为中亚与南亚的合作打开新机遇。自 2002 年，中亚地区积极参与阿富汗国家重建工作②。中亚与阿富汗间交通联系的改善，对未来阿富汗的经济复苏大有裨益，同时也会提升中亚与南亚、东亚地区的互联互通。2003 年 6 月，乌兹别克斯坦、伊朗、阿富汗三国签署创立"跨阿富汗国际走廊"（International Trans-Afghan corridor）。走廊包括 2400 千米的高速公路建设以及未来的铁路网建设，铁路线穿越泰尔梅兹—马扎尔—谢里夫—赫拉特一线（Termez-Maza-e-Sharif-Herat），最终抵达伊朗的阿巴斯港和恰巴哈尔港（Chabahar）。连接塔吉克斯坦与中国喀喇昆仑高速路以及巴基斯坦的木尔加布—库里马公路（Murghab-Kulma road），可使中亚各国深入巴基斯坦港口城市卡拉奇以及瓜达尔。在亚洲开发银行（ADB）的金融支持下，2011 年，乌兹别克斯坦完成了海拉尔德—马扎里—谢里夫铁路线（Khairaton-Mazari-Sharif railway line）建设，而且马扎里—谢里夫—赫拉特铁路线路（Mazari-Sharif-Herat railway line）的建设，也正有条不紊地展开。一旦建成，跨欧亚走廊将会开启中亚与阿富汗之间的最短通路，为阿富汗的经济复苏带来福音，同时

① 译者注：实际上，天然气和石油是我们人类获取碳氢化合物的主要来源。
② 具体而言，塔吉克斯坦与乌兹别克斯坦向阿富汗出口电力资源；此外，乌兹别克斯坦在阿富汗境内修筑了大量的桥梁、高速路、铁路线等基础设施。哈萨克斯坦同时也出口小麦以及其他货品，为阿富汗学生专门定制教育项目。而印度则分拨超过20 亿美元，帮助阿富汗开展各项教育与社会福利项目。

也为中亚与东亚、南亚地区的互联互通奠定基础。

总而言之，中亚国家将发展替代性的区域交通和通讯手段，作为国家与区域政策的重要一环。如今，中亚各国积极参与的各色项目，已促进了亚欧经济合作。大多数项目从属于多边项目，对国家与国际互联互通尤其重要。高度发达的交通和通讯系统对中亚区域一体化与互联互通的提振作用颇为明显。另一方面，区域内和国际间的贸易网络也将更加坚韧，进而促进了投资、旅游业和人员往来。同时，中亚地区亟需向高速公路、铁路建设投资，促进其更新换代和全面修缮；还亟需在海关制度、铁路线标准化、传统和非传统安全等领域加强合作。毋庸置疑的是，中亚各国日渐与世界经济整合；然而，目前区域内滞后的互联互通与贸易条件也需一并改善。

外部效应：化干戈为玉帛，从冲突向合作

众所周知，俄罗斯、中国、美国、欧盟以及其他中亚地区的域外势力宣布支持中亚和平稳定和区域合作，这也相继受到中亚各国欢迎。然而，对此，大国之间也存在着分歧。譬如，俄罗斯将中亚地区视为其传统的势力范围，中国虽对俄罗斯在中亚地区主导权表示理解，却也自行加强经济参与以消解俄罗斯的传统影响。欧盟在区域内已取得些许进展，然而对区域仍未制定统一战略。在中亚安全机制举措的走向上，中国与俄罗斯站在同一阵营，也与美国和欧盟所倡导的措施大相径庭。与北约的合作对于中亚而言，已成为重要对话机制，不同层级的北约代表团也先后访问中亚。中亚领导人也积极参与了北约峰会，以及北约国家的和平促进项目。同时，中亚国家也已加入俄罗斯主导的"集体安全条约组织"（Collective Security Treaty Organization，CSTO）。自 2014 年来，中亚地区见证了美俄关系、中美关系的风云变幻，在此过程中，中俄在双边和多边问题上发展了更加紧密的合作关系。然而，这一格局在美国特朗普总统执政时期或将有所改变。

20 世纪末，亚洲大陆上演剧烈的地缘政治变革。中亚国家转而发展与日本、韩国、印度和伊朗等亚洲强国之间互利共赢的伙伴关系。中亚、南亚、中东、东亚地区的合作也可能不断深化。就中亚和南亚合作而言，中亚希冀印度在区域中积极参与。印度对中亚地区的主要倡议——"南北贸易走廊"（North-South trade corridor）已受到中亚各国的欢迎。在此战略

中，连通中亚和南亚的关键是深化印度和巴基斯坦、阿富汗和巴基斯坦之间的关系。自 2016 年 6 月，印度、巴基斯坦加盟上合组织以来，印度对发展贸易、保障能源安全愈加重视，因此先前的战略考量也将有所转变①。解除对伊朗的国际制裁，对提升中亚—伊朗关系而言，也意味着更多的机遇。此外，中国"一带一路"倡议的提出更意味着在基础设施、能源资源、工业、交通和通讯领域需要更多的投资，以支撑"丝绸之路经济带"以及"21 世纪海上丝绸之路"战略的运行。这也会为中亚带来提升区域实力的机遇。

中亚诸国相信，与中国、印度、韩国以及其他国家的深入合作极具战略重要性，对跨欧亚、南亚、中东、亚太地区间发展更为密切的贸易联系意义重大，从而促进经济发展与投资热潮。

结　论

虽然中亚地区已与区域和世界主要行为体创立了密切的多边和双边伙伴关系，但由于思路迥异、举措不同、对局势的解读不一，因此中亚地区各利益集团仍存在分歧。随着上合组织的创立，中国与中亚地区的合作逐步深入，涉及多个领域，并通过贯穿中亚的丝绸之路经济带建设而不断蓄力。国家利益因素、区域利益因素、国际利益因素将主导中亚多边和双边合作的未来走势。阿富汗的和平稳定和战后重建问题对中亚和南亚间伙伴合作亦至关重要。

中亚地区认为，从国家、区域以及国际来看，替代性区域交通和通讯建设的作用不容小觑。他们积极开发建设新的交通和通讯系统，将其与毗邻国家和地区的交通网络对接。区域交通系统的精心布局，将促进中亚地区的贸易与投资，繁荣区域发展，并加强全球范围内的相互依赖。

当然，中亚安全范式的争议对一体化发展也产生了不良影响，阻碍了区域合作模式的正常运作，以及更主要机制的建立发展。然而，中亚地区在与国际区域组织锻造强有力的合作关系方面却成绩卓著。国际组织可给予政治、军事和经济等方面的支持，这对维持中亚和平稳定、合作发展和加速现代化进程意义重大，因此，中亚需要此种切实的长期战略支援。

---

①　参见高尔杉·萨什蒂娃（Gulshan Sachdeva），《联通欧亚的印度角色》，美国国际战略研究中心（CSIS, Center for Strategic and International Studies），华盛顿，2016 年。

　　就中亚视角而言，与中国、印度、日本和韩国以及其他国家、国际组织在双边和多边领域聚焦安全、经济、交通和通讯领域，锻造强劲的合作伙伴关系是中亚区域内最大利益之所在。古代丝绸之路时期，这一区域曾高度发达，伴随着16世纪丝路的衰微，中亚发展也陷入停滞。前车之鉴启示我们，此时应唤醒曾经澎湃的丝路精神，通过多种线路、多样枢纽将广大的中亚地区连成一线，促进贸易畅通，鼓励不同国家和区域间人员自由往来并深化友谊。我们能一道致敬历史、重建交通干线并迎来中亚区域繁荣的第二春吗？

第10章 印度的丝绸之路战略：它会与中国的"一带一路"倡议相遇吗？

阿杰伊·帕特奈克（Ajay PATNAIK）[*]

摘要： 通过聚焦丝绸之路战略中的地缘政治因素，我们可以展望未来区域一体化的前景。这一区域一体化计划将造福中亚地区以及其他域外大国，包括美国、中国和俄罗斯等。具体而言，美国的丝路计划旨在整合中亚和南亚，也似乎极富吸引力；中国的丝绸之路计划则希冀建造从中国的东部港口连云港经新疆、中亚最终抵达荷兰鹿特丹的交通运输走廊；俄罗斯同样也编制了本国的跨欧亚整合战略。面对针对中亚地区五花八门的一体化战略，印度也将面临多重选择。一方面可以向中国开放，通过中国的走廊战略联通中亚地区，另一方面也可复兴经巴基斯坦和阿富汗的路线，将印度与"古丝路"对接。然而，印度能否利用这些古代走廊，则取决于其与中巴关系的改善程度，而改善与中巴的关系在现今的区域背景下却面临着重重困境。

关键词： 现存各丝路，印度丝路战略，俄罗斯因素，跨欧亚一体化

源于中国的丝绸之路，通过其他路网，与欧洲的古罗马帝国相连。由于跨区域贸易、以及学者互访、思想火花碰撞、宗教融合等文化交融因素，这条道路是早期政治经济整合的典范。佛教正是通过丝绸之路由印度经过中亚而传播至中国。古代贵霜帝国大大便利了贸易发展与区域整合，之后，1215年至1360年蒙元帝国横扫亚洲大陆，版图的扩张促进了区域

---

[*] 印度尼赫鲁大学俄罗斯与中亚研究中心教授。

政治稳定,并让丝绸之路活力重现。13世纪末,意大利威尼斯探险家马可·波罗(1254—1324)成为第一波经丝绸之路到达中国的欧洲人之一。随着蒙元帝国的衰落,丝绸之路也日渐失去其推动政治、经济和文化统一的重要作用。因此,经由此路的贸易额也逐步下降;此外,欧亚海上贸易的兴起,也促使其走向衰落①。

当人们谈及"丝路复兴"抑或是"丝路战略"时,普遍印在脑海中的是两种丝路发展路径。其一来自中国,其二是来自美国。但是本文暂且将这两者抛开,探寻印度"丝路战略"的演化,以及其与中美丝路战略的区别。

目前的"丝路"战略

中国已开始重建亚洲东西向轴线,现已连接中亚和高加索地区,在前苏联时期,这些国家是难以触及的。同时,中欧间的商贸联系在过去20年里迅猛增长。中亚诸国独立后也试图创立铁路公路互联互通条件并与中国联通,这也受益于中国的崛起。由此,中国得以通过更完备、更快捷的交通运输走廊网络与欧洲国家建立联系。中国建设运营的喀喇昆仑山高速公路与瓜达尔港(Gwadar)(巴基斯坦西南部港口)将中国新疆地区与巴基斯坦连接,直至阿拉伯海。中国国家主席习近平在2015年4月访问巴基斯坦期间,宣布未来在巴基斯坦实行460亿美元的基础设施建设计划,其中包括从新疆喀什到巴基斯坦西南部的瓜达尔港口的经济走廊建设项目即"中巴经济走廊"。此举将使中国更加便捷地深入中东地区与欧洲。

尼克拉斯·斯旺特罗姆(Niklas Swanstrom)指出,中国的战略意图是加强与欧洲的贸易联系,但如今大部分中欧贸易都是经由超负荷运营的马六甲海峡完成,只有很小一部分是通过俄罗斯的运输走廊(跨西伯利亚大铁路)与空运解决。如今,丝绸之路的重要地位得以重新凸显,跨洲运输走廊的发展可将中欧贸易周期由原先的20—40天缩短至11天。同时,其他主干道的重建工作也将开启,并将走廊外的毗邻国家串联起来。② 中亚

---

① http://www.crystalinks.com/silkroad.html

② 尼克拉斯·斯旺斯特罗姆(Niklas Swanstrom):《中国和更广阔的中亚:开疆拓土?》,《丝路论文》(*Silk Road Paper*),中亚-高加索研究院 & 丝路研究项目出版,2011年。

各国以及阿富汗、伊朗、蒙古、巴基斯坦和高加索地区，都将并入到丝绸之路战略中。对中国而言，入欧的交通走廊至关重要，因为中国与欧盟贸易总额庞大，且未来上升趋势明显。欧洲民众对来自中国的合作意愿也大为看好，因为中国的经济复兴也可为欧洲的发展注入强心剂。

美国也不断推进本国的丝绸之路战略，外界将其称为"大中亚"计划（Greater Central Asia，GCA）。这源于美国 1999 年丝路战略法案（US Silk Road Strategy Act of 1999），此法案指出，美国要为中亚区域的自然资源开拓国际市场[1]。美式丝路描绘了一幅区域整合计划的愿景，承诺中亚、阿富汗以及南亚的巴基斯坦和印度等国都将深受其益。在誓言连通中亚与南亚的同时，美式丝路却对中国、俄罗斯和伊朗避之不谈。时任美国国务卿的希拉里·克林顿（Hilary Clinton）2011 年在印度金奈的演讲中阐明西方国家大力支持此倡议的态度，并指出基础设施以及管道建设计划将对南亚国家带来大量利好。

希拉里在金奈的演说中指出："新丝路的创立需要我们齐心协力，此项目远非字面上的'路'，而是一个跨国网络，是一条经济与运输网络。这意味着我们需要建设更多的铁路、高速公路和能源基础设施。我们已经提议建设经由土库曼斯坦、阿富汗、巴基斯坦到印度的石油管线。"

她接着补充说："迟早有一天，在金奈，在此地，商人们可以开着卡车或乘用铁路装载货品，自由穿行于巴基斯坦和阿富汗，畅通、快捷、廉价地将产品送至哈萨克斯坦顾客的家门口。巴基斯坦的商人可在印度班加罗尔开分店，阿富汗的农民不仅可在伊斯兰堡街头自由售卖石榴，新德里的大门也同样为其敞开。"[2]

美国丝路战略面临阿富汗—巴基斯坦地区政局不稳的问题，从中亚开通到印度的交通能源走廊条件还不是很成熟。美国宣布从阿富汗撤军后，恐怖分子侵袭等恶性事件加剧、社会不稳定因素增多，巴基斯坦也不愿为

---

① 菲拉特·普塔斯（Firat Purtas）：《更大规模的中亚伙伴倡议及其对跨欧亚地区安全的影响》，《中亚高加索研究》（*Journal of Central Asian and Caucasian Studies*，JCACS），第 3 卷，第 5 篇，2008 年，第 115—130 页，约翰霍普金斯大学高级国际研究学院，华盛顿，http://www.turkishweekly.net/article/319/the-greater-central-asia-partnership-initiative-and-its-impacts-on-eurasian-security.html。

② 希拉里·克林顿（Hillary Rodham Clinton）：《评印美关系：21 世纪愿景》，安娜百周年纪念馆上发表的演讲，金奈，2010 年 6 月 20 日，美国国务院，http://www.state.gov/secretary/rm/2011/07/168840.htm。

印度货品进入中亚地区提供中转服务。其他大国也想在区域发展中凸显本国的经济项目,这对美国战略的融入构成了严峻挑战。俄罗斯通过诸多的多边框架试图拓展与中亚地区整合的同时,中国与该区域的联系也迅速增强。

印度的丝绸之路战略

美中的丝路复兴战略可将印度与阿富汗、巴基斯坦以及中亚地区重新对接。但是,此时所有这些有利的联通条件,都极有可能受到限制而不能完全施展,其中的限制因素则包括印中、印巴政治关系以及阿富汗未来政治制度的发展趋势。鉴于此,印度开发这些旧走廊的前景还需从长计议。不可否认的是,一旦这些项目就位,东西向(中国发起)走廊与南北向(美国发起)走廊都将对南亚与中亚地区的发展大有裨益。

鉴于这些限制性因素,印度的丝路战略更应聚焦于南北轴走向的项目中,因为此举可使印度通过伊朗和中亚、高加索地区与俄罗斯连接。鉴于俄罗斯已发起跨欧亚整合战略,此战略的实施更加刻不容缓。丝绸之路全盛时期就存在这一轴向。实际上,在过去,印度的货品常常是途经伊朗的马什哈德(通过阿富汗的赫拉特)到俄罗斯的里海港口阿斯特拉罕。以伊朗为起点,到中亚和高加索地区的独立路线也同样存在。

哈扎尔帝国(Khazar Empire)①于公元9至10世纪到达巅峰时代,在丝绸之路上是重要的贸易力量之一。创建了基辅的可萨人控制着中国、中亚与欧洲的大部分贸易。他们与花剌子模(Khwarezm)、伏尔加保加利亚(Volga Bulgaria)以及阿塞拜疆和波斯的港口城市都建立了直接的贸易关系。从伊朗的马什哈德到现今土库曼斯坦的萨拉赫斯(Sarakhs)有一条路直通乌兹别克斯坦的铁尔梅兹(Termez)。也有一条入印之路从马什哈德出发穿越阿富汗的赫拉特与巴尔克地区。摩洛哥丹吉尔的伊本·白图泰(1304—1368)于1325年出发开始了为期24年的旅程,最终通过伊朗与中

---

① 译者注:哈扎尔帝国(Khazar Empire)又称可萨帝国,是西迁到高加索地区的一支突厥化部族,公元7至9世纪,可萨人在伏尔加河中下游建立了强大的可萨汗国,成为丝绸之路北道上的重要中转站,同拜占庭帝国和阿拉伯帝国保持着密切的政治经济联系。8世纪中叶,可萨人从萨满教的信仰者转而皈依犹太教。

亚到达德里。①

如今，从印度经伊朗到欧亚大陆的丝路南北向轴线再次复兴。国际南北交通运输走廊（International North-South Transport Corridor，INSTC）有助于将伊朗—俄罗斯阿斯特拉罕线路连接。经伊朗港口阿巴斯，走廊可将印度和中亚高加索地区以及俄罗斯相连。

这条线路将涉及俄罗斯、印度、伊朗（INSTC 创始成员国），以及其他高加索和中亚地区的跨欧亚成员国家。2000 年，俄罗斯、伊朗、印度签署协议并决定开发此线路。同年，印度与俄罗斯也签署了战略伙伴关系协议。南北交通运输走廊牵涉海运、铁路运输、公路运输，可将印度的货品通过伊朗、中亚、高加索地区以及俄罗斯运抵欧洲。印度的货物将由轮船运至伊朗，从伊朗卸下的货品一部分通过里海船运，一部分通过公路铁路运至俄罗斯南部地区。在俄罗斯中转的货品将沿着伏尔加河通过铁路与公路运输运至南欧地区。印度货品运至俄罗斯与欧洲的时间将通过以下线路而有效缩短：货品从伊朗南部阿巴斯港口出发，到达伊朗北部班达尔·安扎里港口（Bandar Anzali）以及班达尔·阿米拉拜德港口（Bandar Amira-bad）中转后，最终行至俄罗斯里海边的阿斯特拉罕以及拉甘港口。

这条道路在以往是用于印度和前苏联贸易，但在 20 世纪 80 年代，随着苏联和伊朗关系的恶化，这一道路的战略地位有所下降，不久之后，苏联解体。2000 年，从印度经伊朗运至俄罗斯的茶叶烟草的小批量运输又开始重新兴起。雷吉娜·史派克特（Regina Spector）指出，印度经此路的货运量自 2001 年显著增长。印度货品通常会在到达霍尔木兹海峡附近的阿巴斯港口之后，经由特殊建设的伊朗、土库曼斯坦、哈萨克斯坦之间的铁路线运至俄罗斯。②

2010 年 2 月，来自阿塞拜疆、俄罗斯、伊朗的交通运输部门代表签署了促进经济走廊发展的三方合作文件。伊朗与俄罗斯将为促进德黑兰—阿巴斯段线路的电气化而展开合作，而阿塞拜疆与伊朗间签署的协定则要求建设连接两国的铁路线。目前为止，走廊内还有一段长达 375 千米的铁路线待建，也就是伊朗与阿塞拜疆之间的加兹温—阿斯塔拉—雷什特线

---

① 乔纳森·塔克（Jonathan Tucker）：《丝绸之路，艺术与历史》，第 204 页，第 224—225 页，第 243 页，第 282 页，伦敦：菲利普·威尔逊出版社，2003 年。

② 雷吉娜·史派克特（Regina Spector）：《南北交通运输走廊》，《中亚高加索地区分析》（*CACI Analyst*），2002 年 7 月 3 日，http：//www.cacianalyst.org/? q = node/165/print。

（Qazvin-Astara-Rasht line）。①

此段线路大部分位于伊朗境内（300 千米），而目前在伊朗尚无铁路线至阿塞拜疆边界地区，新铁路线将会装配车轮替换系统并架设桥梁，其他海关跨境的基础设施也将就位。根据技术和经济参数的规划，雷什特（伊朗）—阿斯塔拉（阿塞拜疆）线前期工程竣工后，其运载容量到 2015 年可达到 900 万吨，到 2030 年，设计运载容量将超过 1900 万吨。②

哈萨克斯坦段的铁路线建设则更加完满。国际南北交通运输走廊项目的副总裁瓦季姆·莫罗佐夫（Vadim Morozov）指出，土库曼斯坦以及伊朗已开始沿里海建设乌津—戈尔丹线，以取代现存的长距离入伊线。接着他又强调说："此项道路建设计划将史无前例地缩短路途，从圣彼得堡到伊朗波斯湾处的阿巴斯港口的铁路仅为 4500 千米，这将缩短中欧、西北欧与中亚和南亚国家的铁路里程。"③ 国际铁路联盟（International Union of Railways，UIC）于 2005 年着手可行性研究，并得出结论：长期来看，此线路前景不可限量，因为在建设主干道的同时，并行的替代线路以及后备线路的建设亦可备不时之需（穿越里海的海上运输，以及穿越阿塞拜疆的铁路运输）。比如说，土库曼斯坦与阿塞拜疆两国间沿里海西海岸的铁路线已开始规划建设。俄罗斯铁道部部长弗拉基米尔·亚库宁（Vladimir Yakunin）指出，经此经济走廊的货物运量年均预计可达 4000 万吨。④

2012 年 5 月 30 日，来自 16 个国家的专家齐聚新德里，开始了为期三天的会议，讨论国际南北交通运输走廊以及其中至少 6 个互补线路运营过程中所遇到的瓶颈。与会代表积极汇报进程，会议总体聚焦 4 个有待提升的关键点：南北主走廊的剩余项目建设、竣工的时间表、订立解决已知问题的行动计划、订立统一关税保险文件的时间框架。会上也一并探讨了互补性线路建设、成员国对其运输地位的判断，以及具体的行动要点。⑤ 会议报告显示，南北交通运输走廊可连通孟买与圣彼得堡，原来的时间金钱

---

① 埃琳娜·伊利耶（Elena Ilie）：《南北交通走廊：加速项目落后区建设进程》，《铁路专业通信平台》（*Railway PRO*），2011 年 5 月 17 日。

② 埃琳娜·伊利耶，同上。

③ 埃琳娜·伊利耶，同上。

④ 埃琳娜·伊利耶，同上。

⑤ 桑迪普·迪克斯特（Sandeep Dikshit），《尽管美国反对，伊朗将成为南北交通走廊枢纽》，《印度教徒报》（*The Hindu*），2012 年 5 月 31 日。

成本可缩减百分之四十。①

到跨欧亚地区还有另一条可选道路，这就是印度牵头建设的经伊朗的恰巴哈尔港口到阿富汗，接着入欧亚大陆的线路。在此规划中，加入恰巴哈尔港口意在为印度提供经伊朗入阿富汗与中亚地区的通路，同时，阿富汗到达温水域可免去经巴基斯坦的路程。鉴于印度对阿富汗采矿业的可期投资，考虑到哈吉加克（Hajigak）铁矿运输主要以恰巴哈尔港为通路，发展恰巴哈尔港口的战略紧迫性更加凸显。2011 年 11 月，阿富汗政府将哈吉加克 5 处铁矿床中的四处授予 7 个印度公司的联合财团处理，此财团受印度国有的钢铁管理局领导，并得到了印度政府支持，最后一处矿床的开采权许给加拿大的基洛金矿有限公司（Canada's Kilo Goldmines Ltd.）。②印度、伊朗和阿富汗三方之间的协定也于 2016 年 5 月 23 日签署。

为什么俄罗斯丝路发展路径如此重要？

长期以来，作为印度的战略伙伴，俄罗斯是与印度最为交好的国家之一。然而，目前的俄印两国的贸易水平还有很多潜在的发展空间。2012 年 12 月，俄罗斯总统普京访印期间着重强调了这一点，同时宣布在 2015 年之前力争做到双边贸易额由 100 亿美元至 200 亿美元的跨越式增长。③ 印度外交部部长克里希纳（S. M. Krishna）在与俄罗斯副总理德米特里·罗戈津（Dmitry Rogozin）会晤后，也明确指出对印俄贸易缩减趋势的担忧，他表示："两国虽在印俄贸易与投资合作涉及的多方面交换了建设性意见，但工商业界还面临诸多悬而未决的问题。对此，我们应试图拿出明确的解决方案，以探索提升贸易额的有效途径。"④

能源是一个合作前景广阔的行业，在过去的十几年里，两国在能源、贸易以及其他行业深化了合作意愿。2001 年，印度石油天然气有限公司海

① 拉杰夫·沙玛（Rajeev Sharma）：《交通走廊为印俄贸易带来诸多机遇》，《俄印报告》（Russia & India Report），2012 年 11 月 29 日，http://indrus. in/articles/2012/11/29/northsouth_transport_corridor_offers_many_opportunities_for_indo-ru_19421. html。

② 《华尔街日报》，2011 年 11 月 30 日。

③ 《印度教徒报》，2012 年 12 月 24 日。

④ 《印俄同意与白俄罗斯、哈塞克斯塔订立全面经济合作协定》，印度报业托拉斯，2012 年 7 月 17 日，http://articles. economictimes. indiatimes. com/2012-07-17/news/32714224_1_trade-target-india-russia-trade-and-investment-cooperation。

外投资公司（ONGC-Videsh Limited）收购了俄罗斯联邦石油天然气项目"库页岛一号"20%的股份。印度公司在俄主要的能源投资领域包括：印度石油天然气有限公司对库页岛一号项目（22亿美元）以及帝国能源项目（21亿美元）① 的投资。鉴于两国对彼此关系的重视，印度对俄的投资将进入快车道。

自20世纪90年代末以来俄罗斯影响力日益扩大，这使其成为跨欧亚地区的卓越行为体，印度也希望能从中获益。时任俄罗斯总理普京于2011年对外发表了关于"后苏联地区"经济一体化的宣言。弗拉基米尔·索科（Vladimir Socor）指出，普京的整合计划勾勒出以俄罗斯为主导的同心圆式影响力扩散模式，影响力将波及跨欧亚地区，甚至扩展到更远的区域。自2012年起，俄罗斯成为"统一经济空间"（Single Economic Space）的主要推手，之后，又提议纵深发展现存的一体化内核，向欧亚经济联盟（Eurasian Economic Union，EEU）迈进。此举将涵盖大部分前苏联地区，加速"区域一体化"。索科强调，这一集团将"对区域面临的问题采取共同立场"，而俄罗斯在其中仅是起"协调"作用。②

俄罗斯的跨亚欧整合倡议

2011年10月4号，在俄罗斯《消息报》（Izvestia）的一篇文章中，时任俄总理普京清晰地描绘了未来欧亚经济联盟的愿景。2012年1月1号成型的"统一经济空间"包括俄罗斯、白俄罗斯、哈萨克斯坦。用普京的话来讲，此举是"三国历史性的里程碑，是后苏联区域合作扩大的里程碑"。对"统一经济空间"的质疑者，他回应道："实际上，选定此模式，有助于维持文明和文化纽带，凝聚民众共识，在生产、经济和其他重要必需领域锻造联系。"③

---

① 《审视印俄经济合作》，俄罗斯驻印度大使馆，http://indianembassy.ru/index.php? option = com_content&view = article&id = 705&Itemid = 705&lang = en。

② 弗拉基米尔·索科（Vladimir Socor）：《普京总统的跨欧亚宣言标志俄罗斯回归大国地位》，《欧亚每日观察》（Eurasia Daily Monitor），第8期，185，2011年10月7日。

③ 弗拉基米尔·普京（Vladimir Putin）：《跨欧亚一体化新项目：前景几何?》，《消息报》（Izvestia），2011年10月4日，源自俄罗斯联邦政府网站，http://premier.gov.ru/eng/events/news/16622/。

俄罗斯、白俄罗斯和哈萨克斯坦三国间的关税联盟于 2011 年 7 月 1 日起实行，且先于三国间"统一经济空间"而创立。这一关税联盟促进了货物的自由周转，而"统一经济空间"囊括超过 1 亿 7 千万的消费者群体（包括白俄罗斯的 1000 万消费者与哈萨克斯坦的 1500 万消费者），具有统一化的立法，可促进资本、服务、劳动力的自由流动。创立一个无关税和关税壁垒的统一市场就是最大的利好。①

2015 年 1 月 1 日，俄罗斯宣布开启欧亚经济联盟，以哈萨克斯坦和白俄罗斯作为成员国。亚美尼亚在联盟成立第二天加入，吉尔吉斯斯坦也于 2014 年 12 月签署协议加入联盟。俄罗斯在两年间分拨两亿美元的款项，促进吉尔吉斯斯坦加入欧亚经济联盟。欧亚经济联盟将为产品、服务、劳动力的自由流动提供公共空间②。

如今，跨欧亚地区正处在苏联解体大转变的阵痛中，但是跨欧亚一体化很可能使前苏联地区在贸易、投资领域更富吸引力。吉尔吉斯斯坦、白俄罗斯、哈萨克斯坦和俄罗斯的国内生产总值（GDP）总和在 2010 年达到 16800 亿美元，其中俄罗斯就占了大半（14800 亿美元）③。欧亚经济联盟建设一旦完成，世界上 33% 的可探明天然气储量将收入其囊中（光俄罗斯就占了世界储量的 25%）④。

中亚地区的市场规模受限等问题，可通过欧亚经济联盟或关税联盟来解决，这样，跨欧亚地区可为印度开辟更广大的发展机遇。印度与俄罗斯在国防、科技、核领域与太空领域存在着密切纽带。多年来，两国一直试图弥合裂痕，克服低水平的双边贸易，但成效不佳。据印度媒体报道，关

---

① 弗拉基米尔·普京：《跨欧亚整合新项目：前景几何？》，《消息报》（*Izvestia*），2011 年 10 月 4 日，源自俄罗斯联邦政府网站，http://premier. gov. ru/eng/events/news/16622/。

② 俄罗斯、哈萨克斯坦、白俄罗斯于 2014 年 5 月 29 日签署了《欧亚经济联盟条约》，见迪娜拉·乌拉佐娃（Dinara Urazova），《欧亚经济联盟开始生效》，《腾格里新闻》（*Tengri News*），2015 年 1 月 3 日，http://en. tengrinews. kz/politics_sub/Eurasian-Economic-Union-enters-into-force-258209/；以及，俄罗斯卫星新闻（*Sputnik News*），2014 年 12 月 23 日，http://sputniknews. com/business/20141223/1016151391. html。

③ 14 个前苏联加盟国（除俄罗斯外）2011 年 GDP 总和达 6630 亿美元。《普京的跨欧亚联盟之梦可掌控世界能源》，福布斯新闻（*Forbes*），2011 年 11 月 11 日，http://www. forbes. com/sites/greatspeculations/2011/11/11/putins-dream-of-eurasian-union-could-control-worlds-energy/。

④ 《普京的跨欧亚联盟之梦可掌控世界能源》，同上。

于前苏联各加盟共和国组成的关税联盟, 官方消息援引普京总统的愿景指出, "最终, 我们将向统一的跨欧亚市场迈进"。①

印度发起研究全面经济伙伴协定 (Comprehensive Economic Partnership Agreement, CEPA), 此协定是与关税联盟达成的全面自贸协定。2011 年 12 月, 时任印度总理曼莫汉·辛格 (Manmohan Singh) 访问俄罗斯, 会谈中进一步畅想了全面经济伙伴协定。印度媒体指出, 官方消息显示, 协议中大部分问题已在俄罗斯磋商完毕。桑迪普·迪克斯特 (Sandeep Dikshit) 指出, 对印度而言, 为适应俄罗斯的关税联盟而量身定制全面经济伙伴协定, 此举将带来诸多裨益。俄罗斯所主导的关税同盟机制内最大的中亚国家——哈萨克斯坦将因此与印度连通, 白俄罗斯亦可为印度企业扩大市场。②

印度与俄罗斯已决定联合研究印方加入这一关税联盟的可行性。2011 年 12 月峰会结束时, 印度总理与俄罗斯总统发表了联合声明, 指出 "双方决定联合研究白俄罗斯—哈萨克斯坦—俄罗斯关税联盟吸纳印度作为成员国的可行性"。③

2013 年第十四次印俄年度峰会召开, 会后发表的联合声明进一步重申: "双方一致同意致力于成立联合研究小组, 研究在印度与白俄罗斯、哈萨克斯坦、俄罗斯三国关税联盟签署全面经济合作协定的可行性"。同时提及, 除放宽服务投资规约外, 如果协议兑现减免大多数贸易商品关税的承诺的话, 那么, 贸易成本将大大削减。④

虽然在 2014 年 5 月, 印度迎来了新一届政府, 但是, 印度与关税联盟商讨协议条款的努力仍毫不停歇。援引 2014 年 10 月印度《经济时报》报道, 印度商务部资深官员的消息时, 他指出, 全面经济合作协定或是落在新政府肩上的首个自贸合约。在这样的背景下, 他同时表示, "我们已召

---

① 桑迪普·迪克斯特 (Sandeep Dikshit):《印俄讨论全面经济合作条款》,《印度教徒报》, 2011 年 12 月 17 日。

② 桑迪普·迪克斯特 (Sandeep Dikshit), 同上。

③ 《每周之声》 (*The Weekly Voice*), http://www.weeklyvoice.com/south-asian-news/india-may-join-russian-led-customs-union/。

④ 《印度与白俄罗斯、哈萨克斯坦、俄罗斯达成自由贸易协定》,《印度教徒报》, 2013 年 10 月 22 日。

集议会商谈如何建立联合研究小组，促进与关税联盟订立全面经济合作协定"。①

2014 年 12 月 10—11 日，也就是俄罗斯总统普京赴新德里参加第十五届印俄年度峰会前，印度已完成了下一步部署，即在 2014 年 11 月创立了俄印工作组。此举是为关税联盟以及欧亚经济共同体（Eurasian Economic Community）的永久监管性机构——跨欧亚经济委员会（Eurasian Economic Commission）的成立铺路。② 印度工商部副部长拉杰夫·凯尔（Rajeev Kher）指出，俄印工作小组将在接下来的半年内提交建议稿，然后将开始谈判。③

跨欧亚中最重要的国家无疑是俄罗斯，而现在印度不但与俄罗斯缔结了战略伙伴关系，两国间也存在着深厚的历史渊源。在后苏联区域的重新整合中，关税联盟的创立是一体化进程中的关键时刻。关税联盟对参与国而言，意味着资源的重组和扩大，而其他类似欧亚经济联盟的倡议也将会为此过程蓄力增势。印度亟需做出相应安排，以克服跨欧亚贸易中的壁垒。

结　论

印度的经济成就改变了其与中亚以及跨欧亚地区纽带的本质属性。近年来，印度参与地区事务的能力提升，魅力日益凸显。然而，印度在挺进区域的过程中仍面临不少阻碍，包括缺乏陆上联通，与中国的利益冲突，以及美国对伊朗的敌意。经巴基斯坦和阿富汗，印度可以以最短里程入中亚地区。然而，目前为止，鉴于印度与巴基斯坦的紧张关系，以及阿富汗国内政局的不稳定，此交通线尚未建立。

毋庸置疑的是，中国和美国力挺的"丝路复兴战略"，在南亚政局保持和平稳定的情况下，将会使印度和中亚地区受益。然而，就目前的形势

---

① 迪拉沙·赛斯（Dilasha Seth），《印度与前苏联资源富饶国家订立贸易条款》，《经济时报》，2014 年 10 月 23 日。

② 施卢蒂·斯利瓦斯塔瓦（Shruti Srivastava）：《普京来访期间与关税联盟订立自由贸易协定》，《印度快报》，2014 年 12 月 9 日。

③ 《印度与俄罗斯主导的关税联盟商讨建立自贸区》，《俄印报告》（*Russia & India Report*），2015 年 2 月 27 日，http://in. rbth. com/news/2015/02/27/india_to_negotiate _free_trade_zone_with_russia-led_customs_union_41667. html。

而言，无论是加入美国发起的"大中东计划"，还是中国倡导的丝绸之路战略（即"一带一路"倡议），对印度来说都并非有利。印度需要发展本国南北轴向的"丝路战略"。考虑到印度的战略伙伴包括俄罗斯以及其他中亚国家，此种"东向"政策将更好地服务于印度在跨欧亚地区的利益。

　　跨欧亚一体化为印度拓展本国贸易提供了更广阔的空间。印度的商品一旦进入跨欧亚成员国，就可更自由便捷地进入其他成员国的市场。与成员国连通的首要一步，是建设交通联系，印度可经由南北交通运输走廊或是经伊朗恰巴哈尔港口的其他路线到达阿富汗与中亚地区，进而与跨欧亚成员国联通。下一步是通过编制全面经济伙伴协定深入关税联盟国家。如果所有这些在不远的将来得以实现的话，那么，印度在跨欧亚地区的经济角色将会更为重要。若是未能如愿，亦可加深印度与俄罗斯的战略关系，这对印度而言是至关重要的。

第11章　"一带一路"倡议与东盟互联互通：协同问题与潜力

布鲁诺·杰汀（Bruno JETIN）[*]

　　摘要：2013年9月中国国家主席习近平莅临哈萨克斯坦，宣布了"一带一路"倡议所覆盖的陆上区域计划即"丝绸之路经济带"；2013年他又在印度尼西亚宣布了"一带一路"倡议所涉及的海上区域计划即"21世纪海上丝绸之路"，由此发起了"一带一路"倡议。这是目前为止规模最大的亚欧非互联互通项目；这一项目的建设预计将持续数十年，需要整合大量的资源，牵涉大范围的多边合作。此项中国倡议对东盟而言是一个利好消息，因为东盟国家需要大量的基础设施投资，并实施其"东盟互联互通总体规划"（AMPC）。此愿景能否实现也取决于东盟国家能否凝聚共识，对投资决议的评判能否达成一致。如果东盟国家未能拧成一股绳，那么"一带一路"倡议的实施可能会加深东盟海洋成员国和陆上成员国的分歧，进而与东盟互联互通总体规划消解分歧的意图背道而驰。本文将分析这些问题，探讨实现中国"一带一路"倡议和"东盟互联互通总体规划"协同发展的解决方案。

　　关键词："一带一路"倡议，东盟，互联互通，基础设施，不平等，中国南海

导　论

　　2013年9月中国国家主席习近平莅临哈萨克斯坦，宣布了"一带一

---

　　*　文莱达鲁萨兰苏丹国大学经济学系副教授。

路"倡议所覆盖的陆上区域计划即"丝绸之路经济带";2013 年他又在印度尼西亚宣布了"一带一路"倡议所涉及的海上区域计划即"21 世纪海上丝绸之路",由此发起了"一带一路"倡议。这是目前为止规模最大的亚欧非互联互通项目;这一项目的建设预计将持续数十年,需要整合大量的资源,牵涉大范围的多边合作。"一带一路"倡议涉及两个主要方面,意在重现古丝路的辉煌过去,凸显其象征性意义。这两个构成部分分别是陆上丝绸之路,现在也叫做"丝绸之路经济带"以及"21 世纪海上丝绸之路"①。陆上丝绸之路从中国西安开始,穿越中亚、俄罗斯,最终到达德国以及欧洲其他地区;另一条路线通过如今的东盟腹地将中国南部与新加坡相连。最终成型的丝路将结合陆路和海路两种交通方式,从中亚开始,经西亚再到地中海地区。"21 世纪海上丝绸之路"将中国太平洋沿岸地区连成一线,然后经过中国南海争议水域到印度洋,直到非洲与欧洲。除以上主体路线外,还有诸多分支性的海上陆上路线,它们分布在大湄公河次区域(GMS),中国南海和爪哇海;有一些特殊建设项目也包含在这一倡议的框架内,譬如,由中国南部到西藏地区的高速铁路建设计划将有效对接中巴经济走廊。这些项目往往规模宏大,牵涉众多外交、政治和经济问题,其实际建设效果是否会大打折扣也引人忧虑。"一带一路"倡议框架内的国民生产总值(GDP)的世界贡献率高达75%,区域内拥有世界70%的人口,75%的已探明能源储备(戈德芒,2015)。"一带一路"倡议的建设总费用高达 14 万亿美元,相当于 12 个马歇尔计划的投资量。以现在的货币价值换算,当年马歇尔计划的投资资金仅为 1200 亿美元(朱志群,2015)。现今,中国重工业受产能过剩顽疾困扰已久,而这个雄伟倡议的实施则是一场及时雨,纵使倡议中只有部分计划投入运营,也会为解决此问题开拓市场带来机遇。此外,对邻国而言,其亟需的基础设施建设也将顺利进行。"一带一路"倡议的实现,不仅会提升国家经济实力,特别是中国的经济实力,还会建设新基础设施并促进国际贸易的发展。

"一带一路"倡议虽然可称为最宏大的宽领域合作倡议,但并非区域内一枝独秀的宏图。韩国、印度、日本也宣布过本国的基础设施建设倡议。所有这些倡议的实施,都将会潜移默化地塑造复杂化的亚洲地缘景观,这种景观与亚太框架下自由贸易协定激增的著名"意大利面碗效应"

---

① "一带一路"倡议线路图无官方敲定版,由于细节还有待商榷,项目建设仍处于初步阶段。然而,这个线路图则为宏大项目提供了很好的思路。

（noodle soup effect）并无二致。这种环境促进了东盟自身的框架倡议，使"东盟互联互通总体规划"（ASEAN Master Plan for Connectivity，AMPC）面临积极发展环境。在破解制约其增长与贸易的基础设施建设瓶颈时，东盟面临现成的多种解决方案。① 然而，所有这些都取决于东盟是否能团结一致、意见统一，也就是说其凸显其亚洲股肱地位的能力。鉴于东盟的性质，如何保持凝聚力一直以来悬而未决：作为政府间组织，它的决策程序需要寻求成员国共识；东盟成员国（AMS）利益契合后，才可投入实施（琼斯，2016）。由于中国与东盟成员国之间的贸易不对称，这一问题格外凸出。自2009年以来，中国是东盟最大的贸易出口目的地，但对中国而言，在对华贸易中，东盟仅仅排行第三。在国家层面，中国与东盟成员国的双边贸易关系更加不均衡。在此情形下，"一带一路"倡议的实施可能会冒着加深东盟成员国间现存分歧的风险。互联互通的意义正是在于消解分歧而东盟内海洋成员国和陆上成员国的异见却此起彼伏。本章将对这些问题进行分析，并且探讨中国"一带一路"倡议与"东盟互联互通总体规划"协同发展的解决方案。第一部分对东盟发展之所需及其面临的挑战进行探讨；第二部分则聚焦这两种战略规划可能的协同领域；第三部分将审视其他基础设施建设的替代性倡议，并得出结论，亚洲大国间的角逐是实现协同的必经之路。

东盟互联互通之所需及其挑战

当将关注重心放在贸易流动以及贸易成本上时，东盟互联互通所需要素，便一目了然②。2015年12月31日发起成立的东盟经济共同体（ASEAN Economic Community，AEC）宣布将依靠单一市场和单一生产基地，但这并不意味着东盟经济共同体已经完全整合（谢秀娥（Chia Siow Yue），2016）。实际上，东盟经济一体化进程仍然刚刚起步，一些东盟成

---

① "东盟基础设施互联互通主体规划"（AMPC）于2010年第17届河内东盟峰会上首次引入，旨在建设体制上切实的人员密切往来的东盟；2015年"东盟共同体"的提出使其更具必要性。2016年9月6日万象东盟峰会上引入更新版的"东盟互联互通主体规划2025"，此规划聚焦5处战略深化领域：可持续的基础设施建设、电子创新、无缝对接的物流平台、规则完善、人员流动。

② 这一部分取自笔者与M. 米基奇（Mia Mikic）合作编辑的书刊（Jetin & Mikic，2016）。此处呈现的观点均由笔者负唯一责任。

员国与东北亚国家的经贸联系，甚至超过在东盟体制内与其他成员国的经贸合作。杜瓦尔与范安杰（Duval and Feyler，2016）指出，东盟四国（印度尼西亚、马来西亚、菲律宾、泰国）内部贸易中附带的非关税贸易综合成本（77%），甚至要高过其与体制外其他东北亚国家交易时的非关税贸易综合成本①：中国、韩国和日本（51%）；但这些国家与东盟并不存在正式的贸易协定。纵使数十年的经济一体化借助东盟经济共同体的建立而达到高潮，此现状却与东盟成员国间低贸易成本的愿景南辕北辙。东盟四国与柬埔寨、老挝民主共和国、缅甸、越南交易时的非关税贸易综合成本（164.5%）远远高于与中国、韩国、日本的非关税贸易综合成本（76.5%）。这显示了塑造亚洲一体化的全球价值链②的操控作用，以及中国在价值链核心的主导地位（阿斯克拉拉（Athukorala），2016）；同时也强调了东盟成员国之间不平衡的严重程度，以及国与国之间迥异的生活水平，直到如今才开始走向趋同（杰汀（Jetin），2016）。增强东盟成员国间的互联互通，对于缩小富国和贫国之间的差异、消解东盟海洋成员国和陆上成员国之间的分歧而言至关重要。在这个方面，由于最薄弱的互联互通环节位于大湄公河次区域，而并非处在东盟海上陆上分歧的范畴，因此对其解决应抱着更加乐观积极的态度。迄今为止，由于大湄公河次区域的互联互通一直紧锣密鼓地在进行着，东盟陆上整合已超前海上整合（韦德（Wade），2010）。而其他东盟次区域较之则落后不少，包括印尼—马来—泰国增长金三角（Indonesia-Malaysia-Thailand Growth Triangle，IMT-GT）、文莱、印尼、马来西亚、菲律宾东盟东部增长区（Brunei Darussalam，Indonesia，Malaysia and the Philippines East ASEAN Growth Area，BIMP-EAGA）。这些次区域经济区机制自20世纪90年代创立以来却一直未能正常运转。东盟注意到了这些体制内的不平等，于是在2010年越南第十七届东盟峰会上宣布实施"东盟互联互通总体规划"，以促进物质上、制度上和人员往来上的互联互通。该规划不仅包含削减交易成本、时间成本、旅行

---

① 贸易成本包括显见的关税成本以及隐性的非关税成本，非关税成本包括合规成本、交通运输成本、境内壁垒，以及与贸易物流执行、便利化服务相关的成本，还有因语言、文化、货币差异而引发的其他壁垒下的成本。

② 全球价值链（又名全球生产网络）是指跨国公司主导协调的产品服务生产的不同阶段在跨国境的地理扩散现象。其目的在于降低成本，促进各生产分销点专业化，避免一国垄断产业聚集的风险。在亚洲，东南亚国家生产的零部件后出口至中国组装，最终销往世界各地。这种主导的工业生产活动以手机、电脑的装配最为典型。

费用的内容，还主张将所有可期利益分配给所有成员国，以减少体制内的发展分歧。"东盟互联互通总体规划"中声明："将大湄公河次区域规划与东盟国家的规划无缝对接是目前的挑战所在。"

东盟的问题在于缺乏财政杠杆来实现"东盟互联互通总体规划"中雄心勃勃的项目建设。据亚洲开发银行统计数据显示（亚洲开发银行，2012），2010 至 2020 年间，亚洲国家需要投资 8 万亿美元支持国家基础设施建设，还需投入 3200 亿美元进行跨区域基础设施建设。单就东盟区而言，每年需要投资 600 亿资助公路、铁路、电力和水利等重要基础设施建设（亚洲开发银行，2016）。众所周知，东盟基础设施建设基金（ASEAN Infrastructure Fund，AIF）仅有 4.853 亿美元的运作资产，远远满足不了每年实际需要的贷出量。这就意味着"东盟互联互通总体规划"需要依赖外部资金。迄今为止，亚洲开发银行（ADB）已成为该区域重要的投资来源之一，但其每年可借出容量限制在 130 亿美元。除此以外，亚行选择更多地参与大湄公河次区域（GMS）的整合进程，而冷落了印尼—马来西亚—泰国增长金三角地区（IMT-GT）（法乌（Fau），2016）。自 1992 年起，亚行就开始在大湄公河次区域中扮演中心角色。纵使 1993 年金三角地区便早已创立，而亚行真正开始参与印尼—马来—泰国增长金三角地区事务则始于 2007 年。大湄公河次区域与印尼—马来—泰国增长金三角之间的互联互通项目从未提上议程，这与"东盟互联互通总体规划"的发展承诺相悖。

此外，还存在其他障碍阻挠"东盟互联互通总体规划"的实施：政策与体制方面的障碍尚未扫除。东盟成员国内部规章、制度和标准并不统一。政治上的不稳定导致了计划延误。譬如在泰国，连接泰国南北，远至联通越南和中国昆明的大型高铁工程在政治上饱受争议。自 2006 年以来，由于政权更迭、两次政变使建设工事向后推迟了十年，直至 2016 才最终与中国签署相关协定。除此之外，融资方式与条款磋商也带来延误问题（皮尔和霍恩比（Peel & Hornby，2016）。在泰国境内的 250 千米段的高铁项目大概需花费 52 亿美元的建设资金，中国—老挝铁路线的建设成本也高达 60 亿美元。因为泰国和老挝融资能力有限，投资的大头将由中国挑起，并以长期贷款的形式进行融资，但是，关于利率与抵押的谈判尤为艰难。比如说，老挝将依赖五个钾碱矿的开采利润在 5 年内（而不是 30 年内）来偿还 4.8 亿美元的贷款。① 纵使贷款能够偿清，也无法确定这一项目是否能真正盈利，中国国有的中铁公司（China Railway Corporation）可能会面临亏损。由于沿线国家大多收入处于中下游水平且债台高筑，类似的问题在海陆建设项目中也多有发生。中国金融实力强大但并非无融资上限，而这些项目清一色开销巨大。另外的问题则存在于建设本身，很多国家的基础设施建设项目一旦由中国接手融资，通常是中国公司接单、中国工人建设，这就减少了当地工人的就业机会。据报道，在老挝建设项目将雇佣大约 5 万名中国工人，而自项目伊始老挝本土工人的招工信息则一直不明。② 从泰国东北城市呵叻府（Nakhon Ratchasima）到首都曼谷长达 250 千米的线路由于成本巨大而几经拖延，2016 年 9 月，泰国政府才宣布将承担所有建设费用，中国将为技术系统提供贷款。起初，泰国提出以物易物的交易手段来偿付对华贷款，但由于利率换算的争执，最终还是决定用现金支付。虽然中国只提供技术系统的贷款，但分歧仍然存在，包括使用人民币还是美元的货币换算问题。泰国交通运输部部长指出，中国除索要此铁路沿线地区的开发权，还试图寻求泰国其他项目的开发权以防前者失利，这是泰国所无法接受的。"对本国的开发项目，我们拥有唯一的权威，中国不可随意从中取利"；③ 这个例子显示出，除不能低估会造成额外延误外的技术经济问题外，为确保建设项目顺利实施，还需克服涉及国家主权的政治障碍。

还有一个潜在的政治不确定性因素则是"一带一路"倡议潜在的脆弱性。中国与菲律宾的关系长期受南海争端的困扰。海牙国际仲裁法庭擅自将黄岩岛主权归属给予菲国，这使中菲之间的冲突达到高潮。菲律宾新任总统罗德里格·杜特尔特（Rodrigo Duterte）宣布"脱离华盛顿"，意在对中国释放妥协信号，这无疑是中国外交的一大成功，会促进菲国日后的海上一体化联通。除此以外，中国和马来西亚最近达成的海军合作协议也是中国外交的另一大成功。考虑到未来上任的大国首脑可能有不同政见，这

---

① 参见《老挝中国就铁路项目建设贷款利益达成一致》，自由亚洲电台，2016 年 4 月 1 日。

② 参见《老挝—中国铁路线清算开始，但项目争议不断》，自由亚洲电台，2017 年 4 月 1 日。

③ 参见《中日或进入又一轮高铁项目建设争夺》，日经亚洲评论，2017 年 2 月 6 日。

些项目的成功是否只是主观臆想上的成就呢？这里要强调的是，基础设施投资建设不仅需要足够的融资，还需要长期的承诺与一致的体制关系以维持项目管理。这些要求反映出短期内的外交成功并非意味着就一定能够获得所需的长期政治稳定的局势。

斯里兰卡前总统马欣达·拉贾帕克萨（Mahinda Rajapaksa）曾大规模地将基础设施建设项目分拨给中国公司。尽管如此，2015 年新任总统迈特里帕拉·西里塞纳（Maithripala Sirisena）打败前任的意外当选，却预示着中国斥巨资的投资所在国未来政局的发展趋势。2015 年 3 月起，科伦坡港口城（Colombo Port City）14 亿美元的房地产开发项目以审查项目贷款条例为由而被暂时搁置。① 之前有中国赞助建设的汉班托特港口（Hambantota port）已于 2010 年完工，此后却未能盈利，债台高筑。这促使新政府于 2017 年 1 月 7 日宣布实施"债务股权交换"，给予中国招商局国际有限公司 85% 的股份，并向其承诺为期 99 年的特许开发权。② 而这却引发了沿街游行示威，以及法庭上来自立法反对势力的挑战。

巴基斯坦政府与军队对于价值 460 亿美元的中巴经济走廊（China-Pakistan Economic Corridor，CPEC）基础设施建设项目的领导权各执一词，此种政治冲突揭示了"一带一路"倡议中需解决的其他政治障碍。此外，还需考虑重要的安全问题。基础设施建设大多分布在战区，需要 15000 人的强大军队来保护中国雇工的安全。缅甸到印度洋的地理之便，与管道铺设对"一带一路"倡议的成功也至关重要，但该区也存在政局紧张和安全堪忧的双重问题。

总之，"一带一路"倡议能否成功取决于众多外交协定与政治妥协，但所有这些难保长期的持久性，这使一带一路战略复杂而未知。

"东盟互联互通总体规划"与"一带一路"倡议：存在协同的可能吗？

中国因为拥有三万亿美元的外汇储备，而比区域内其他大国和机制更具财政金融影响力。中国可以使用多种渠道对东南亚国家的基础设施投资项目进行融资。2009 年中国牵头创立了中国—东盟投资合作基金

---

① 参见《斯里兰卡揣度中国贷款条款》，《金融时报》，2015 年 3 月 1 日。
② 参见《中国投资加剧斯里兰卡债务》，《金融时报》，2017 年 2 月 24 日。

(China-ASEAN Investment Cooperation Fund，CAF)，贮存高达100亿美元的资金，可提供150亿美元的信贷额度助力东盟地区的基础设施建设。2014年10月，中国发起亚洲基础设施投资基金（Asian Infrastructure Investment Fund，AIIF），其授权资金高达1000亿美元，其中，中国就提供了500亿美元的经费，这对中国来说是外交上的一次大捷。起初这个多边银行机制只有21个成员国，但后劲勃发。包括英国、德国和法国等在内的很多西方国家，都不惜将美国的建议抛之脑后而加入亚投行（AIIB）；追随着这些国家的脚步，澳大利亚、新西兰、韩国和俄罗斯等国也争相加入。以此趋势，到2016年年末，亚投行吸引了共计57个成员国。此外，一些来自欧洲、非洲和拉丁美洲的国家也将于2017年投入亚投行的怀抱。最招人耳目的是，美国与日本两大国在此次热潮中却置身事外，这是由于亚投行对美国和日本所主导的世界银行、亚洲开发银行构成了竞争。据中国官方的说法，"一带一路"倡议与亚投行互为孪生兄弟项目。来自"丝路基金"（SRF）的400亿美元可助力完成亚投行的启动工作。亚投行作为多边开发银行，其运营资金的75%取自亚洲地区的各成员国；丝路基金作为中国的投资资金，可进行单方面的投资决策，譬如向"一带一路"倡议项目之一——中巴经济走廊投资。虽有如此巨额的可支配资金，但不得不问的是，东盟与中国更深层次的整合是否对消解东盟内部空间上的不平等有所助益呢？就目前来看，答案可能是肯定的。

如若重新审视东盟陆上铁路建设项目的具体案例，我们发现，近期中国与泰国的协议谈判趋势向好，纵使最终未能解决难题，但这也意味着"一带一路"倡议将起到画龙点睛的拍板作用，这是东盟成员国无力企及的。新加坡—昆明铁路线最初是由马来西亚总理马哈蒂尔（Mahathir Mohamad）在1995年东盟峰会上提议，后纳入2010版的"东盟互联互通总体规划"中，但至今仍未动土建设。但是，在"一带一路"倡议的保护伞下，其最终提上议程的几率大大增加。但这并不意味着"东盟互联互通总体规划"中的其他构成项目也会同受刺激。其他项目譬如从昆明到老挝万象，从金边到胡志明市的铁路建设计划依然悬而未决（勒（Le），2015）。这意味着，关乎中国利益的大项目将得到"一带一路"倡议的提振作用，而其他只在本地层面运转的小项目将被弃置一边。此举的风险是将会使互联互通落入"核心主导周边"的不均衡结构，中国作为车毂，其他国家是体制内围绕全球价值链延伸的辐条，围中枢旋转。

至于东盟海上项目，也存在以中国外贸需求为筛选优先项的类似趋向。据菲律宾中国问题专家毕特洛（Pitlo）指出（2015），中国国有的中远公司收购了新加坡的中远—新港合资码头（COSCO-PSA terminal）49%的股份。北部湾控股有限公司（Beibu Gulf Holding Co. Ltd）购买了获准 30年期特许管理马来西亚关丹县港口（Kuantan Port）的财团 38%的股份，此港口预备服务于马来西亚—中国关丹县工业园（Malaysia-China Kuantan Industrial Park）。中国同时也投入大量资金援助印尼的基础设施建设，以更好地获得对其自然资源的使用权。东盟滚装船运网络（ASEAN Roll-on Roll-off network，ARN）建设项目同样也是"东盟互联互通总体规划"中的一部分，对印尼—马来—泰国增长金三角以及东盟东部四国经济增长区（East ASEAN Growth Area，BIMP-EAGA）的发展至关重要，但是中国并未在此投入重金。这是因为东盟的这些次区域远离中国港口，并非"海上丝绸之路"沿线地区。

"一带一路"倡议处理当地层面的互联互通的选项之一，是寻求与国家互联互通发展计划的潜在协同性。印尼总统佐科·维多多（Joko Wido-do）在 2014 年缅甸内比都第九届东亚峰会上，面对国际与会者，宣布一项新的海上政策即"全球海运支点"（Global Maritime Fulcrum），此举旨在使印尼成为海运大国，更好地管理其海洋资源，提升群岛间的互联互通，加强海上防御，强化海上外交。这项新的海运政策计划新建 35 个深水港和普通港口，显而易见的是，印尼无力依靠本国完成巨额融资。这就解释了为何印尼会将"全球海运支点"与"21 世纪海上丝绸之路"对接。2015 年 3 月印尼总统佐科·维多多访问中国，与中国发表联合声明，承诺建立海上伙伴关系，并强调两国战略的互补性。就中国而言，印尼是中国在东南亚的主要合作伙伴，不仅因为其是东盟最大的经济体，处在印度洋与太平洋的接口枢纽，还因为其海运线贯穿巽他海峡与龙目海峡，如果稍加添置新港以及相关基础设施，就可作为马六甲海峡（伦恩（Len），2015）的替代线路。

上述这三个例子表明，如果"东盟互联互通主体规划"与"一带一路"倡议存在利益契合点，中国就会对其提供财力支持。但如果中国真想获得"一带一路"倡议的成功，就应该超脱其切身利益，为促进东盟陆上蓬勃发展的互联互通而出面调停分歧，为落后的海上互联互通添砖加瓦。不然的话，东盟可能会转向其他区域大国示好，譬如日本等等。

亚洲基础设施建设倡议

"一带一路"倡议在亚洲并非一枝独秀。实际上，基础设施建设倡议成激增之势（苏朱迪克（Szczudlik），2016）：印度的"蓝色经济"与"东进政策"如今被总理莫迪及其政府班子阐发为"季风计划"（Project Mausam）；韩国的"跨欧亚倡议"（Eurasia Initiative）；日本的"优质基础设施伙伴建设关系：为亚洲的未来投资"（Partnership for Quality Infrastructure：Investment for Asia's Future）。如今百花齐放的倡议项目呼唤着多边对话。基础设施虽占用了大批资金，但并不总是盈利的。在某个规模经济盛行的行业，发展竞争关系难以服众。所以，寻觅协同合作在涵盖"一带一路"倡议与"东盟互联互通主体规划"的同时，还应避免两战略在经济领域的重合。另一种可能是不同的倡议囊括不同的地理区域与需求。上述印度的倡议与韩国的倡议之间就存在着这样的关系，而"一带一路"倡议则既包含前者的南亚地区，又包含后者的跨欧亚地区。日本的倡议则是针对东南亚、西南亚和中亚地区，因此，可以显见其与中国"一带一路"倡议的竞争关系。但日本利用其高科技研发能力，产品质量高、工业组织可依赖性强的名誉，试图通过聚焦高品质的基础设施建设来填补"一带一路"倡议在此的空白，以和其区分开来。当中国产品出现质量问题、科技产品使用被控低于标准，名誉饱受诟病之时，日本的确可以借此扭转局势。譬如，在印尼修建一千万兆瓦的电站，日本就有相对优势。日本的倡议主张为当地居民创造工作机会，以提升其工作技能，而中国的海外公司则更倾向于雇佣华人。同时，日本也注意筛选国家开发计划中的优先事项以实现协同运作；并强调日本为最大的持股者的亚洲开发银行在东南亚的地位，此银行已经成为"东盟互联互通主体规划"中的最大融资机构之一；长期以来，一直对"东盟互联互通主体规划"直接进行投资，这是基于"两个优先"的原则：一是东西向与南部的经济走廊投资优先，二是东盟海上经济走廊投资优先。通过为"东盟互联互通主体规划"中的大湄公河次区域机制下中国所忽视的项目提供投资，日本可提升其区域影响力。日本的倡议对东盟海上成员国来说极具吸引力，对东盟滚装船运网络（ARN）可提供融资。日本还在其他两方面占据优势：第一，日本为菲律宾和越南海岸护卫提供新式汽油船，还帮助印尼采购了三辆，明显是对中国在南海的支配地位进行反击（Lee，2015）。第二，2016年3月11日，日本国会批准通过了对日本国际协力银行（Japan Bank for International Cooperation, JBIC）运营章程的一项里程碑式的改制。此次改制准许银行在保有特殊账目的基础上可进行风险更大的基础设施投资，这使中日之间的竞争更为激烈。① 过为严苛的风险管制是日本将 2015 年印尼首次高铁项目投标失之中国的原因之一（赛伦德拉（Emirza Adi Syailendra），2015）。而在此项修正案下，日本将会在譬如吉隆坡—新加坡高铁等基础设施投资项目投标争夺中更富竞争力。

结　论

"一带一路"倡议对于亚洲内部的整合以及将亚洲与世界其他地区的整合来说，具有很大潜力。在东南亚地区，这种发展潜力尤为重要，因为可着眼于中国与东盟的共同利益而助力"东盟互联互通主体规划"的实施。为了实现这一目标，需要微妙地平衡中国与东盟的利益，不仅发展这两个经济实体间的互联互通，更要促进东盟成员国之间的互联互通。这意味着，中国需要在"一带一路"倡议的基础设施建设计划中，纳入虽与中国的国际贸易与战略利益不直接相关却使当地经济受益的小型项目。这些小型项目通常存在不同的互联互通需求，譬如说发展海洋运输中的沿海贸易抑或是发展陆上运输中的二级路线，对中小型企业与当地经济的影响更为巨大。这意味着我们需要选择那些当局与民众都适度可控的可持续项目。这些项目所占用的土地和环境，尤其关乎那些处在收入分配底端的人民福祉及其经济发展机遇；鉴于会对土地和环境造成的巨大影响，基础设施建设项目应该基于包容性对话，则显得尤为重要。如果决定采用与当地社区对话的形式，并对社会环境问题的冲击性已经做出了初步分析，后续则需要仔细甄选组合大型和小型的基础设施建设项目。这样，则可有效避免后期可能招致的大笔国家债务及其他巨大损失。简言之，"一带一路"倡议不仅是经济发展倡议，还应是人权捍卫倡议。例如，在亚投行（AIIB）的各项遴选过程中，应当将包容性机制或一系列的社会环境附加条件纳入议程。然而，当下仍然未见此种规划。

为使"一带一路"倡议更好地与"东盟互联互通主体规划"协同，更

---

① 参见《日本有限公司为东盟基础设施筹资》，《金融时报》，2016 年 6 月 14 日。

好地服务人类发展，其中一个必要条件就是东盟协调一致地处理对华对话。代表东盟共同利益的"互联互通主体规划"应该成为对话之基，以确保互联互通项目的连贯性，使东盟所有成员国受益，并缩小成员间的贫富差距，减少东盟陆上成员国和海上成员国之间的发展差距。如今，东盟各国与中国间的谈判一直在双边基础上进行而且零碎无序。东盟并未对"一带一路"倡议发表有关宣言和表达观点，以及对战略协同提出什么期许。2016 年 9 月 6 日在越南宣布实施的东盟互联互通 2025 新版主体规划（Master Plan on ASEAN Connectivity 2025）（东盟 2016）中，提及了"对东盟互联互通日程指导领航的 10 大趋势"，其中却丝毫不见"一带一路"倡议（"东盟互联互通 2025 新版主体规划"文件，第 35 页）。在文件第 31 页只是承认了亚投行（AIIB）的存在，而并非对此给出详述。此种洞见缺乏正揭示了东盟无力演绎战略角色，亟需区域领导的现状。东盟是可以作为中国与南亚间的谈判促成机制的，以此可利用"一带一路"倡议的融资，助力"东盟互联互通主体规划"。一种方式是在多边项目融资机制——亚投行中一致发声。还有其他方式，譬如丝路基金的融资手段，可为发展中国与东盟各成员国的双边关系留出足够余地，以吸引对具体基础设施建设项目的额外融资。东盟具体行动对协调日本与韩国的倡议同样大有裨益，具体而言，可调和两倡议的竞争锋芒，使其相互补充，避免资源的重复与浪费。最后还需注意，安全问题对长期发展异常关键。中国南海的领土争端造成紧张与慎重的心态，是"21 世纪海上丝绸之路"全面发展的巨大障碍。将主权争执与合作项目分而治之的方法只在短期内有效，如果这些冲突未经外交倡议与政治妥协层面解决的话，会为长期的国家关系发展埋下隐患。

参考文献

［1］亚洲开发银行. 扶贫脱困促包容发展的基础设施建设. 2012.

［2］亚洲开发银行. 东盟基础设施建设基金. 2016. http://www. adb. org/site/aif/main.

［3］塞伦德拉 A E. 日本在印尼的影响力底线. 南亚论坛［2015-10-12］.

［4］东盟. 东盟互联互通主体规划. 2011.

［5］东盟. 东盟互联互通主体规划. 2025.

［6］阿斯克拉拉 P. 全球生产网络中的东南亚国家. 见：B. Jetin & M. Mikic. 东盟经济社区：亚洲区域整合的模版?. 纽约：麦克米伦出版社，2016. 79—100.

［7］谢秀娥. 东盟经济整合与互联互通. 亚洲经济文丛，2016，15（2）：198—215.

［8］杜瓦尔 Y，范安杰 E. 东盟经济体区域内外贸易成本：对亚洲区域整合的启示. 见：B. 杰汀、M. 米基奇. 东盟经济共同体：亚洲区域整合的模版?. 纽约：麦克米伦出版社，2016. 153—172.

［9］法乌 N. 区域整合与基础设施建设投资：互联互通会缩小不平等吗?. 见：B. 杰汀、M. 米基奇. 东盟经济共同体：亚洲区域整合的模版?. 纽约：麦克米伦出版社，2016. 219—310.

［10］菲特里亚尼 E. 中国"一带一路"倡议：印尼视角."一带一路"倡议及其对柬埔寨的影响国际研讨会.

［11］戈德芒 F. 一带一路：中国向前的伟大一步. 欧洲外交关系理事会——中国分析，2015 年 6 月.

［12］杰汀 B. 绝对贫困缓解，相对贫困凸显，不公平拉大：社会凝合的威胁. 见：B. 杰汀、M. 米基奇. 东盟经济共同体：亚洲区域整合的模版?. 纽约：麦克米伦出版社，2016. 267—289.

［13］杰汀 B，米基奇 M. 东盟经济共同体：亚洲区域整合的模版?. 纽约：麦克米伦出版社，2016.

［14］琼斯 D M. 东盟高仿经济共同体：国内政治经济的主导地位. 见：B. 杰汀、M. 米基奇. 东盟经济共同体：亚洲区域整合的模版?. 纽约：麦克米伦出版社，2016. 11—31.

［15］勒 H H. 中国海上丝绸之路以及东盟互联互通：越南视角."一带一路"倡议及其对柬埔寨的影响国际研讨会.

［16］李 J. 日本在东南亚的战略角色：是否会引发忧虑. 东南亚研究所视角（ISEAS Perspective），2015，28.

［17］伦恩 C. 中国 21 世纪海上丝绸之路倡议、能源安全和海上通道准入. 海洋事务（印度国家海洋基金会期刊）（Maritime Affairs：Journal of the National Maritime Foundation of India），2015，11（1）：118.

［18］皮尔 M，霍姆比 L. 中国区域高铁风投企业竞相争夺高铁建设项目，但仍莫衷一是. 金融时报，2016/9/25.

［19］皮特罗. 亚太互联互通与中国"一带一路"倡议. http://www.eurasiareview.com/author/lucio-blanco-pitlo-iii/page/2/.

［20］苏朱迪克 J. 多带多路：亚洲基础设施项目激增. 波兰国际问题研究院政策文件，2016，148（7）.

［21］叶敏. 中国"一带一路"倡议及其在亚太地区的竞争机制：跨太平洋伙伴关系协定、区域全面经济伙伴关系和新丝绸之路. 亚洲安全研究（Asian Security），2015，11（3）：206—222.

［22］朱志群. 中国的亚投行和"一带一路"：远见与挑战. 外交官，2015/10/9.

第三部分 | 海上丝绸之路、美国与亚太

第 12 章　"21 世纪海上丝绸之路"倡议 与中印海洋合作

欧阳国杏（Ouyang Guoxing）[*]

摘要："21 世纪海上丝绸之路"倡议是中国国家主席习近平在 2013 年 10 月访问印度尼西亚期间首次提出来的。从 2014 年开始，这一概念渐趋成型，主要关注于基础设施和互联互通，并逐渐落实到具体的项目中去。"21 世纪海上丝绸之路"和"丝绸之路经济带"就是现在人们所熟识的"一带一路"倡议的两大支柱。本文主要讨论的是"21 世纪海上丝绸之路"的前景、中国的主要战略目标，以及中国人民解放军海军的作用。鉴于印度的海洋政策不断调整，在未来几十年里，在中印两国之间海洋对冲的可能性不断加大，这源于中国的"21 世纪海上丝绸之路"倡议和印度的"东进政策"有着互相重叠的海洋安全边疆。在此背景下，中印两国除了加强双边海洋对话、减少分歧、扩大共同利益之外，别无良方。

关键词：中印关系，海洋合作，对冲，印太

导　论

"21 世纪海上丝绸之路"倡议（21st Century Maritime Silk Road，MSR）是中国国家主席习近平在 2013 年 10 月访问印度尼西亚期间首次提出来的。根据中华人民共和国发展与改革委员会、外交部、商务部在国务院授权下而联合公布的《推动共建丝绸之路经济带和 21 世纪海上丝绸之路的愿景与行动》（*Vision and Actions on Jointly Building Belt and Road*）（新华社，

---

[*]　中国海南亚太观察研究院副研究员。

2015 年）显示，这条规划中的海上丝路有两个主要分支，一支是从中国东部沿海地区出发，经由南中国海和印度洋海域直通欧洲，另一支是从中国东部沿海地区出发，经由南中国海直抵南太平洋地区。从 2014 年开始，这一概念渐趋成型，主要关注于基础设施和互联互通。"21 世纪海上丝绸之路"和"丝绸之路经济带"（Silk Road Economic Belt，SREB）① 就是现在人们所熟识的"一带一路"倡议的两大支柱。中国对"一带一路"倡议投入了巨大的支持，不仅创建了拥有 57 个成员国的亚洲基础设施投资银行（Asian Infrastructure Investment Bank，AIIB），并在 2015 年底付诸实施，授权资本额高达 1000 亿美元；而且还为丝路基金（the Silk Road Fund，SRF）贡献了 400 亿美元。② 尽管中国公布了"丝绸之路"倡议的合作计划，但是关于中国在这一宏大倡议背后的战略动机（或潜在的战略影响），则备受各国讨论。那么，中国"21 世纪海上丝绸之路"倡议的主要战略目标究竟是什么？

首先，外界普遍认为，"21 世纪海上丝绸之路"倡议是中国"西进战略"（March West）③、"睦邻外交"（Neighboring Diplomacy）和"海洋外交"（Maritime Diplomacy）最重要的一个组成部分。随着中国的快速崛起，地区安全结构正朝着一个新的均衡状态转型。在 2013 年，由于南中国海和东中国海的紧张局势，中国周边海洋态势急剧恶化。然而，中国领导人认为，正是美国"重返亚洲"的战略，才是导致这一紧张态势的根源（凤凰卫视，2014 年）。为了缓和南海局势，中国面向东南亚国家适时提出了"21 世纪海上丝绸之路"倡议，并提倡中国和东南亚国家展开富有成效的海洋合作。

其次，中国认为，作为一个历史性概念，丝绸之路有着某种"丝路精

---

① "丝绸之路经济带"（Silk Road Economic Belt，SREB）倡议由中国国家主席习近平在 2013 年 9 月访问中亚国家哈萨克斯坦时提出来的，主要是为了将中国与中亚、俄罗斯和波罗的海沿岸的欧洲连接起来，同时也使得中国通过中亚和西亚与波斯湾和地中海贯通起来；此外，它还使得中国与东南亚、南亚和印度洋沟通起来。

② 亚洲基础设施投资银行（Asian Infrastructure Investment Bank，AIIB）是一个拥有 57 个成员国的国际治理机制。然而，丝路基金（Silk Road Fund，SRF）的资本来源主要是中国的外汇储备、中国财政部、中国进出口银行，它专门由中国政府负责运营。

③ 北京大学国际战略研究院院长王缉思教授首次提出了"西进战略"（March West）这一概念，详见其文章《西进：中国地缘战略的再平衡》，《环球时报》，2012 年 10 月 17 日。

神"（Silk Road Spirit）（新华社，2014 年），不仅是开放包容的地区经济合作的一种象征，而且代表着中国与外部世界的文化交流。通过重振古代贸易路线，中国新一届最高领导层希望向外界发出明确的信号：中国将一如既往地坚持改革开放政策，并将坚定不移地走和平发展道路，由此抚平外界因中国快速崛起而产生的忧虑和不安。

第三，中国国家主席习近平在 2013 年 10 月访问印度尼西亚期间首次提出了"21 世纪海上丝绸之路"倡议。而正在这次访问的两个月前，也就是当年 8 月 19 日，习近平总书记在全国宣传思想工作会议（National Propaganda and Ideology Work Conference，NPIWC）上发表了重要讲话，他强调，"我们要讲好中国故事，传播好中国声音，增加国家文化软实力"（新华社，2013 年）。古代丝绸之路正是一个极好的中国故事，向外界传递了中国和平崛起的声音，这与某些西方战略家热炒的"珍珠链"战略是截然不同的。就有关如何在国际上传递和解释中国崛起的问题，中国亦将之视为一场战斗。

第四，"21 世纪海上丝绸之路"倡议也是适应中国自身发展尤其是西部大开发战略的需要。当前，中国正在加快转变经济发展方式，调整和优化经济结构。许多中国学者相信，"21 世纪海上丝绸之路"倡议沿线国家和地区是中国产业转移的最佳方向，同时这一倡议也有利于中国企业向沿线国家出口高铁技术和国内过剩产能（包括钢铁、水泥和塑料制品）。[1] 同时，包括高速公路、铁路和通讯网络等基础设施领域的发展，也将有利于深化中国与邻国的经济和贸易关系。此外，中国政府正尝试利用相关金融机构来促进人民币的货币国际化[2]，同时还利用亚洲基础设施投资银行（AIIB）和丝路基金（SRF）所带来的机遇，来加速中国资本项目的开放和人民币的国际化进程。（高翔，2014 年）

第五，中国目前已是世界上第二大经济体，这也使得中国领导人相信"我们从未像今天这样接近实现中华民族伟大复兴的目标"（环球时报，

---

①　世界银行前副行长、首席经济学家林毅夫（Justin Yifu Lin）在 2009 年 2 月率先使用了"新马歇尔计划"（New Marshall Plan）这一概念。

②　中国的四万亿美元外汇储备投资到了回报率较低的证券市场中去，例如美国国库债券的年度收益率仅有 2%—3%。如果中国能够将这笔人民币投资到相关国家，这些国家可以利用人民币从中国购买更多工程物资，而同时这些工程物资对中国而言已经出现大规模的生产过剩现象。

2014 年）。明朝时，中国是世界上最强大的国家，同时也标志着古代海上丝绸之路的一个黄金时代。当前，中国正在迈向强大海洋国家的征程上。就此而论，"21 世纪海上丝绸之路"倡议是在重复历史。从 21 世纪初开始，中国就越来越重视保护其海外利益和海上通道（Sea Line of Communi-cation，SLOC）的安全。尤其是"弧形不稳定地带"（arc of instability）①，对于中国海外贸易和石油线路而言，是一个生死攸关的问题。中国人民解放军海军在保护这一弧形地带沿线的中国利益方面，则发挥着积极的作用。

"21 世纪海上丝绸之路"的合作重点有哪些？

"21 世纪海上丝绸之路"是当前中国中央政府非常重视的一个系统工程，相关部委和地方政府正在积极参与到这一倡议的建设中来，并取得了一些实质性进展（新华社，2014 年）。一些分析家（甚至包括某些国内学者）都倾向于将"21 世纪海上丝绸之路"类比作中国版的"马歇尔计划"，并认为中国将藉此在亚洲地区扩展影响力甚至寻求建立主导地位。②同时，一些战略家相信，这一倡议并非和平之举，他们更倾向于将之视为中国版的"珍珠链"战略。对此，中国政府已经驳斥了上述两种观点，并认为马歇尔计划给受援国强加了一些不平等条件；然而，中国的"21 世纪海上丝绸之路"倡议将坚持"不干涉别国内政，不寻求建立势力范围，不谋求霸权地位"（新华社，2015 年）。此外，"一带一路"倡议是 2014 年11 月 4 日召开的中央财经领导小组（Central Leading Group on Financial and Economic Affairs，CLGFEA）会议的主要议题；在这次会议上，中国的最高领导层将"21 世纪海上丝绸之路"倡议圈定在经济和贸易领域，尽管也与安全和军事领域息息相关，但这与"珍珠链"战略有着天壤之别。要不

---

① "弧形不稳定地带"（arc of instability）是指从加勒比海到非洲大部、中东、中亚和东南亚这一大片区域，美国认为，这一片区域远远落后于世界其他地区。

② 马歇尔计划（Marshall Plan），官方名称为欧洲复兴计划（European Recovery Program），是第二次世界大战结束后美国对被战争破坏的西欧各国进行经济援助、协助工业重建、消除贸易壁垒的计划，合计投入 170 亿美元，对欧洲国家的发展和世界政治格局产生了深远的影响。

然，这一倡议应该是在新设立的中央国家安全委员会（Central National Security Commission，CNSC）这一框架下运行。中国国家主席习近平在此次会议上还号召对"21世纪海上丝绸之路"倡议的时间表、路线图和一些重大工程项目做好准备工作。

根据最新公布的《推动共建丝绸之路经济带和21世纪海上丝绸之路的愿景与行动》来看，"一带一路"倡议主要关注五个领域内的互联互通，包括政策沟通、设施联通、贸易畅通、资金融通、民心相通。就政策沟通而言，"21世纪海上丝绸之路"沿线国家和地区应该就各自的经济发展战略展开全面的沟通，并为大型项目的开工建设给予共同的政策支持。设施联通，也就是互联互通的便利化，是实施"一带一路"倡议的重点领域，其目标是在于推进基础设施建设，构建一个连接亚洲所有次区域的基础设施网络。而就贸易畅通而言，投资和贸易合作是"21世纪海上丝绸之路"的两个主要任务；中国鼓励相关国家提升投资和贸易便利化、关税合作、消除投资和贸易壁垒。资金融通则是建设"21世纪海上丝绸之路"一个重要基石。就民心相通而言，中国鼓励沿线国家和地区秉承"丝路精神"，推进广泛的文化和学术交流、人员往来和媒体合作，由此寻求大众对于建设"21世纪海上丝绸之路"倡议的支持。

总之，互联互通和经济合作是"21世纪海上丝绸之路"倡议的核心。2014年12月5日，中共中央政治局第十九次集体学习的主题就是"加快自由贸易区建设"，习近平总书记在这次集体学习会议上指出，中国应该积极与"一带一路"倡议沿线国家构建自由贸易区网络（《中国日报（海外版）》，2014年）。正是在这一背景下，中国和东盟国家同意启动中国东盟自贸区升级版的谈判进程，并希望到2020年时将双边贸易额提升至一万亿美元。此外，中国与海湾合作委员会（Gulf Cooperation Council，GCC）共同制定了《2014—2017双边合作行计划》，并承诺加速推进双边自贸区谈判进程。考虑到大部分的"21世纪海上丝绸之路"倡议的参与国都退出了美国所主导的"跨太平洋伙伴关系协定"（Trans-Pacific Partnership Agreement，TPP）和"跨大西洋贸易和投资伙伴关系协定"（Transatlantic Trade and Investment Partnership，TTIP），中国应该与周边近邻构建自贸区网络，并将其转化成南南合作的一个平台，同时在沿线国家建立跨境人民币资金池，这都是相当合理的。

"21 世纪海上丝绸之路"背景下的中印海洋合作: 印度的模糊态度

从笔者个人的观点来看，印度对于中国"21 世纪海上丝绸之路"倡议的模糊态度有四大原因：首先，在印度，只有一小部分了解中国对于丝绸之路的感情，某些印度学者甚至将之视为不可告人的秘密，认为"21 世纪海上丝绸之路"倡议只是为了实现其"珍珠链"战略，而且也不相信中国与相关国家建立伙伴关系的诚意。其次，印度也是一个正在崛起中的地区大国，有着自身的合作战略和倡议，包括"季风计划"（Project Mausam）、"香料之路"（Spice Road）和"棉花之路"（Cotton Road）等等，同时认为，印度没有必要像其他中小国家一样加入中国所主导的"一带一路"倡议。第三，莫迪政府比之前几届政府要更为务实，他对于抽象概念并不感冒，但却在等待着"一带一路"倡议的某些具体项目工程并有选择性地加入类似于亚投行（AIIB）的组织。第四，尽管越来越多的印度学者相信中国的"21 世纪海上丝绸之路"倡议从本质上来说是一个经济性倡议，但是他们仍担忧这一倡议的外溢，由此对印度在南亚地区乃至于印度洋地区的主导地位形成某种挑战。

印度对于中国人民解放军海军（People's Liberation Army Navy，PLA-N）在这一倡议中的地位和作用，尤为忧虑；并认为，"21 世纪海上丝绸之路"倡议与印度和印度洋息息相关，这会有助于中国将其军事存在扩展至印度洋地区，尤其是孟加拉湾和阿拉伯海——而此二者恰恰是印度的战略地带。中国政府为了将"21 世纪海上丝绸之路"倡议与所谓的"珍珠链"战略区别开来，倾向于将其限定在软实力范畴内，而不强调其政治或军事色彩。此外，中国人民解放军海军对其自身在"21 世纪海上丝绸之路"倡议中的作用保持了沉默的态度。然而，中国海军潜艇在印度洋地区的出现已经引起了印度对于"21 世纪海上丝绸之路"倡议的疑虑。印度的许多战略家相信，中国人民解放军海军强烈渴望建设一支蓝水海军（Blue-water Navy)①，绝对不会放弃这一倡议所带来的巨大机遇。即便是最著名的古代丝绸之路，也主要是由中国明朝海军所建立起来的。

此外，中国越来越重视保护其海外利益和海上通道（Sea Line of Communication，SLOC）的安全；同时，中国的海外利益也会随着"21世纪海上丝绸之路"倡议的实施而不断延伸。为了打击海盗和保护海外利益，中国人民解放军海军已在印度洋地区有一支合法的护航编队；而就主要关注于经济合作的"21世纪海上丝绸之路"倡议而言，中国海军亟需强化其在印度洋地区合法合理的印象和观感，并使其在印度洋地区的存在常态化，而不是看起来颇为反常。

特别地，中国人民解放军海军针对突破西太平洋地区的所谓"第一岛链"（First Island Chain）② 已经准备多年。随着美国"重返亚洲"战略的出台，中国海军的历次演习都受到美国海军和日本海上自卫队（Japanese Maritime Self-Defense Force，JMSDF）的密切监视和常态骚扰。相对而言，目前在印度洋地区则存在着某种程度的权力真空，并容许中国海军展开更多实质性军事演习和武器测试，同时也有利于中国海军熟悉印度洋地区这一海域的战斗环境。

印度海军深知，中国试图成为一个海权大国，同时，中国人民解放军海军也正在从一支绿水海军迅速成长为一支蓝水海军；中国海军还通过向各个不同海域有力地投射越来越多的舰船和潜艇，以强化自身作战能力。毕竟舰船的作战能力与其对不同海域环境和海洋地理数据（包括水温、盐度和其他水下数据）的熟悉程度密切相关。对于潜艇部队来说，则尤为如此。这就是为什么中国人民解放军海军自2013年底开始向印度洋地区海域派遣潜艇；同时，两艘中国潜艇以常规部署和补给为名停靠在斯里兰卡的科伦坡（Colombo）。

一句话，印度的一些战略家普遍相信，对于中国的"21世纪海上丝绸之路"倡议而言，建设深水港口和后勤补给平台是最重要的形象工程；而

---

① 译者注：蓝水海军（Blue-water Navy），又名蓝色海军，是指能将海上力量扩展到远洋及深海地区、具备远征作战能力的海军型态，最早萌芽于英国皇家海军的"海上远征能力"。所谓的蓝水，指的就是远洋的蓝色海水。蓝水海军要具有能在外洋长时间执行任务、并在宽广的大洋中保护本国及海外国土利益和安全的能力。

② 西太平洋地区的所谓"第一岛链"（First Island Chain）由美国前国务卿约翰·福斯特·杜勒斯（John Foster Dulles）在1951年提出来，并将其作为遏制中国战略的一部分，涵盖在西太平洋地区水域里的一系列岛礁。

中国恰好又有技术和资金方面的优势。同时，中国海军还希望在印度洋地区尽快拥有一些稳定而友好的海军补给基地（这与美国的海军军事基地大为不同），如果中国真的想在不久的将来打造一支蓝水海军的话。

印度针对中国积极的海洋外交

针对中国人民解放军海军在印度洋地区不断扩展的军事存在，印度通过双边的、三边的和多边的机制，扩大了其与西太平洋国家（包括美国、日本、越南、澳大利亚、菲律宾）的海洋伙伴关系，并将海洋外交作为其"东进政策"（Act East Policy，AEP）的重中之重。印度海军的任务是保护印度在相关水域的经济和战略利益。此外，一些东南亚国家（包括越南、菲律宾和新加坡）相信，印度海军可以成为中国在印太地区的一个平衡力量；而自2009年以来，美国一直鼓励印度成为印度洋地区安全的净提供者（Net Security Provider，NSP）。

当前，莫迪政府已经出台"东进政策"，以取代先前的"东望政策"（Look East Policy，LEP）。印度对于美国提出来的"印太经济走廊"倡议（Indo-Pacific Economic Corridor）和日本提出来的湄公河—恒河合作倡议（Mekong-Ganga Cooperation initiative）都持积极态度（刘宗义，2015年），但是，基于自身的安全考量，印度对于是否加入中国"21世纪海上丝绸之路"倡议，则显得暧昧模糊。同时，莫迪政府的海洋外交不仅包括与美国、日本和越南之间积极的军事合作，似乎还想将其自身的"摇摆状态"（half-swing state）① 转换化为一种新的状态，并藉此有意挑战中国的"核心利益"②；对此，我称之为"半摇摆状态"。在过去，印度从未明确地关注中国与其他国家的海洋争端。然而，在2014年9月莫迪访问日本期间，莫迪与日本首相安倍晋三（Shinzo Abe）举行会晤，并与日本一道发表了《东京宣言》（Tokyo Declaration）。这一宣言提到：

---

① "摇摆状态"（half-swing state）特指印度与西太平洋地区国家的海洋关系，实际上，莫迪政府已经改变了印度传统上的"摇摆状态"，并积极介入到西太平洋地区的海洋争端中来，而且还倾向于支持中国的对手。然而，莫迪政府也不可能完全放弃"摇摆状态"而因此得罪中国。

② "核心利益"作为中国外交政策中的一个概念首次出现于2005年，最初仅仅限定在台湾问题上以示中国在维护国家统一和领土完整方面的坚强决心，但是，在随后的几年里，这一词汇逐渐延伸至东海问题和钓鱼岛问题。

印日双方确认在如下领域的共同承诺：海洋安全、航行和飞越自由、民航安全、畅通合法的贸易，以及根据国际法和平解决争端。（《印度时报》，2014 年）

莫迪在访问东京期间，还在日本圣心女子大学（Sacred Heart University in Tokyo）演讲时发表了如下言论：

我们的周围随处可见 18 世纪的扩张主义思维：逐渐向他国渗透，侵入他国水域，侵略并占领别国领土。（印度报业托拉斯，2014 年）

上面这两段表述，均被视为印度官方的立场，主要是为了批评中国建立东海防空识别区（East China Sea Air Defense Identification Zone，ADIZ）的声明①，并隐晦地指责中国在东海水域的钓鱼岛问题上与日本存在着领土纠纷。在莫迪访问美国期间所签署的《美印联合声明》中，又明确地提到了南海问题，调门惊人一致：

两国领导人对于日益加剧的海洋领土争端表示明确的关切，并再次确认了维护这一地区尤其是南中国海域海洋安全、航行和飞越自由的重要性。（美国白宫，2014 年）

而在越南总理阮晋勇（Nguyen Tan Dung）访问印度的两天行程中，两国首次签署了关于军售的重要协议，印度决意向越南出售新式舰船，以此维护南中国海域的航行和飞越自由。

---

① 在 1950 年，美国援引一国根据需要建立领空进入标准和范围的合法权利，联合加拿大设立了最早的防空识别区，即北美防空识别区（North American ADIZ）（Air Defense Identification Zone，ADIZ）。2013 年 11 月，中国政府在东海上空划设防空识别区公布并实施，其中一半与日本防空识别区相互重叠，同时还与韩国防空识别区，以及中国台湾地区的防空识别区重叠了一小部分。

正在浮现的中印海洋对冲

根据上述分析，我们可以清楚地看到，中印两国在"21世纪海上丝绸之路"倡议框架下展开了某些有选择性的合作（例如亚投行和孟中印缅经济走廊建设）；但同时双方也采取了针对对方的一种海洋对冲战略（maritime hedging strategy）①，这可能将加大"安全困境"②（security dilemma）的风险。

对中国而言，"21世纪海上丝绸之路"主要是一个经济性的倡议，同时，中国将其仅仅限定在经济和贸易领域，这与"珍珠链"战略是截然不同的。此外，这一倡议的宏大经济前景已经变得越发清晰。毫无疑问的是，这些大型工程项目尤其是港口建设，肯定有着巨大不确定的战略动机和效应，并将会或多或少地改变印度洋地区的安全结构。随着"21世纪海上丝绸之路"倡议的实施，中国的海外利益将伴随着中国人民解放军海军建设一支强大蓝水海军，而在沿线国家和地区不断地延伸。就此而言，中国海军在某些公海水域尤其是印度洋海域扩展其军事存在，也是历史的必然。换言之，尽管中国政府倾向于将"21世纪海上丝绸之路"倡议限定在地区经济合作的范畴内，但是中国在沿线国家和地区巨大海外经济利益对中国至关重要，以至于中国不能轻信其他的安全提供者，由此默许了中国海军在印度洋地区的扩展。上述所有这些因素，共同导致了印度对于中国"21世纪海上丝绸之路"倡议的严重关切和模糊态度。

印度"东望政策"向"东进政策"的转变，暗示着印度将加强与西太平洋国家从经济贸易到海洋安全等多方面的合作。作为印太地区的一个利

---

① 对冲（hedge）在金融学上指特意减低另一项投资的风险的投资，它是一种在减低商业风险的同时仍然能在投资中获利的手法。一些战略家们经常将其用于国际关系的分析。中印海洋对冲则意味着中国海军在"21世纪海上丝绸之路"倡议中的作用和印度的"半摇摆状态"本质上虽然都有着和平的动机，但是，由于缺乏双边互信，两国为了避免潜在的战略损失，而倾向于采取一些非友好措施。

② "安全困境"（security dilemma），又叫"安全两难"，在国际政治的现实主义理论中，它是指一个国家为了保障自身安全而采取的措施，反而会降低其他国家的安全感，从而导致该国自身更加不安全的现象。一个国家即使是出于防御目的增强军备，也会被其他国家视为需要做出反应的威胁，这样一种相互作用的过程是国家难以摆脱的一种困境。

益攸关方，印度通过海洋外交来强化与西太平洋国家的关系，是合情合理的。与此同时，我们必须看到的是，印度总理莫迪似乎乐见印度发挥"半摇摆状态"的作用，担负起印太地区"安全的净提供者"的责任，而丝毫不介意这将会损害到中国的核心利益。换言之，印度也有可能认为，鉴于"21世纪海上丝绸之路"倡议仅仅关注于经济议题，印度在提升与中国的经济关系方面有着巨大的利益诉求。然而，印度也同时担忧"21世纪海上丝绸之路"倡议在印度洋地区所带来的潜在战略影响；而印度洋地区正是印度天然的地理和战略重心。由此，莫迪政府开始在印度洋地区寻求更多的战略伙伴以阻止中国在这一地区的"扩张"。

结论与建议

从历史上来看，中印关系的敏感议题逐渐从传统的西藏问题、边界问题、中巴准盟友关系，逐步扩展到新的跨界河流问题、贸易失衡问题，乃至于最近的海洋问题。这一发展趋势的原因不仅根植于中印两国间的"信任赤字"（trust deficit），同时与两国不断扩展的安全边界（security boundary）① 有关，毕竟两国作为不断崛起的两大经济体，随着国力的上升，总是有着更大的安全需求。实际上，我们必须意识到，中印两国之间并不存在着任何海洋领土纠纷，但却在海洋安全领域内有着诸多的共同利益。中印两国应该切实采取积极措施，阻止现在的海洋对冲转化成中印关系中另一个敏感的绊脚石，并将"21世纪海上丝绸之路"倡议转化成为中印两国展开合作的一个新平台。

（一）中印两国海军能否在"21世纪海上丝绸之路"倡议下展开合作呢？

中印两国都将经济发展视为各自战略的重中之重。从上述分析来看，中国的"21世纪海上丝绸之路"倡议主要是为了发展与沿线国家和地区的经济伙伴关系，而不是为了创造新的敌人或对手。中国正在全力推进产业升级，并将"21世纪海上丝绸之路"倡议沿线国家和地区视为绝佳的产业

---

① 一些中国学者往往使用"安全边界"（security boundary）和"边界安全"（security boundary）这两个概念，来界定中国的国家利益范围。前者指领土主权和完整，后者指从本土延伸至周边战略空间的国家利益，也包括海外利益。

转移方向；而另一方面，莫迪政府则承诺推行"印度制造"计划（Make in India plan）。"21世纪海上丝绸之路"倡议沿线国家和地区的港口建设将会有力促进印度的"蓝色经济"，并强化印度和相关国家的商业关系。此外，考虑到中印两国都被排除在了美国所主导的"跨太平洋伙伴关系协定"（TPP）和"跨大西洋贸易和投资伙伴关系协定"（TTIP）之外，这对二者来说，在不远的将来会产生极大的挑战，正如中国国家主席习近平所说的那样，"世界工厂和世界办公室的结合，将催生最具竞争力的生产基地"。（《印度教徒报》，2014）

尽管中印两国之间存在着某些分歧，但是在现阶段，两国都不希望发生任何面对面的冲突。在现在这一调整阶段，不断升级的海洋问题，以及基于地区经济合作的"21世纪海上丝绸之路"倡议，并不意味着两国间的海洋冲突是不可避免的。印度前国家安全顾问希夫·尚卡尔·梅农（Shiv Shankar Menon）也认为，中印海洋竞争并不是不可避免的，毕竟两国在维护各自的石油和贸易航线方面有着共同的利益。（印度报业托拉斯，2013）

如果我们从国际关系理论的角度去分析目前的这一对冲局势的话，我们就会发现，地缘邻近性（geographical proximity）、进攻性力量和攻击性动机将会影响到威胁的层级。就"21世纪海上丝绸之路"倡议而言，中印两国之间并不存在任何海洋边界纠纷，而且两国的海洋边界安全被马来半岛（Malay Peniusula）和苏门答腊岛（Sumatra Island）清晰地分隔开。尽管从历史上来看，中国人民解放军海军的军事存在将无可避免地随着"21世纪海上丝绸之路"倡议的实施，而扩展至印度洋地区，但是中国海军在未来的二三十年里实际上不会对印度构成主要的威胁，毕竟印度在印度洋地区有着无与伦比的地缘区位，并占据着印度洋地区政治和军事方面的主导地位。显而易见的是，中国海军在西太平洋地区对于印度海军来说有着同样的优势，并在西太平洋地区有着自身的核心利益，包括台湾问题、南海问题和东海问题。换言之，中国人民解放军海军主要关注的焦点是西太平洋地区而非印度洋地区。与此同时，尽管印度海军不再局限于印度洋地区而积极准备践行莫迪政府的"东进政策"，它的主要责任还是保卫从霍尔木兹海峡到马六甲海峡之间的国家利益，这也就是说，印度海军主要关注的还是印度洋、波斯湾和孟加拉湾，而不是为了跟中国在西太平洋地区竞取利益。（苏希尔·辛格，2014）质言之，相对于其巨大的潜在经济效益，"21世纪海上丝绸之路"倡议的安全影响被极大地高估了。事实上，通过寻求在海洋领域内的合作，中印两国能够非常容易培育军事关系。而且，海洋合作有利于促进互信的建立，更是两国在诸多其他领域内紧密合作的一个主要催化剂。中国和印度可以抓住机遇，在这些海洋问题彻底落入"安全困境"之前，深化两国之间脆弱的军事联系。

（二）一些政策建议

第一，中国应就"21世纪海上丝绸之路"倡议向其他国家作更多的解释和说明，将这一倡议的官方纲领和其他信息与相关国家共享，以此增强各国之间的互信，并使得沿线各国能够理解这一宏大倡议背后的真实目标。就此而言，"21世纪海上丝绸之路"倡议的沿线国家应该认真考虑建设双向信息共享机制（不仅包括政府官员，也包括民间智库），以此沟通各方之间的真实意图。

第二，中国的"21世纪海上丝绸之路"倡议应该坚持"不干涉别国内政，不寻求建立势力范围，不谋求霸权地位"，继续将经济和非传统安全领域作为这一倡议的主要目标和重中之重。考虑到沿线各国在海洋方面展开竞争的这一事实，"21世纪海上丝绸之路"倡议沿线国家和地区应该加强"海洋对话"，并在未来将这一倡议视为一种建立信任的措施。

第三，中印两国应该尽快完成区域贸易协定的可行性研究，尽管对于两国来说，启动自由贸易区谈判绝非易事，毕竟作为一个重要议题，它的政治性要高于它的经济性。目前，两国正在努力达成一项区域贸易协定即东盟国家所提出来的区域全面经济伙伴关系（Regional Comprehensive Economic Partnership，RCEP），这也意味着对于中印两国而言，在多边经济合作机制框架下的合作要更为顺畅。对印度来说，"21世纪海上丝绸之路"倡议不仅仅会带来不确定的海洋挑战，从另一方面来说，也是两国强化经济联系、在地区经济一体化进程和海洋对话中展开合作的绝佳机会。

第四，中印两国应该严肃对待双边海洋对话，并开始学着如何启动海洋合作。鉴于中国的"21世纪海上丝绸之路"倡议和印度的"东进政策"在未来十年里有着互相重叠的海洋安全边疆，在此背景下，中印两国除了加强双边海洋对话、减少分歧、扩大共同利益之外，别无良方。印度已经与包括美国、日本在内的主要海洋大国（乃至于和巴基斯坦）都展开了某种形式的海洋对话，但是提议中的中印海洋对话却推进迟缓。实际上，在推进海洋对话方面，中国的态度远比印度要积极得多，因为目前所有的建议都来自于中国这一方。

早在2012年3月，时任中国外交部长杨洁篪先生（目前是中国主管外交事务的国务委员）访问了印度，并提议中印两国可以展开双边海洋对话，以此作为两国间建立信任的一种主要措施。杨洁篪的这一提议得到了印度方面克里希南（S. M. Krishna）的大力欢迎。在 2014 年 2 月，杨洁篪作为中国政府的特别代表又出访了印度，并再一次号召两国展开务实的海洋对话。对此，印度官员在总体上是持欢迎态度的，但也认为，两国间海洋对话的形式、本质和议程还有待确定（马诺吉·乔希，2014）。在 2014 年 9 月中国国家主席习近平访问印度期间联合发表的《中印联合声明》中曾这样提及：

> 中印双方决意在年内展开首轮海洋对话，就海洋事务和安全交换意见，包括打击海盗、航行自由、两国海洋部门合作。（印度外交部，2014）

遗憾的是，像往常一样，海洋合作毫无具体进展。

第五，从笔者个人的观点来看，为了展开务实有效的海洋合作，中印两国应该尊重彼此的重大关切和核心利益，并将"21 世纪海上丝绸之路"倡议视为两国间建立信任的一种主要措施，和两国在诸多其他领域内紧密合作的一个主要催化剂。例如，中国应该意识到，印度洋地区和印度的国家安全利益息息相关。如果必要的话，中国应该告知印度其在印度洋地区的相关活动，并在未来中巴敏感的军事技术合作问题上（例如潜射导弹）采取更加审慎的态度。同时，印度应该清楚地认识到，南海、东海和钓鱼岛等问题是中国的核心利益，在此类问题上中国绝无妥协之余地，而印度触碰此类复杂敏感议题也是绝无任何好处可言的。

由此，中印两国应该利用海洋对话作为一个出发点，来澄清彼此海洋战略中的误区。两国可利用"21 世纪海上丝绸之路"倡议这一机遇，在非敏感领域展开海洋合作。实际上，海洋合作并不仅仅包括应对共同的非传统安全挑战的海军演习，也包括推进海洋经济合作等方面。中国的"21 世纪海上丝绸之路"倡议从本质上来讲，是一个宏大的海洋合作工程，涵盖港口基础设施的建设、执法机关保卫海上通道的能力建设、蓝色经济、在沿线建设生产基地、研究和开发联合中心、气候变化的适应、污染防治与管控、甚至包括旅游和教育，等等。总而言之，中印两国在海洋合作方面存在着提升空间和潜能。无论莫迪政府是否会加入"21 世纪海上丝绸之路"倡议，中印两国之间的海洋合作将是一个大趋势。

参考文献

［1］新华社.推动共建丝绸之路经济带和21世纪海上丝绸之路的愿景与行动.2015-3-28.http：//news.xinhuanet.com/english/china/2015—03/28/c_134105858.htm.

［2］凤凰卫视.房峰辉：美国的"重返亚太"战略使得南海和东海失去了往日之平静.2014-5-16.http：//news.ifeng.com/a/20140516/403360080.shtml.

［3］新华社.丝绸之路经济带倡议有利于推动亚洲的复兴.2014-3-8.http：//www.globaltimes.cn/content/846948.shtml.

［4］新华社.习近平：讲好中国故事，传播好中国声音.2013-8-21.http：//news.xinhuanet.com/zgjx/2013—08/21/c_132648439.htm.

［5］高翔.央行首次评论：亚投行和丝路基金将加速人民币资本项目的国际化.2014-12-26.http：//news.xinhuanet.com/fortune/2014—12/26/c_127338672.htm.

［6］环球时报.习近平重申了贯彻落实"一国两制"的坚强决心.2014-12-20.http：//www.globaltimes.cn/content/897798.shtml.

［7］新华社.中国外交部长说，2014年是中国外交的丰收年.2014-12-11.http：//news.xinhuanet.com/english/china/2014—12/11/c_133848777.htm.

［8］新华社.中国外交官表示，中国将更加积极主动地加强与邻国的外交关系.2015-1-1.http：//en.people.cn/n/2015/0101/c90883-8830445.html.

［9］中国日报（海外版）.自贸区对中国全球地位的关键作用.2014-12-12.http：//usa.chinadaily.com.cn/epaper/2014—12/12/content_19074358.htm.

［10］刘宗义.尽管中印经济联系日益紧密，但印度仍然担忧中国不断崛起的实力.2015-1-6.http：//www.globaltimes.cn/content/900129.shtml.

［11］印度时报.针对印度的东京宣言：日本的特殊战略与全球伙伴关系.2014-9-1.http：//www.mofa.go.jp/files/000025064.pdf.

［12］印度报业托拉斯.中国媒体评论莫迪的"扩张主义言论".2014-9-2.http：//articles.economictimes.indiatimes.com/2014—09—02/news/53479794_1_prime-minister-narendra-modi-east-china-sea-senkaku.

［13］美国白宫.美印联合声明.2014-9-30.http：//www.whitehouse.gov/the-press-office/2014/09/30/us-india-joint-statement.

［14］印度教徒报.面向一个繁荣的亚洲世纪.2014-9-17.http：//www.thehindu.com/opinion/op-ed/towards-an-asian-century-of-prosperity/article6416553.ece？homepage=true.

［15］印度报业托拉斯.印度国家安全顾问说，印中的海洋竞争并非不可避免.http：//articles.economictimes.indiatimes.com/2013—03—04/news/37437028_1_india-and-china-sino-indian-india-china.

［16］辛格S K.印度海军积极践行"东进政策".2014-12-24.http：//apdforum.com/en_GB/

article/rmiap/articles/online/features/2014/12/24/india-navy-policy.

［17］乔希 M. 印度只是中国新丝绸之路上的一站. 2014-2-19. http://www. dailymail. co. uk/indiahome/indianews/article-2563192/THE-BIGGER-PICTURE-India-just-stop-Chinas-silk-route. html#ixzz3PX9nI9KN.

［18］印度外交部. 中华人民共和国和印度共和国关于构建更加紧密的发展伙伴关系的联合声明. 2014-9-19. http://www. mea. gov. in/bilateral-documents. htm? dtl/24022/Joint + Statement + between + the + Republic + of + India + and + the + Peoples + Republic + of + China + on + Building + a + Closer + Developmental + Partnership.

第13章　利益之间的冲突：美国的重返亚洲战略与中国的海上丝绸之路

劳伦斯·普拉巴卡尔（W. Lawrence S. Prabhakar）*

摘要： 中国的"21世纪海上丝绸之路"倡议对美国在该区域中的传统支配优势构成挑战。美国的亚太再平衡战略，是对中国军事崛起的典型反应，中国的"海上丝绸之路"倡议，也使得美国为其传统经济外交伙伴关系框架而感到惴惴不安。但是，美国在东南亚和亚太地区的一些盟友，因为顾忌中国的真实意图而一面逢迎中国，一面又心有芥蒂不敢放手加入这一经济架构中。鉴于此，本章将着重探讨美国的重返亚洲战略，及其如何试图重组与亚太地区的经济战略合作关系，并做出对比分析；研究中国海上丝绸之路外交筹谋与之的细微差别，以及中国如何应对美国及其同盟国在亚洲地区的战略布局。

关键词： 美国重返亚洲战略的对华焦点，21世纪海上丝绸之路的战略筹划，利益冲突

中国"21世纪海上丝绸之路"倡议的宣布，是对美国"亚太再平衡"战略谋划的直接回应。美国自恃本国健康运行的经济，以及经过数次协调重组可灵活调遣的前线海空部队，对外宣称其在亚太地区的战略支点地位，并与亚太国家不断加强双边关系对话与联盟建设。美国的重返亚洲战略凸显美方经济参与，以及进一步部署军事力量在本区域的必要性。该战略实施之后，大量贸易与投资将自美国涌入该区域，这对促进美国在此地原有的经济参与、加强外交话语权大有裨益。美国主导的跨区域经济倡

---

* 印度泰米尔纳德邦马德拉斯基督教学院教授。

议——"跨太平洋伙伴关系协定"（TPP）不仅会把美国的经济韧性、雄厚的财力、先进的技术生产力引入本区，还会筑成一道固若金汤的堡垒，迟滞中国的增长后劲，向中国"海上丝绸之路"倡议示威。就中国而言，为打击美国主导的亚洲开发银行（ADB），筹备建设亚投行（AIIB）。亚投行将致力于促进区域内港口、公路和电站等基础设施建设。亚投行创立初始启动资金高达 500 亿美元，其中，中国将分担近一半的经费即 250 亿美元。

中国发起的丝路基金（SRF）以及亚投行，对传统意义上美国主宰的区域金融和贸易机构网构成直接威胁。具体而言，主要是国际货币基金组织（IMF）、世界银行（WB）、亚洲开发银行（ADB）等机构组成的布雷顿森林体系（Bretton Woods System）。

因此，中国的"21 世纪海上丝绸之路"倡议直接冲击着美国在区域内的传统支配地位。此倡议还试图渗入亚太经合组织（APEC）框架下的伙伴关系以及双边合作中。美国亚太再平衡战略是对中国军事崛起且日益咄咄逼人的典型反应，中国的"21 世纪海上丝绸之路"倡议又使美国为其传统经济外交伙伴框架而感到惴惴不安。但是，美国在东南亚和亚太地区的一些盟友因为顾忌中国的真实意图而一面逢迎中国，一面心有芥蒂不敢放手加入这一经济框架中。

鉴于此，本文将着重探讨美国的重返亚洲战略及其如何试图重组与亚太地区的经济战略合作关系，并且做出对比分析，研究中国海上丝绸之路外交筹谋与之的细微差别，及中国是如何回应美国及其同盟在亚洲地区的战略布局的。

美国重返亚洲战略与中国海上丝绸之路背后的理论框架

美国重返亚洲战略与中国海上丝绸之路倡议的愿景与筹谋存在利益相悖，一方是目前占支配地位的世界霸主，而另一方则是日益崛起的新兴大国，这使外界对这两方的权力争夺产生多种猜测。纵使二者的愿景和筹谋不同，但两个框架却并行存在。霸权稳定论（the Hegemonic Stability theory）的前提是必须有一种遍及全球、支配各重要国际条例、协议、机构的霸权国。此种霸权统治通常是外交手腕、政治辞令、军事恫吓、经济压制的集合体（金德尔伯格，1973）。除此以外，霸权稳定论也主张霸权国必须有无可匹敌的政治经济实力（吉尔平：《国际关系的政治经济学》《世界政治中的战争与变革》)。由此，经济强大、重要科技领域实力雄厚是典型的霸权国特点。

霸权稳定论认为，霸权国在国际事务中采取积极行动的外交政策。根据理论研究，霸权国为维护自己的国际地位，会致力于捍卫国际体系的稳定格局，而不是服务于自己的利益（克拉斯纳、帕斯夸尔，2005）。就美国而言，作为占支配地位的霸权国，一直以来就试图捍卫"二战"后的和平局面，并与苏联对抗，之后又与中国对立。美国在亚太部署经济军事力量作为重要支柱，并广泛拉拢各国，致力于亚洲开发银行建设，巩固其与日本、韩国、澳大利亚以及泰国、菲律宾等非北约盟国的双边联盟关系，发展与东盟及其成员国之间各种多边和双边的合作。

然而，霸权稳定论也强调，在国际体系内，霸权国创造所有国家共享的区域性或国际性的公共产品（基欧汉，2005），霸权国单方面使用资源迎合体制内稳定发展的趋势。"二战"后，美国为创造更多的公共产品，发展广泛的多边和双边经济关系，部署可强硬威慑修正主义势力的军事力量而砸下重金。中国作为后起之秀，将会首先仿照美国霸权运行机制，然后取代美国在本区域的位置。美国在"二战"后唱了一出"马歇尔计划"的戏份，为受战争肆虐的亚洲与欧洲国家提供广泛的经济援助。"马歇尔计划"为美国在全球秩序中的温和霸权统治奠定基础，也为区域军事组织部署军事力量，促进区域联盟升级，亦为美国战略稳定铺路。就这样，"二战"后的70多年在相对和平安宁中度过。中国的丝路计划与经济走廊倡议被解读为对美国亚太影响力不断巩固的回应。中国国家主席习近平宣布中国和平崛起的伟大战略设想。在这个宏大的战略筹划中，中国意图效仿战后美国在亚欧两大洲的战略布局，试图凭借国家软实力的提升，与亚欧国家发展切实的合作关系。

第二个发人深省的理论框架是权力转移理论（Power Transition Theory）。权力转移理论主要阐释后起霸权势力的角色转变，以及没落的霸权国对此的反应。该理论将国际政治解释为国家间程度有别的竞争合作等级排列体系（奥根斯基、库格勒，1980）。这一理论认为，国际政治在横向和纵向上是一体的，并区别国内政治与国际政治（库格勒：2011）。结构规则的相对静止，伴随着那些促进国际体系如何变化且为何变化的动态因素（库格勒，1989）。权力转移则着眼于不同的增长水平，以及其对改变国家间的相对实力的作用，这种作用会导致国家间新关系的形成，以及新政治经济实体的出现（维尔纳、库格勒，1996）。国家间增长实力的差异为以后的冲突埋下了隐患。当挑战国与支配国或经济发展主导国实力齐平，特别是挑战国不甘落后的现状时，冲突便产生了。权力转移理论认为，国家内部以及国家间的关系并非混乱无序，与此相反的是，这种关系处在不断的变化之中，很大程度上取决于国家在国际体系中是否存在满足感（达尼洛维奇、克莱尔，2007）。国际与区域等级体系顶端的强国是霸权国，这种支配国或经济发展主导国试图通过与那些政局稳定、满足现状的小国建立联盟，赢取其支持目前国际形势政治，进而统领国际秩序（莱姆基：2004）。权力转移理论还指出，挑战国不断追赶霸权国实力的这一阶段，是国际秩序转变的危险期。这被称为实力平衡期，是从挑战国达到霸权国经济实力的 80% 开始算起，一直持续到实力赶超霸权国 20% 而结束（塔曼：2000）。

霸权稳定论与权力转移理论都启示我们，美中两方正处于一方试图保全支配地位，而一方又雄心勃勃地准备接任支配国的困局中。随着中国在亚太地区的经济战略地位日益增长，受此挑战，美国隐约感受到其长期保持的霸权地位正在日渐微衰。所以，通过亚洲再平衡战略来加强美国在本区域的影响力，并给美国各同盟伙伴国以安抚信号：为应对中国的战略崛起，美国将对本区域保持一以贯之的经济参与和战略支持。然而，美国在此区域的盟国不仅经济上依靠美国，也与中国存在颇深的经济依赖关系，但在面对中国军事上的强硬姿态时，仍希望得到美国的军事威慑保护伞。

虽然中国仅仅在名义上积极投身区域包容发展，制定囊括亚洲国家而将美国排除在外的倡议规划，但美国已体察出来自中国的战略威胁。在另一方面，中国作为挑战国在权力转移时期对美国构成的种种威胁与挑战，也使美国惶恐不安。于是，美国打着"反对中国介入亚洲国家事务"以及"反区域封锁"等旗号，理所当然地干涉其亚洲盟国事务。美国海空军力量的再次调整，使其在应对中国南海和东海挑衅中有更强的恫吓作用。

美国的军事部署调整正紧锣密鼓地进行，而中国就对此做出回应，提出了"丝绸之路经济带"倡议以及"21世纪海上丝绸之路"倡议。这是中国为提升在欧亚地区的影响而做出的经济投资战略回应。

中国"丝绸之路经济带"（SREB）以及"21世纪海上丝绸之路"（MSR）作为一种伟大的战略模式，也显示了中国希望巩固其日益崛起且向西扩展在亚太和跨亚欧地区影响力的决心。曾经盛极一时的古代丝绸之路在西面联通西亚，由海上丝绸之路直达南面的印度以及东非的海岸地区。中国深度挖掘其背后的文明根源，在当代社会重塑古丝路的盛况，提出"一带一路"倡议，这显示了中国在全球地缘政治中成熟的理论构建能力。"一带一路"是关于地缘经济的伟大构想，勾画了一个影响跨亚欧和泛亚地区的全球性强国的崛起之路。这一战略谋划也是促进中国偏远西部地区发展的内在要求，是中亚—俄罗斯—跨欧亚国家共享中国发展成果的必要条件。

中国已投入大量的财政和贸易盈余用于扩充丝路基金（SRF）、建设亚投行（AIIB）。亚投行的建设意在与世界银行、国际货币基金组织和亚洲开发银行在金融领域竞争，并提供另一种投融资方式。实际上，亚投行的原始资本就高达 1000 亿美元，而亚洲开发银行目前只有 1650 亿美元的运作资金（新华社：2014）。"一带一路"倡议提出之前，鉴于中国在南海和东海的挑衅姿态，以及美国与亚洲盟国矛盾的加深，美国宣布了亚洲再平衡与重返亚洲计划。"将亚洲亚洲化"（Asianizing Asia）作为"一带一路"倡议的情结所在，也同样充盈在中国国家主席习近平的"中国梦"（China's Dream）、"亚洲人的亚洲"（Asia for Asians）的理论构建中。此种主旨是对美国再平衡与重返亚洲战略说教的反驳，构成了中国"一带一路"倡议的基础。

中国在一体化的包容性框架下，基于经济、基础设施建设和贸易发展的要求而构建了这些倡议。它为框架内的国家提供亟需的经济基础设施发展资源，同时伴随其建立的亚太自由贸易区（Free Trade of the Asia-Pacific）也因包容性更强而吸纳了更多的亚太国家加入。这种规模远超美国建立的跨太平洋伙伴关系协定（TPP）（德尼尔，2014）。"一带一路"倡议的经济发展承诺极具吸引力，就社会环境方面的限制条款而言，没有任何附加条例。对那些不屈从于布雷顿森林体系下社会环境规章的国家而言，"一带一路"倡议可作为绝佳的替代选择，也为基础设施建设融资铺平了道路。另一方面，中国在倡议中无附加设置条款也使美国更加焦虑，于是决心亲自投身亚太，为其在此区域拥有持久影响力而储备地缘经济与战略势头（肯普，2014）。中国"一带一路"倡议的提出，也强化了美国通过更积极的经济参与与军事调整重返亚太的决心。

美国重返亚洲战略如何聚焦中国？

美国正处在全球地缘政治活力转移期，为了可持续地拓宽经济活动领域，美国在外交、经济、发展、人员往来和安全等领域广泛联系亚太地区。亚太地区经济与战略重要性的日益凸显，也使美国坚定了重返亚太的决心以及在印太地区海空力量部署（坎贝尔，2013）。中国的积极崛起以及战略军事现代化，使美国不仅积极发展与亚太地区的经济商贸关系，不断强调多边框架的建立；而且还重新度量美国在该区域的军事力量部署，以应对中国的战略与军事现代化。美国的再平衡战略为再次笼络亚洲而提出的跨太平洋伙伴关系协定（TPP）则是其经济与多边贸易倡议的主体，而美国的重返亚洲战略则是对美国联盟伙伴国的战略安抚。同时，美国重返亚洲战略也会寻求多种方式，应对中国、伊朗和朝鲜所采取的对美国盟友构成威胁的不对称战略。

亚太地区对美国的经济利益而言日显重要，中国同样也对美国未来的经济走向意义特殊。鉴于中国不断增长的军事实力以及对海上争议水域愈发有底气的主权声索，美国主导这一区域发展的权力与自由受到了中国的挑战。在美国的亚太同盟国中，不断强化着一种美国无力致力于该区域和平与安全的说法，这是因为美国政府的预算不断缩减，其中，国防预算则表现得特别明显。

在另一方面，美国也害怕在亚太地区失去往日的影响力，于是启动了各式的意向规划，来应对中国军事战略现代化带来的政治军事挑战。美国的再平衡计划与重返亚洲战略则意图从军事上削减中国实力，而中国将其视为来自美国的区域分裂与势力遏制手段，这使中国采取保护主义措施，对美国在这一区域的经济利益漠不关心（Rong，2013）。

美国正处在全球地缘政治活力转移期，为了可持续地拓宽经济活动领域，美国广泛参与与亚太地区各国在外交、经济、发展、人员往来和安全等领域的合作建设。

美国再平衡战略体现了"需要更有远见的外交谋略部署，为联盟伙伴国兑现经济承诺并给予战略性保障"的背景。

美国亚太地区再平衡战略则凸显了六项优先事宜（坎贝尔，2013）：

联盟：加强联盟关系是美国地区经济参与的基础，也是区域和平与安全赖以维持的支柱。在与联盟国的伙伴关系中，美国努力创造和平秩序，以提振区域战略自信，为联盟国之间彼此建立更紧密的纽带关系提供有利环境。

与新兴大国改善关系：美国在加强已有联盟关系的同时，也注重改善与新兴大国的关系。这其中最严峻的挑战是建立、维持与平衡好与中国的关系。除此以外，鉴于中美同与印度确定了友好伙伴关系，在拓展与印度在经济、发展与安全领域的切实合作方面，美国还面临严峻挑战。纵使印度在各方面都与美国发展了密切的经济联系并确保了战略关系，其与中国的经济纽带也同样强韧。美国在亲近印度的同时，为拓展其在印太地区的经济战略话语权，也寻求让日本加入三方合作项目。美国也寻求与印度尼西亚、越南、新西兰与新加坡的友好合作关系。

经济国策：美国外交政策的核心要素是促进经济恢复。自 2008 年金融危机以来，美国一直苦于国内经济不景气，并希望通过与亚太地区合作来促进美国的经济增长，并带动该区域的经济增长。美国的盟国也十分热衷于到美投资，因为投资是在透明且可预测的合法投资体系中进行的。美国新总统特朗普执政集团如何整合亚太地区发达国家与发展中国家，建设统一贸易社区，以与跨太平伙伴关系协定（TPP）互补，我们还需拭目以待。同时，美国和东盟（Association of Southeast Asian Nations，ASEAN）一起启动了"美国—东盟扩大经济合作倡议"（Expanded Economic Engagement，E3 initiative），以增强在东南亚地区的发展实力。能源外交也隶属于美国在该区域发起的倡议之一。美国凭借本国丰富的页岩油气生产资源，希望以此发展与东南亚盟国的贸易。

积极参与多边机构事务：参与亚太地区多边机构运作日渐成熟，在其中参与事务是美国区域方针中创新元素之一；这些机构虽资历尚浅，但随着规则任务体系的构建与强化，会更有潜力处理更复杂的跨国难题，并不断推动深化合作。美国为促进与多边机构合作，积极参与东盟防长扩大会议（ASEAN Defense Minister's Meeting ADMM Plus）以及一年一度的太平洋论坛。

支持普世价值观传播：美国坚定支持与倡导普世价值观，并将其贯穿于所有美国在亚太的外交合作中。这种普世价值观包括人权与民主。美国助力推动政治经济改革，其中包括给予媒体更大的言论自由。一直以来，美国不断强调人权的重要性，指出其是政局稳定的重要来源、国家富强繁荣的重要推手。

增强美国的军事部署：美国正努力发展一种地理分散且政治可持续的武装阵势：宣布往澳大利亚调度新部队；向新加坡部署新海军；对菲律宾开展新领域的军事合作。由此可看出，美国虽然削减了国防总开销，但美国在东亚的军事影响力却大大增强。重返亚洲战略要求将美国海空部队按 60:40 的比例陆续分配到此区域，以增强其应急、袭击和两栖作战能力，从质量上提升美国核潜艇在该地区的军事部署能力。

现今对各式双边条约的条款承诺与价值提振以及区域协同性构建，是美国再平衡与重返亚洲战略上述这六大支柱的基础。

21世纪海上丝绸之路：地缘政治、地缘经济、战略举措

为了应对美国种种的举措，中国凭借经济实力投身该跨欧亚地区，并使后者也成为中国的战略目标。中国一方面向这一地区示好，另一方面其在东海和南海的海上争端也在持续（王、路德维格，2015）。但是不管如何，中国"21世纪海上丝绸之路"中地缘政治、经济和战略要素对亚洲地缘政治秩序与安全架构影响巨大。"一带一路"倡议将中国的地缘政治举措引入到中亚、欧洲以及南亚和印度洋区域。"一带一路"倡议主要着眼点在于建设以高速铁路、公路以及高速公路、互联网系统为主的互联互通基础设施，将中国西部与中亚联系，这一互联互通项目将延伸至土耳其、伊朗，甚至远至欧洲（荷兰国际问题研究所，2015）。

"21世纪海上丝绸之路"将促进港口及其相关基础设施的建设，范围延伸至印度洋，并通过苏伊士运河进入地中海流域。经年累月，"丝绸之路经济带"与"21世纪海上丝绸之路"将会与六大经济走廊无缝对接，包括中巴经济走廊、孟中印缅经济走廊、中蒙俄经济走廊、中国—中南半岛经济走廊、跨欧亚大陆桥、中国—中亚经济走廊等。

中国在贸易、基础设施建设领域的多层次经济关系，会将大量的贸易额带入广大的跨欧亚市场。在地缘经济领域，这会促进跨境外汇交易中的货币兑换，因为中国人民银行与其他国家央行间达成一系列货币兑换协议促使人民币成为跨境交易贮存货币，这给予中国极大的地缘政治与经济话语权。"一带一路"倡议内部植入的活跃机制可促进人员往来和国家关系的发展。从人口统计学角度看，"一带一路"倡议内包含44亿人口（世界人口的63%），GDP总量高达2.1万亿美元（世界总资产的29%）（斯托克斯，2015）。

此种规模的领土范围和人口数目都将加速中国在此区域乃至世界的支配地位。就战略可行性而言，"一带一路"倡议开启了中国与欧洲和俄罗斯的全面战略伙伴关系。这两大地区是中国向西扩展影响力的利益攸关之所在。"一带一路"倡议扩充了中国西向发展的内容，并且更广泛地扩展了现今聚焦东部（针对日本、美国）的国家发展综合战略（陈，2015），使其更加全面地覆盖了西部的俄罗斯、中亚、波斯湾—西亚、甚至欧洲地

区（潘志平，2014）。中美在 20 世纪 70 年代末重新建交，这使双方对各自的霸权意图避而不谈。此后，中国与东亚、东南亚地区积极开展合作，极大地促进了经济增长。随着中国崛起论的兴起，美国通过再平衡与重返亚洲战略重新确定其霸权意图。这使中国的经济意愿发生转变，从原先的向东部太平洋地区发展转至向西部大陆地区进发。譬如，向跨亚洲、跨欧亚地区以及印度洋地区发展。这显示了中国谨言慎行地避免与美国发展对峙的意图，以及与饱受经济危机和经济缓慢增长的亚欧地区共享经济与基础设施建设红利的谋略。

　　"一带一路"倡议试图引入更强大的多极化因素来打破单极结构，对削弱美国霸权具有非军事的催化作用。在随之而来的地缘政治考量中，俄罗斯政府也在警惕着自家后院，密切注视着中国在西向扩展中与前苏联加盟国的关系，毕竟俄方欧亚经济联盟与中国"一带一路"倡议存在着重叠区，中国政府面临着能否保持好经济与战略平衡的挑战（加洛：2014）。"一带一路"倡议是伟大的战略平衡，显示了中国政府积极推动平衡美方在区域中角色的努力。这一倡议覆盖亚洲和欧洲广大地区，把美国孤立在太平洋与大西洋之间。

　　亚太地区在美国再平衡战略与重返亚洲战略会受怎样的影响？中国的"21 世纪海上丝绸之路"倡议如何对此做出回应？以下就这两个战略的迥异之处和不同作用进行分析。

重返亚洲战略与海上丝绸之路战略的迥异

　　美国的重返亚洲战略与中国的海上丝绸之路战略彼此迥异，作用不同。美国再平衡战略与重返亚洲战略主张利用外交手腕与军事部署行动取得经济战略优势来遏制中国；而中国的"一带一路"倡议则是对此战略的回应。"一带一路"倡议的兴起显示了一个步步为营的大国满怀热忱通过丝路基金（SRF）、亚投行（AIIB）为贸易、基础设施、互联互通项目投融资的决心。这两大投融资机构同时也承诺要帮助经济复苏，巩固中国外交经济政策游移不定的摇摆。纵使在军事上的争斗未知胜负，中国仍强调经济方面的权力转移，在其与亚欧海陆地区的软实力合作中凸显出此意向。

　　美国再平衡战略与重返亚洲战略尤其缺少金融要素，因为美国试图与联盟国分担经济复苏的重担及伴随本区军事力量升级而来的压力。

　　丝路基金（SRF）以及亚投行（AIIB）同时吸引了许多欧洲国家加入，譬如英国、法国、意大利、德国（查罗林，2015）。美国重返亚太的同时，中国领导亚洲进驻欧洲，这样就对冲了美国政府亚洲再平衡的战略筹谋。美国拒绝加入亚投行及其对亚投行运行的强烈反对，正体现了在面临欧洲盟友加入时美国显示出脆弱的一面（库普、唐，2015）。

　　美国再平衡战略与重返亚洲战略宣告了美国重回亚太地区的决心，但实际上美国势力从未离开过亚太，因此这只是针对中国的噱头罢了。"一带一路"倡议将焦点放在与跨欧亚和西亚波斯湾地区开展合作方面，间接地深入美国的势力范围，并向美国政府发出信号：将中国排除在外的协议一定不会一帆风顺，譬如"跨太平洋伙伴关系协定"（TPP）。这体现了中国极其高超的外交斡旋手段。2008 年金融危机初现端倪，美国政府就发起了战略性再平衡计划；经济危机肆虐过后，美国却随之失去了融资再平衡战略的资源条件；而手握 4 万亿美元外汇储备的中国，则可放心地将其中的 400 亿美元用于丝路基金（SRF）与亚投行（AIIB）建设中去（任、吴，2015）。

　　中国"一带一路"倡议强调"三不许"：不许干涉国家内部事务；不许寻求"势力范围"；不许图谋霸权（狄伯杰，2014）。美国的重返亚洲战略则调用强大的军事行动能力，来对冲中国不断增长的军事力量，同时制定所谓民主准则来遏制中国。

　　美国的重返亚洲战略包含以下军事层面：

　　一、强化海军介入权、为战略固基：一直以来是最受瞩目的军事转型发展计划，因为此举将使无人空中机动设备以及其他海空监控装备的基地部署更加咄咄逼人。美国的再平衡战略导致在新加坡、韩国、日本的新一轮海空军部署，以此增强海空军应急作战能力。联合军事演习已提升美国在亚太地区的前线部署力量，以及和区域其他军事大国力量协同操作的能力（丹麦等，2013）。

　　二、提振海空应急能力：要求在东南亚国家、韩国、日本以及澳大利亚投入大量军事部署。虽然目前，区域海域主权争夺仍处在白热化的阶段，但美国强调海空应急能力可反映出未来战争将会发生在海空领域。美国将本国的大批军事硬件设施转移至东南亚地区，将相关的军事科技转移至联盟国家，以此创造新的有生力量（泰利斯，2014）。

　　三、反介入与区域封锁（A2AD）及其反制措施的发展：科技上的激烈竞争衍生出了反介入与区域封锁（A2AD）的概念。反之，概念发展也促进着在科技上对此的回应和相应的对策思考。中美的军备竞赛也使双方刚秀出导弹新技术，就你追我赶地迅速寻求更新换代，淘汰旧技术，以此陷入了"区域支配权和区域排外命运"的斗争之中。反介入与区域封锁的战略发展与中美区域发展战略亦步亦趋（霍尔姆斯，2012）。

四、海空、空间—网络构架构成主体运行框架：甚至在中美强化自身实力彼此争夺，并对冲另一方实力时，此架构依然是主体运行架构。架构下各新兴实力跃跃欲试，美国主导的倡议如今已合并至联盟国日本、澳大利亚、韩国的实力架构内，这显示了美国与区域同盟国的战略互依性。中国一直积极回应各色新式架构，并不断在科技前沿领域投资（卡拉威：2014）。

在前线基地部署以及加强区域联盟方面，美国已颇有成就，它成功将一批批美国部队安置在澳大利亚的达尔文地区，并部署了大量无人机来加强对中国南海的监控。美国的再平衡的努力的确强化了其遍布整个区域的前线部署力量。在朝鲜挑起的对韩国的闪点危机（又译"热点危机"）（flashpoint crisis）中，美国成功大量调配了武装军事威胁（斯切尔，2013）。

对海上核武装力量（核弹道导弹与巡航导弹的部署）的新门槛要求使美国、中国和印度一直重视且投资补给海上军需，军需以核驱动作战平台、核弹头弹道导弹以及核巡航导弹为主（拉贾莫汉，2012）。

核弹道导弹、核巡航导弹以及其作战平台会提升战略竞争的门槛。美国在这两种核弹头导弹部署以及在太平洋司令部下运行的作战平台数量上都占有绝对优势。海上核武装力量无论是在胁迫任务中，还是在提升联盟国的核威慑能力方面，都具有军事目标明确且应用广泛的特点。

在弹道导弹与巡航导弹大量投入使用的时代，海上导弹防御的需求则日益凸显。美国、日本和韩国一直不断地增加其巡航导弹与驱逐舰的数目，以增强海上弹道导弹的调遣能力，来应对朝鲜的弹道导弹威胁（鲁尔克，2008）。

就这样，虽然区域在口头上提及经济增长的前景以及战略竞争的重要性，实际上，多种军事部署转变已在区域上演。因此，基于美国在印太地区发展的贸易与安全合作伙伴关系，在印太地区，严丝合缝的领海区域可为重振联盟活力提供活动场所，形成经济和军事协同力量，以应对中国的崛起及其在该地区未曾中断的经济参与。

结　论

　　总而言之，中国的"一带一路"倡议与美国的再平衡战略与重返亚洲战略是两国为争取在亚欧的势力而编制的对立战略。在中国向西挺进的同时，美国筹划着重返亚太。中国的"一带一路"倡议显现微妙的战略紧迫性，其强劲的经济、贸易、较为完备的基础设施以及互联互通活跃因素在一定程度上为其免去了大张旗鼓的战略性宣传。而美国的重返亚太计划无论是内容还是战略方向上都存在极力渲染军事部署和战略规划之嫌。

　　"一带一路"倡议以及重返亚洲战略的迥异之处揭示了全球权力转移的重点之所在，当中国逐步以国家软实力为战略重点，并参照"马歇尔计划"的良好意图时，美国则依赖于动态军事调度来遏制中国。

　　美国的盟国们在军事上与美国站在同一阵线，在经济上也与中国发展合作关系，这显示了区域地缘政治、经济与国际现状平衡时的轻重缓急之考量。美国与中国正处在对亚洲与世界支配权的争夺之中。在此过程中，价值观、经济国策、大国霸权如何发挥作用，我们还将拭目以待。

参考文献：

［1］金德尔伯格 C P. 1929—1939 大萧条中的世界（The World in Depression 1929—1939）. 加利福尼亚：加利福尼亚大学出版社，1973.

［2］克拉斯纳 S，Pascual C. 处理国家失误. 外交事务，2005，84.

［3］基欧汉 R. 霸权之后：世界政治经济中的合作与纷争. 普林斯顿：普林斯顿大学出版社，2005.

［4］奥根斯基 A F K，库格勒 J O. 战争纪事（The War Ledger）. 芝加哥：芝加哥大学出版社，1980.

［5］库格勒. 特别问题：权利转移（Special Issue：Power Transitions）. 国际交流，2011，38.5.

［6］库格勒 J，阿尔博特曼 M. 大国抉择. 见：理查德·斯托尔、米歇尔·沃德（Richard Stoll and Michael Ward）. 世界政治中的大国. 博尔德：林恩·林纳出版社，1989.49—78.

［7］沃纳 S，库格勒. 权力转移与军力扩张：探寻军力扩张与战争的关联（Power Transitions and Military Buildups：Resolving the Relationship between Arms Buildups and War）. 见：亚采克·库格勒、道格拉斯·莱克姆（Jacek Kugler and Douglas Lemke）

权力追赶与战争：对战争纪事的拓展评估（*Parity and War*：*Evaluations and Extensions of the War Ledger*）. 安阿伯市：密歇根大学出版社，1996. 187—208.

[8] 达尼洛维奇 V，克莱尔. 国际权力转移与区域利益（Global Power Transitions and Regional Interests）. 国际交流（*International Interactions*），2007，289—304.

[9] 莱克姆 D. 冷战后的世界大国：权力转移视角（Great Powers in the Post-Cold War World：A Power Transition Perspective）. 见：保罗 T V，詹姆斯 W，福特曼恩 M（T. V. Paul, James Wirtz, and Michel Fortmann）. 权力平衡：21 世纪的理论与实践"（*Balance of Power*：*Theory and Practice in the 21st Century*）. 加利福尼亚州斯坦福：斯坦福大学出版社，2004. 52—75.

[10] 塔曼 R，库格勒 J，莱克姆 D，等. 权力转移：21 世纪战略（*Power Transitions*：*Strategies for the 21st Century*），2000.

[11] 新华社. 亚投行授权资金达 1000 亿美元. 2014/10/24.

[12] 德尼尔 S. 中国提出"亚太梦"以应对美国的"重返亚洲"战略. 华盛顿邮报，2014/11/11. http://www. washingtonpost. com/world/chinas-promotes-asia-pacific-dream-to-counter-us-pivot/2014/11/11/1d9e05a4-1e8e-4026-ad5a-5919f8c0de8a_story. html.

[13] 坎普 J. 专栏报道：中国丝路挑战美国在亚洲的支配权. 路透社，2014/10/10. http://www. reuters. com/article/2014/11/10/china-apec-silkroad-idUSL6N0T03CY20141110.

[14] 坎贝尔 K. 奥巴马政府的重返亚太计划. http://www. foreignpolicyi. org/content/obama-administrations-pivot-asia.

[15] 坎贝尔 K. 对美国"重返亚太"政策阐释. www. chathamhouse. org/sites/files/…/Americas/0813pp_pivottoasia. pdf.

[16] RONG C. 美国"重返亚太"战略批评分析：新现实主义有多现实?. http://connections-qj. org/article/critical-analysis-us-pivot-toward-asia-pacific-how-realistic-neo-realism.

[17] 王正，路德维格 A. 中国海上丝绸之路与南海危机："海洋石油 981"（3000 米深水半潜式钻井平台）（HYSY981）已开始作业. http://www. chinausfocus. com/peace-security/chinas-maritime-silk-road-and-south-china-sea-tensions-hysy-981-in-action.

[18] 荷兰国际问题研究所报告：中国、欧洲以及海上丝绸之路. 2015. http://www. clingendael. nl/publication/china-europe-and-maritime-silk-road.

[19] 斯托克斯 J. 中国路线治理：中国政府看向跨亚欧整合". https://www. foreignaffairs. com/articles/asia/2015—04—19/chinas-road-rules.

[20] CHAN I. 中国海上丝绸之路：发酵的国内争论. www. rsis. edu. sg/wp-content/uploads/2015/03/CO15053. pdf.

[21] 潘志平. 丝绸之路经济带：中亚地缘政治中动态新观念. http://www. ciis. org. cn/english/2014—09/18/content_7243440. htm.

［22］加洛 E. 跨欧亚联盟与丝绸之路经济带. http://mercury. ethz. ch/serviceengine/
Files/ISN/184909/ipublicationdocument_singledocument/334863b1-bcb6-4938-b698-
b66bd0eb2233/en/2014-gallo-eurasian-union-versus-silk-road-economic-belt. pdf.

［23］查罗林 J. 亚洲发展银行随中国崛起的新动向. http://www. npr. org/2015/04/16/
400178364/finance-officials-to-discuss-asian-development-bank-at-spring-meetings.

［24］库普 M，唐 A. 中国亚投行与美国的信誉危机. http://thediplomat. com/2015/04/
chinas-aiib-and-the-us-reputation-risk/.

［25］任 REN D，NG T. 中国丝路之梦以400亿美元就位. 南华早报，2015/2/17. http://
www. scmp. com/news/china/article/1715764/chinas-silk-road-dream-falls-place-us40-
billion-fund.

［26］狄伯杰. 一带一路：中国是否处在全球地缘政治经济中心. http://www. southa-
siaanalysis. org/node/1672.

［27］丹麦 A. 美国战略再平衡的区域视角. www. nbr. org/publications/asia_policy/…/
AP15_B_Asia_balanceRt. pdf.

第 14 章　"一带一路"倡议：中国、美国与浮现中的亚洲霸权竞争

钦塔马尼·马哈帕特拉（Chintamani Mahapatra）[*]

摘要： 当"二战"的硝烟成为历史，美苏两大国间的明争暗斗愈演愈烈。在此过程中，美国政府出台了"马歇尔计划"，帮助欧洲经济复苏。此计划名为慷慨的经济援助，实则显示发展欧洲盟友的战略野心。对此，苏联作出反应，成立经互会，意在创立以莫斯科为中心的经济圈。现如今，面对美国提出的"新丝路"倡议，中国则发起"一带一路"倡议作为回应。此倡议虽带有经济性质，但其中更深层次的战略布局也是众所周知。在印度周边地区，新兴的对抗势力在稳步滋长，对此需要给予高度关注以及谨慎思考。

关键词： 全球权力转移，霸权争夺，"一带一路"倡议的影响，印度的两难境地

自 2013 年中国国家主席习近平提议建设"丝绸之路经济带"（Silk Road Economic Belt）和"21 世纪海上丝绸之路"（21st Century Maritime Silk Route）后[①]，全球的亚洲研究专家纷纷从多角度对此展开详细讨论。"新丝绸之路经济带"是陆上基础设施互联互通项目，"海上丝绸之路"是前者在海上的补充。这两个倡议经常合称为"一带一路"倡议（One Belt,

---

[*]　印度尼赫鲁大学加拿大、美国与拉丁美洲研究中心教授。

[①]　2013 年 9 月，中国国家主席习近平在哈萨克斯坦纳扎尔巴耶夫大学发表演讲时，指出要创立"新丝绸之路经济带"，此时，距离习近平主席成功新当选中国国家主席已过去 6 个月。一个月后，在印尼议会演讲时，指出要创立"21 世纪海上丝绸之路"。

One Road initiative）。

诸多战略分析家和政策研究者已从不同角度对中国"一带一路"倡议作出阐释，这对更好地理解这两大倡议大有裨益。然而，在这种发展理念背后，还存在着引人深思的另一层面。现今，全球治理和力量对比方面发生重要权力转移，在此背景下，类似的发展观念蓬勃兴起。因此，在试图解释中国采取此创新倡议的缘由时，漠视国际体系中流行的权力转移趋向是有失偏颇的。

全球权力转移

国际关系理论家每每谈及一种强国主宰国际行为基本准则的霸权结构时，经常试图理清小国和大国之间、穷国和富国之间、弱国和强国之间的关系模式。虽然在国际关系中，固有的现象是冲突与合作长期并存，但在霸权国的号令下，和平却可长久维持。数十年来，美国一直是世界霸主，国际经济体系、政治准则、基本行为准则也一直受其管控。

在冷战时期，对"美国治下的和平"（Pax Americana）构成最大挑战的是前苏联，但是20世纪90年代的苏联解体，却为美国加强对全球国家的控制铺平了道路。这种单极国际体系不久就面临一波又一波的新兴挑战，其中就有迅速崛起的大国——中华人民共和国。中国奇迹般的经济崛起和财富创造，也伴随着美国在世界多地影响力的削弱。尽管美国在近些年来成功粉碎了萨达姆政权，但这个所谓的世界霸主却在多方面表现日渐乏力：（1）无力清除阿富汗塔利班分子；（2）帮助伊拉克重建和平失败；（3）叙利亚的伊斯兰国势力抬头；（4）非国家行为体创建哈里发政权构成国际安全威胁；（5）跨大西洋纽带出现裂痕；（6）在对巴基斯坦恐怖分子的全球攻伐中，美国主要盟国出现内斗倾向；（7）自大萧条以来美国经济相对疲软；（8）无力帮助欧盟摆脱经济问题；（9）美以联盟出现裂痕；（10）美国外交决策丧失两党有效制衡机制的趋势渐显；（11）国内政坛的两极分化；（12）美国国家债务危机的爆发；（13）美国国防预算的削减以及其他众多类似问题。

同时，中国却与之形成鲜明对比。作为一支发展惊人的势力，中国在世界各地的影响力迅速增强。目前，中国已取代了美国，成为世界第一大生产国以及进出口国。与他国相比，中国政府成为美国最大的债权国，手握数量最大的美国国债。同时，中国也拥有世界上最大的外汇储备。虽然对美国而言，数十年来亚洲多国一直与其保持密切的联盟关系，但对中国而言，最瞩目的一点是有望能超越美国，成为亚洲国家最大的贸易伙伴。

曾几何时，美国一直以其触及全球各地的软实力引以为豪。如今，在全球范围内，这种软实力日益削弱，而中国则成为后起之秀。美国的外交援助政策频遭质疑，因为其重在增强美国决策者在政策接受国的话语权。与美国不同，中国慷慨分派经济援助，无附加政治条件。由此，越来越多的国家，考虑到美国与欧洲经济的下行压力，对美国政府的政策共识提出质疑。与之对比，中国的经济发展模式受到许多亚非拉国家的赞赏。当美国对其在亚洲（中国的后院）经济发展强劲区的利益忧心忡忡时，中国经济则已令人钦佩地大举进军到美国的后院（拉丁美洲）了。

中国宣布与伙伴国一道创立一系列的新型国际银行——金砖国家银行、亚投行、新丝路基金的同时，美国却忙于维护"二战"后美国主宰的国际体系，而无暇顾及编制如此宏大的金融项目。最后还需注意一点，美国从 21 世纪伊始就全身心投入各色外交战之中，而中国则在此期间成功地拓展了其国际影响力。

霸权争夺

中国的稳步崛起相比美国的相对衰弱，向我们清晰地勾画了还处在萌芽状态的国际权力转移，但是现在下结论还为时尚早。在世界权力等级结构中，美国是否会失去头号强国的位置呢？中美间国际影响力的角逐是否会孕育出新型的两极化国际体系？美国会保持实力，成为遏制中国崛起并屹立不倒的超级大国吗？在全球治理中，最终会出现中美分庭抗礼的共同治理局面吗？

这些问题在此时还无法圆满回答。但毋庸置疑的是，老牌强国与新兴大国间在跨亚欧地区的霸权争夺战已经打响。奥巴马政府结束美国在伊拉克的军事部署并从阿富汗撤军的决议仍余音在耳，但舆论希望美国施政者将关注焦点从与日俱增的中国话语权中脱出，转而关注更切实的亚太问题。中国在亚太地区军事力量的增强与经济步伐的加快，很有可能使美国失去其在活跃的亚太区域的影响力。趁着为时不晚，美国应当试图向亚太地区传递信号：美国也是亚洲的一支重要力量，亚洲对美国的经济利益与国家安全至关重要。

为加强美国在本区域的角色，聚拢利益，2011 年奥巴马政府宣布了

"新丝路计划",旨在加强与中亚诸国和南亚国家的经济联系。① 该计划试图促进南北经济走廊的建设。此举可使区域争端解决的控制权保持在美国手中,还可使大量美国企业进入这一长期被疏忽了的潜力地区。② 同年,奥巴马总统宣布"重返亚洲"战略,旨在巩固美国在亚洲现有的联盟网络,并寻求与其他国家建设战略伙伴关系,譬如印度、越南等国。第三个项目涉及新地缘政治格局建设。美国国防部宣布开始实行战略,组合印度洋周边国与亚太周边国,由此孕育出新概念——"印太"(Indo-Pacific)。

中国正处在国内政治转型期,同时,美国政府将精力转向印太地区。中国国家主席习近平宣誓就职仅足 6 月,中国政府就决心应对美国的外交经济攻势。2013 年,习近平主席宣布创立"丝绸之路经济带"和"21 世纪海上丝绸之路",这一项目所覆盖的地理区域十分辽阔,可与美国构想的"印太"建设项目匹敌。

除此以外,美国还倡议重启区域安保架构;中国对此则做出反击,建议创立新型亚洲安全共同体,意在将美国这个非区域国家排除在外。

在经济领域,美国在谈判桌上斡旋各国加入《跨太平洋伙伴关系协议》(TPP)。美国领导建立跨太平洋伙伴关系的同时,中国则在《区域全面伙伴关系协议》(Regional Comprehensive Economic Partnership,RECP)③中扮演更加积极有为的角色。随后,中国倡议建设亚太自贸区(Asia Pacific Free Trade Area),其经济互联互通性超越美国主宰的《跨太平洋伙伴关系协定》。从所有这些发展进程来看,美中两国在亚洲的霸权争夺战异常激烈。

然而,需要指出的是,此种外交拉锯战远非当年美苏深陷的冷战争

---

① 美国国务卿希拉里·罗德姆·克林顿(Hillary Rodham Clinton)指出美国支持的新丝路计划(New Silk Road)将会促进中亚、南亚甚至其他间接相关地区的经济发展和跨境贸易。参见阿叶捷琳娜·布里诺娃(Ekaterina Blinova):《削弱美国影响力的中国倡议》,《先锋报》(Pioneer),2015 年 2 月 9 日。

② 关于美国政府的"新丝路倡议"(New Silk Road initiative)的详细信息,参见"2015 财年国家安全优先事项和国际事务预算"(National Security Priorities in the Fiscal Year 2015,International Affairs Budget)听证会,美国参议院外事委员会,第 113 届国会,2014 年 4 月 8 日。

③ 《中国新丝路倡议引土耳其政府关注》,《希望》(Umut Ergunsu),http://www.hurriyetdailynews.com/chinas-new-silk-road-initiative-attracts-turkeys-attention.aspx?pageID=238&nID=78523&NewsCatID=396。

夺。我们注意到，两国间你追我赶地宣布大项目、大倡议，举办多次峰会笼络亚洲各国领导人。虽然两国领导人此种非凡的外交姿态带有明显的火药味，但中美两大国的双边关系并没有因此而恶化。与此相反，亚洲国家在中美两国的外交经济争夺中常常陷入进退两难之境。

"一带一路"倡议的影响

中国"一带一路"倡议将逐步付诸实践，而且毋庸置疑的是，中国已做好准备并创立基金推动项目实施。但还有诸多问题阻碍这一倡议的成功，譬如区域复杂性；利益相关者的合作意愿水平差异；中国自身的经济发展轨道和走向；来自本国的潜在威胁指数等等。"一带一路"倡议的项目最终成型还需时日。

首先，"一带一路"倡议中的利益相关国贫穷、落后，且发展资源匮乏。其次，一些成员国仍是美国的亲密盟友，对中国的意图多少会有些质疑。第三，中国须寻求区域内大国的共识，否则，项目的实施将备加艰辛。

美国试图维持现存秩序，而中国主张创新规、建新制。中美间的竞争已迟滞了这一倡议的实施。

美国及其盟友和战略伙伴已从中国国家主席习近平的两大倡议中解读出中国的战略意图[①]。外界担忧中国政府胸怀区域霸主之志，其倡导的新丝路下的双赢局面只是权力争夺的幌子。[②] 一些分析人士指出，"一带一路"倡议仅仅凸显了中国式的"门罗主义"（Monroe Doctrine），中国想要独自在区域内呼风唤雨而力排区域外大国的干涉。其他分析则指出，中国现今的丝路计划与美国所做的笼络控制西欧的"马歇尔计划"如出一辙，

[①] 譬如，莱弗里·特弗林特、希拉里·曼·特弗林特、吴冰冰（Flynt Leverett, Hillary Mann Leverett and Wu Bingbing）指出，"一带一路"倡议将起到"非军事的催化作用，并加速美国霸权主义的衰弱……进而产生权力分散的地理均衡性……"，参见莱弗里·特弗林特、希拉里·曼·特弗林特、吴冰冰，《中国向西瞭望：中国政府'一带一路'倡议的风险》（China Looks West：What is at Stake in Beijing's "New Silk Road" Project），《世界财经评论》（*World Financial Review*），2015 年 1 月 25 日。

[②] 马尔钦·卡兹马尔斯基（Marcin Kaczmarski）：《新丝路：中国政策中的通用手法》（The New Silk Road：A Versatile Instrument in China's Policy），http://www.osw.waw.pl/en/publikacje/osw-commentary/2015-02-10。

中国意在构建由中资企业和人民币主导的区域经济体系。

　　这两种观点都遭到中国否认。在全球化的时代，门罗主义又在何处能适用呢？就拉丁美洲而言，美国排除域外大国参与的尝试不也以失败告终了吗？实际上，美国愈加难以推行门罗主义的根源，是中国在拉美国家日益增长的经济参与。最近这几年，甚至连俄罗斯也尝试进驻拉美。

　　那么，在美、俄、欧势力三足鼎立的亚太地区，中国又怎么会考虑采用门罗主义呢？中国同时也否认了与"马歇尔计划"的政策类似性[1]，因为后者是有战后实施必要性的，受第二次世界大战重创的欧洲经济的确亟需复苏；而复苏欧洲经济的同时，美国也可顺带遏制前苏联在西欧的势力。当时的冷战方——前苏联同样也紧抓其所严密控制的东欧国家，使其免受"马歇尔计划"的蛊惑。而中国的丝路计划则不然，虽然中国提供大规模经济援助也并非只是想单纯促进区域内国家的经济发展，但是这一倡议背后的事实是，中国投入大笔资金，寻求倡议参与者，共享双赢和多赢局面。还有一点不同的是，中国也没有故意将某些国家排除在外。[2]

　　将中国的丝路计划与门罗主义／"马歇尔计划"相提并论，存在着典型的逻辑错误。但是，高悬在本区域众多领导人心头的担忧也正是这一点，他们害怕中国大规模的经济投入是为主宰区域铺平道路。中国则一再澄清，此倡议既非门罗主义，也非"马歇尔计划"。

　　中国众多的政界商界精英认为，"一带一路"倡议主要是为了促进中国各地区经济发展均衡化，尤其旨在启动中国西部的现代化进程。

　　而国外的分析人士则做出这样的解读：丝路计划愿景宏大，旨在一步步拓宽中国的国际影响力，从南亚、中亚、西亚一直延伸至欧洲。

---

　　① 在"马歇尔计划"中，美国向遭受"二战"重创的欧洲国家提供数十亿美元的援助。当中国外交部长王毅被问及中国"一带一路"倡议与美国"马歇尔计划"的相似性时，他答道："中国的'一带一路'倡议是各国包容合作的结果，而不是地缘政治的工具，决不能用过时的冷战思维来看待这件事。"参见《中国政府号召中国与欧洲间建设新丝路》，2015 年 3 月 10 日，http://www. euractiv. com/sections/trade-society/beijing-calls-new-silk-road-between-china-and-europe-312748。

　　② 新华社刊发评论指出："'马歇尔计划'显示了美国试图遏制苏联以及社会主义国家扩张的图谋。冷战思维与两级格局绝非中国'一带一路'倡议的出发点。此倡议向所有国家开放，旨在创造区域共赢局面而不是区域争霸。中国也坚决抵制在国际社会上结帮营派来与某国对峙。"参见《中国丝路并非'马歇尔计划'》，http://news. xinhuanet. com/english/china/2015—01/29/c_133956612. htm。

印度的进退两难之境

在学者的分析中，存在对"一带一路"倡议的多种猜想，这是正常的现象。换个思路想，如果中国经济增长未到达如今的水平，军事现代化未到达现在的水准，中国崛起未能吸引美国政界和学术界的关注，海陆邻邦未能意识到中国强大的军事实力，那么，如此这般的漫天猜想又怎么会指向中国呢？

中国政府声称丝路计划的目的仅仅是为促进区域经济合作，这样的解释本可被舆论给予更多分量，但实际上却是徒劳无功的。外界普遍认为，中国向超级大国发展的趋势使原本中立的政策观察者也心生疑虑，害怕"新丝路计划"以及"21世纪海上丝绸之路"只是中国夺取区域秩序主宰权的重要一步。

此时，许多印度人认为，中国的"一带一路"倡议无非就是要加强中国在此区域的领导作用，特别是要挑战美国在世界上稳坐第一把交椅的地位。[1] 自1962年中印战争以来，中印间的交流模式以及印度对中国的邻邦政策的误读，都对中国丝路计划构成很大威胁。由于印度很难相信中国在项目规划中就是一个单纯的大公无私的角色。[2] 印度的分析家也没有对印度加入中国的战略框架抱有很大期望。印度国内主张印度独立自强的人士希望印度能自我制定政策而非受他国摆布，或仅仅只为他国摇旗呐喊。

但印度国内对中国"一带一路"倡议也有积极的声音，这些分析人士不但支持中国，对美国政策也是嗤之以鼻。无可否认的是，现在仍有质疑中国的声音，且一直反对中国的各种倡议，认为那些都是中国密谋包围印

---

[1] 布拉马·切拉尼（Brahma Chellaney）认为，"简言之，丝路计划旨在将中国放在亚洲新秩序和印度洋区域的中心位置。通过在沿线主要贸易干道建立支配地位，挑起了与邻国在陆上和海上的领土争端，中国正试图重绘亚洲地理格局"，他说"这是中国铁拳的一幅丝质手套"，此外他还指出，"中国国防部对此已展开讨论，这凸显了'海上丝绸之路'的战略层面。中国人民解放军国防大学副教育长纪明奎指出，在美国重返亚洲战略后续乏力的特殊时期，'一带一路'倡议可帮助中国树立新形象和新威信"。http://www.project-syndicate.org/commentary/china-silk-road-dominance-by-brahma-chellaney-2015-03。

[2] 耶宾·雅格（Jabin T. Jacob）：《中国丝路倡议中未知的增长潜力》，http://www.atimes.com/atimes/China/CHIN-02-130315.html。

度的手段。中印之间在安全问题上的分歧给予这些批评者充分的理据。

在笔者看来，中印的确需要做成这一笔大买卖。鉴于两国间过去遗留的对立以及需填补的信任空缺，这种外交协商极为必要。对印度而言，唯有其战略敏感核心区能在协议中受益，印方才会加入倡议。譬如，如果中国愿意在丝路计划中加入更多投资计划，如果主要是针对巴控克什米尔地区的话，那么，印度方面是无论如何也是无法接受的。值得注意的是，由于印度公司在中国南海争议水域开采石油，也促使中国真的就这么做了。此外，中国在伪"阿鲁纳恰尔邦"① 上的立场，也就是中国所称的藏南地区，将很可能促使印度改变其对中国西藏的立场。如果不解决这些重大战略性的敏感问题，中印区域互联互通的宏伟项目无非只是南柯一梦。

结论性观察

中国的"新丝绸之路经济带"以及"21世纪海上丝绸之路"并非是唯一一个新近提出的促进区域互联互通的倡议。美国也试图通过其"南北走廊"倡议以及"亚洲再平衡"战略重塑亚洲秩序；印度也抛出"季风计划"（Project Mausam）；印度尼西亚也试图建立围绕其国土周围的"全球海洋支点"（Global Maritime Fulcrum）。

几乎无可否认的是，老牌强国美国以及新兴大国中国最终会通过一系列的经济战略部署在亚洲为本国谋求政治发展空间及影响力。美国政府的亚洲再平衡战略将涉及其在亚太的所有战略伙伴，包括菲律宾、韩国、澳大利亚和日本。纵使这些国家与中国经济联系密切，但他们也几乎不可能为了迎合中国而放弃与美国的同盟关系。越南、印度和缅甸等美国新发展的战略伙伴在面临中国和美国之间该迎合前者还是后者的问题时，往往持保留立场。除非美国的军事实力降至中国以下，或者中国政府有绝对的经济实力成为世界的霸主，我们才可对现在的权力转移趋势下结论。

中美之间的"冷"对峙已经开始，并有可能会持续下去。此种现象不可避免，并深深根植于两国权力争夺的本质之中：一方是努力维持现存国际秩序的超级大国，另一方是努力在现存秩序中寻求更大发展空间的新兴势力。这种国际形势使印度面临众多复杂因素。印度是传统的不结盟国

① 译者注：印度东北部地区的伪"阿鲁纳恰尔邦"（Arunachal Pradesh）即大致相当我被占领土藏南地区。

家，即使回溯到与前苏联订立密切安保协定时，印度仍未放弃不结盟政策。面临美中关系的紧张局面，印度政府很有可能仍将奉行不结盟政策。

但是，印度不会躲闪对自身有利的中印经济合作联姻机会。如果印度决定加入"一带一路"倡议的经济项目，这并不代表印度与中国站在一边而反对美国。即使印度放弃加盟资格，印方也不会反过来反对美国，因为印度也与美国建立了战略关系。换言之，印度担心中国的新丝路与海上丝绸之路会挑战盟友美国在亚洲事务中的至上地位，这正是为何印度会处在两难之境的原因。印度能说服中国相信印美防卫合作并非针对中国吗？印度加入金砖五国、与中国在亚投行"一带一路"倡议项目中的合作，印度又怎么能向美国证明所有这些并不是为挑战美国在亚洲的政策部署呢？

美国官方屡次指出美国政府无意执行遏制中国的政策，印度对此则宽心不少。同时，中国领导人也指出，全球秩序向好发展，中国政府无意逆转这一促发展的大格局，这在印度也同样受到欢迎。但这两种声明是否只是两国领导人的一面之辞？鉴于此，印度对中美此种言论持保留意见。印度深知，美国捏造的中国威胁论使中方心有不满，而中国眼中的美国遏制战略也同样让美方心存芥蒂。① 中美两方的不信任一定程度上促使中美间"冷"对峙的产生，而印度这样的中间国家需要表明立场。实际上，印度需要做的是，向两方同时扔出橄榄枝，但是如今印度所处的困境却让其进退两难。

最后需要指出的是，"一带一路"倡议目前终究还是项目，并未成型，成功仍需时日。项目成功的重要决定因素之一无疑是中国经济的持续稳定增长。但目前，已有迹象显示，中国经济趋于放缓。中国领导人口中也开始频频出现经济增长"新常态"（New Normal）的字眼。最近，中国国家总理李克强在世界经济论坛（the World Economic Forum）上指出，中国经济已进入经济发展新常态时期，经济增长率将会稳定在百分之五至百分之七之间。为了反击国外流行的中国经济放缓将带来消极作用的言论，李克强总理指明，虽然相对经济增速回落，但绝对经济增长量仍是巨大的。②

---

① "美国专家强调，中国基础设施建设倡议意在反击美国为维持亚洲影响力所制定的战略。"的确，2011 年美国政府"为补充东西向发展的跨亚欧互联互通线路"，宣布实施新丝路计划，旨在创建"从南到北的中转贸易线路"。美国国务院官员新闻发布会报告，http://sputniknews.com/analysis/20150203/1017731544.html#ixzz3TUOKyEdj。

② 《印度教徒报》（The Hindu），2015 年 1 月 23 日。

　　然而，有观察者注意到美国经济则呈现反弹回升趋势。经济大衰退已经结束，美国经济显现出惊人的恢复力。美国的页岩气开采革命使本国的能源自给性增强。与之对比，现今，中国的能源消耗愈加依赖海外能源进口。随着中美关系冷对抗逐步显现，前方仍旧困难重重。鉴于此，现在对"一带一路"项目前景下结论还为时尚早。

第15章 东南亚主权声索争端之间：南中国海还是西菲律宾海？

里纳·麦尔卧（Reena MARWAH）[*]

摘要： 在中国源远流长的历史中，除了15世纪郑和下西洋，华夏统治者对本国海权的维护意识淡薄，捍卫海上通道也从来不是首要任务。在毛泽东时期，中国实际上是一个封闭保守的国家，且海军力量薄弱。然而，近年来，这一局势发生了翻天覆地的变化，中国一跃成为亚洲新兴巨型经济体，并驱动着那些有赖于中国经济的其他经济体发展。根据官方记录，中国与世界上163个国家保持着商务与外贸关系，并签署了10个自贸协定、80个双边投资条例以及其他贸易协定。由此，中国与各大洲间的互联互通条件提升，海路运输得以频繁使用。此外，随着边境领土的安定，边境陆域曾经的威胁不再，中国的政策转向领海权的维护。而中国此种由陆至海政策重心的转移，也加深了其与东南亚邻邦的领海权冲突，东南亚国家方面则坚称本国对中国南海90%海域的管辖权。本文将深入探讨中国对西菲律宾海/中国南海与菲律宾争议岛屿的归属权问题，并带入东盟、美国、印度对此问题的政治评论。本文将分别探讨美国重返亚洲战略，东盟对菲中争议的态度，以及菲律宾为解决争议所面临的选择。

关键词： 中国南海，南沙群岛（斯普拉特利群岛），领海权，再平衡

导　论

在中国源远流长的历史中，除了15世纪郑和下西洋，华夏统治者对本

---

[*] 印度社会科学研究委员会高级研究员。

国海权的维护意识淡薄，捍卫海上通道也从来不是首要任务。在毛泽东时期，中国实际上是一个封闭保守的国家，且海军力量薄弱。然而，近年来，这一局势发生了翻天覆地的变化，中国一跃成为亚洲新兴巨型经济体，并驱动着那些有赖于中国经济的其他经济体发展。

根据官方记录，中国与世界上163个国家保持着商务与外贸关系，并签署了10个自贸协定、80个双边投资条例以及其他贸易协定。由此，中国与各大洲间的互联互通条件提升，海路运输得以频繁使用。此外，随着边境领土的安定，边境陆域曾经的威胁不再，中国的政策转向领海权的维护。（卡普兰，2014）

其政策转变具体表现为以下几点：在西太平洋为抗衡美国的第七舰队，而创造更为广阔的战略缓冲地带。中国在战略中认为，两大岛链是其主要的海洋障碍。连接琉球群岛、台湾岛、菲律宾群岛、加里曼丹岛的第一岛链距中国海岸线仅400海里。此外，中国每年砸下数十亿重金从俄国购买苏—30战斗机、基洛级攻击性潜艇、装载SS-N-22导弹的现代级驱逐舰，以增强本国在第一岛链的反介入与区域阻隔能力。以上装备是前苏联时期研发的军事武器，主要是为了反击美国对苏圈定的航舰打击群。同时，中国也试图引入商级093第二代核动力攻击潜艇。中国海军将行动领域拓展至公海区，触及沿小笠岩群岛和马里来那群岛而延伸的第二岛链（小谷铁雄，2012）。此外，美国海军分析中心（America's Centre for Naval Analyses）退役海军少将迈克尔·麦克德维特（Michael McDevitt）指出（《经济学人》，2014/11/15），中国目前是世界上最大的船舶生产商，有世界第三大商船队，船舶持有量世界无双，还拥有695000个强大的渔船队，且占目前世界集装箱贸易总量的四分之一。

在经济方面，当考虑中国为何寻求可靠的海上航线时，不可忽视的一点是中国对能源与海洋资源的渴求。卡普兰将中国南海称为西太平洋与印度洋的咽喉，此地见证了全球海运线路的复苏，除了深海矿产资源丰富，此地还富有大量的石油、天然气资源，因此战略地位重要。据预计，此片海域可探知石油储量达70亿桶，天然气储量估计可达900万亿立方英尺（卡普兰，2014：9—10）。而中国亟需能源来促进经济增长。在中国海军力量初露锋芒的同时，中国对领海权收回的坚定态度也毫不含糊。让南海沿岸国家懊恼不已的是，中国宣称对南海90%海域的领海权，特别是菲律宾，其声索的部分海域为西菲律宾海。

此外，在南海水域还有其他的领海声索权争夺者和利益攸关方。美国以及其拥趸指出，全球公共资源应由全人类共享，毕竟它们提供了沟通和联系世界的条件和环境，任何国家都不得对其宣称主权。这类资源包括海域、空域以及外太空空间。在 2010 年 7 月的东盟区域论坛（ASEAN Regional Forum，ARF）上，时任美国国务卿的希拉里·克林顿（Hillary Clinton）指出"在中国南海，促进船舶自由航行，开放亚洲海域公共资源，确保国际法的遵守实施是美国的利益攸关之所在"。对美中区域战略意图的反思可体察出两国在 21 世纪的战略冲突，尤其集中于东南亚地区。但是，不管中国如何希望美国能在东南亚事务中置身事外，美国也不会屈从于中国。相反，美国希冀深度参与亚太地区合作。（卡托奇，2012）卡普兰报告指出，美国正蓄谋获得亚洲区域大国的支持以遏制中国，并与南亚、东南亚国家发展战略伙伴关系。

本章意在探讨中国与菲律宾对南沙群岛（菲方称"斯普拉特利群岛"）浅滩与礁石的所有权争夺。而此种主权争议并不可孤立视之，尤其需要考虑到南海重要利益相关方——东盟与美国的角色。中国在声称对南海大部分地区持有主权的同时，菲律宾、越南、马来西亚、文莱、甚至中国台湾地区也表达了对重叠海域的主权立场。

二、坚称本国领海权的中国与东盟

中国的经济奇迹外溢到军事领域，使中国军事实力不断增强，特别受其维护经济及其他核心利益坚定决心的驱使，中国的海军力量与日俱增。中国已对外宣称南海问题是其核心关切，这意味中国将会为维护南海的国家主权甚至时刻准备发动正义战争。许多东盟国家在南海岛屿礁石主权归属上与中国各执一词，双边冲突时有发生。在东盟会议上，由于南海问题还备受争议，东盟国家领导人很难在相关问题上意见一致。2010 年 7 月之前，东盟与中国的关系一向良好，虽然对东盟各国而言，中国是主要的贸易与投资伙伴；但因为南海问题，中国与东盟间的相互信任大打折扣。

东盟国家：南海问题上各执一词。所以，今年以来，虽然东盟峰会召开数次，却对中国南海问题未涉只字片语，结合以上背景，也就不足为奇了。所以，在 2012 年 7 月的东盟主席团会议上，相关成员国关于中国南海的老生常谈却受到来自柬埔寨的坚决抵制。这是由于柬埔寨对华关系密切，不愿将争议不断但对华不利的双边问题拉上多边的谈判桌。这一年是东盟成立 45 年来首次未能对外发表例行公报。

正如先前所述，与多边视角相比，双边视角的应用使我们能更容易梳理对华关系。虽然中国在整体上与区域组织东盟合作，却也更愿意与区域内的每一个国家都发展双边关系。尽管中国东南邻邦特别是菲律宾更易对一个中国政策①积极响应，但是，令战略家们忧心忡忡的则是中国南海问题。

2015 年 4 月，东盟峰会之前（马来西亚是此届东盟峰会主办国），菲律宾总统贝尼尼奥·阿基诺三世（Benigno Aquino）要求东盟各国领导人发表联合宣言谴责中国在吉隆坡会议闭幕期宣称其对争议海域的主权。其中，对中国南海主权声索最激烈的是菲律宾与越南两国。而实际上，据卫星影像显示，中国在南海南沙群岛（斯普拉特利群岛）的简易机场铺设工作正快马加鞭，并且未来有建设第二个机场的倾向。

但是，马来西亚作为此届东盟峰会的主办国，与中国有密切的经济关系，因而对南海冲突表现出刻意淡化的态度。纳吉布在 2015 年 4 月 16 日的声明修订版也并未提及中国在此区域的主权问题，而是强调"创造、维持和提升相互信任，以及合作自信的重要性；在开展各项活动时，应要注意自我克制"。马来西亚总理纳吉布·拉扎克（Najib Razak）起草的声明中有两段篇幅介绍南海冲突现状，但却未在此问题上表明立场。②

中国对此的回应将在后文中详述，但是，总而言之，东盟 10 国因南海问题已滋生了严重分歧。其中四国在争议水域与中国争夺主权。巴伐利亚指出，马来西亚、菲律宾和越南对此采取了彼此迥异的战略，来处理对华关系。虽然东盟一些国家坚称本国主权的正当性，但是，实际是与中国叫板的同时，却又无法摆脱对中国经济的依赖。

对于菲律宾而言，倚靠美国与制度主义是最佳战略，这与马来西亚的不结盟战略以及越南的内部平衡战略形成对比。艾琳·巴伐利亚指出，各

---

① "一个中国"政策认为世界上只有一个中国，台湾只是中国的一部分，中华人民共和国是中国的唯一合法政府。详见 http://www.slate.com/articles/news_and_politics/explainer/2000/05/what_is_the_onechina_policy.html。

② 普拉文·梅农、摩加托·曼努尔（Menon, Praveen and Mogato Manuel）（2015）：《东盟峰会主办国马来西亚在争议水域照顾中国情绪》。路透社，2015 年 4 月 26 日访问，http://www.reuters.com/article/2015/04/23/us-asean-summit-philippines-idUSKBN0NE0TL20150423。

国风险辨识度以及历史背景的不同，决定了这些独具一格的战略①。

三、对南沙群岛（斯普拉特利群岛）归属权的口舌之争

南海岛屿一般分为 4 组即西沙群岛、南沙群岛（斯普拉特利群岛）、东沙群岛（普拉塔斯群岛）、中沙群岛（马克斯菲尔德沙洲），各国势力占领着不同的岛屿，并在此间共存。南沙群岛（斯普拉特利群岛）距中国的海南岛 600 多海里，黄岩岛（斯卡伯勒浅滩）距中国海南岛 500 海里。然而，在菲律宾的地图册上，中国的领土则仅仅延伸至海南岛。

还有一点需要尤其注意，菲律宾群岛由 7100 个大大小小的岛屿组成，3 大岛群海岸线延伸 22000 英里；在西班牙殖民时期，这些岛屿差异甚殊。吕宋岛位于北部，居民多来自东南亚地区，多说塔加拉语。南部是棉兰老岛和苏禄岛，信奉伊斯兰教的摩洛族人居住于此，与吕宋岛的同族人相比，前者可更方便地与马来西亚和印度尼西亚联通。菲律宾之前是美国的殖民地，1992 年之前，在苏比克湾以及克拉克机场都屯驻有美国军队。

南沙群岛（斯普拉特利群岛）岛礁有 150 种地貌形态，40 种常年露于水面以上，菲律宾对南沙群岛的主权争夺仅仅开始于 20 世纪 50 年代。黄岩岛（斯卡伯勒浅滩）位于苏比克湾以西 123 英里，最近的陆岸——菲律宾三描礼士省的巴拉威哥在其东部 137 英里处。黄岩岛（菲律宾又将其称之为巴约的马辛洛克）位于南沙群岛北部，近年来是中菲间的领土争议焦点。黄岩岛的主权问题经常拿来与南海其他岛屿的领土争端一并探讨，譬如南沙群岛以及西沙群岛。黄岩岛的礁脉岩石链距菲律宾吕宋岛最近的陆岸 124 海里，但是，中国距此最近的海岸与其的距离则达到近 472 海里。②菲律宾也自然是近水楼台先得月，在黄岩岛先发制人开展科考、地形勘测、海事研究等定期工作。此外，菲律宾渔民也在此经营渔业。

笔者认为，需要在此赘述 1992 年南海问题的根源，以便将读者带入情

---

① 艾琳·巴伐利亚（Aileen Baviera），独家采访里纳·麦尔卧（Reena Marwah），2014 年 11 月 22 日。

② 环状珊瑚礁，岩石环绕形成潟湖，岩石群中的 5 块大岩在涨潮时依然在海平面以上，这五个岩块有些高出海平面 3 米，而其余的岩石与礁脉在涨潮时被淹没水下。资料来源 http://www.gov.ph/2012/04/18/philippine-position-on-bajo-de-masinloc-and-the-waters-within-its-vicinity/。

境。中国对资源丰富的南海的包围圈地，标志着中国海军扩展的开始。在此之前的 1991 年，菲律宾也成功将美国驻军赶出苏比克湾。而也正是在那时，中国开始坚称本国对西沙群岛与南沙群岛的主权。在随后的 1995 年，中国实际控制了南海的美济礁。（小谷铁雄，2012）

中国划出南海九段线归为本国管辖，这包括大部分的南海海域，而所有争议海域也悉数归于此范围内，半数以上邻邦在此已设立本国的专属经济区。自中国 1995 年占领美济礁以来，中国与越南的南沙群岛之争也从未中断，前者甚至还在南沙群岛派驻了军队。2012 年与菲律宾对黄岩岛的主权僵持不下后，中国旋即占领了黄岩岛，中国对南海的领土封锁更加严格。

目前，中国不断派遣小型护卫舰护送渔船下水，并向菲律宾展示本国的海军实力。菲律宾海军虽对中国小型船舰也不得不望其项背，但依然挣扎着抗议中国在其邻近水域的行动。一位政治学者在访谈中指出，"目前对内部冲突的处理还捉襟见肘，所以很难以战略的思路保卫海上领土"。

中国的主权要求及回应：20 世纪四五十年代，中国圈出南海九段线以来，中国一直声称对南海五分之四的海域拥有主权，而此片海域正是世界船运最繁忙的路段。越南、菲律宾、中国台湾地区和文莱达鲁萨兰国也参与主权争夺。1992 年，中国发布新版地图，将西沙、南沙群岛划归国界，东盟外交部长们（六个原始成员国，此时越南还未加入）对外发布由菲律宾所牵头制定的《马尼拉宣言》作为反应。宣言指出，争议各方需要克制好斗情绪。中国对宣言中的积极因素表示赞赏，同时指出，中国对这片水域拥有无可争辩的主权。1994 年，《联合国海洋法公约》（UN Convention on the Law of the Sea，UNCLOS）正式生效，为之前散乱的滨海国之间的水域和资源主权问题提供了一个解决平台。1996 年，中国发表的领海基线宣言，重申了对西沙和南沙群岛的主权，此时，中国已对西沙群岛实际控制，并时刻预备对南沙群岛的无理争夺进行反击和震慑。

2013 年 3 月，菲律宾诉诸联合国海洋法会议，表明本国对中国南海所谓主权的反对立场，而中方则拒绝接受仲裁。此外，中国还希冀清除美国海军空军船舰在距本国海岸线 200 海里处专属经济区的盘踞。而在美方及其联盟伙伴看来，中国如此设立专属经济区有违《联合国海洋法公约》。2014 年 8 月，中方战斗机在国际领空距海南岛 135 英里处拦截了美国海军 P-8 海上巡逻机，美方对此严正视之。美国的亚太再平衡战略也包含了对菲律宾联盟伙伴的支持。

有趣的是，在中国国内，菲律宾被视为欺凌者。实际上，中方认为，菲律宾与越南和日本勾结，附和外部大国（射影美国），在亚太地区煽风点火。

中方进一步谴责菲律宾、日本和越南，认为其违背原先誓言，没有言行一致地促进和平以及和平解决争端。①

自 2014 年以来，中国就投身于对 7 个争议岛礁的主权保护工作，而同时菲律宾也不断坚称本国对南沙群岛（斯普拉特利群岛）的主权。菲律宾政府主要担心距本国最近的两个岛礁主权不保。中国的主权收归工作始于距仁爱礁不远的美济礁，而在仁爱礁上屯驻有菲律宾的小型分遣队。此外，渚碧礁上有中方简易机场的建设痕迹，而此礁距 150 个菲律宾民众生活的中业岛仅有 75 千米。②

中方明确指出，本国的主权收归工作不针对任何国家；同时又进一步阐明，在本国主权领土开展建设工作正当合法，体现了必要的军事防护意识以及保护最广大人民利益的要求。美国在中国南海争端的干涉行径激怒了中方，中国外交部副部长刘振民指出，南海问题的解决需要直接相关方在双边领域的和解和谈判，外部力量的干涉只会使局势更加复杂化。③

美国的反应：美国基于本国对 21 世纪亚太地区战略重要性攀升的考量，时任国务卿希拉里·克林顿（Hillary Clinton）于 2010 年宣布美国的重返亚洲战略，又称亚太再平衡战略。虽然美国是为了促进更广泛的合作及人员往来的考量而制定此战略，但是外界特别是中国对这一战略的真实意图忧虑重重。菲律宾原先是美国的殖民地，目前面对纷繁复杂的海上安全挑战，其中无疑包括留心与中国的潜在冲突，该国已经挺进军事现代化与军事行动构建的新阶段（包括与美国一道开展的军事训练与联合作战演习）。美国太平洋司令部司令洛克莱尔（Locklear）指出，美国已重振与菲律宾的联盟关系，目前正帮助菲律宾政府提升其国防的最低标准。2014年，美国与菲律宾达成了增强防御合作协议（Enhanced Defence Cooperation

① 查理（Charly）：《菲律宾真的能够欺凌中国吗？》，2015 年 3 月 7 日访问，https://cbholganzablog. wordpress. com/tag/hainan/。

② 《菲律宾美国公开联合军事演习搅动中国忧虑》，2015 年 3 月 7 日访问，http://www. voanews. com/content/philippine-us-open-joint-military-exercises-amid-china-concerns/2726553. html。

③ 《文莱小国助印度挺进东盟》，2015 年 1 月 15 日访问，http://www. rediff. com/news/report/in-tiny-brunei-india-seeks-to-make-inroads-into-asean/20131009. html。

Agreement，EDCA）。① 此外，为了提升该区域的安保工作，洛克莱尔接着强调，在近 20 年的时间里，美国化不可能为可能，与众多国家发展了伙伴关系，这些国家主要是指越南、马来西亚和印度尼西亚。

虽然在 1992 年，菲律宾关闭了美国苏比克湾海军基地，同年又关闭了克拉克机场，但是该国对美国的军事依赖却未减半分。在关闭美国基地时，中国在其水域还没有构成威胁，同时也需要注意的是，在克拉克机场与苏比克湾作为美军基地时，菲律宾每年可收到来自美国政府的一笔高达 2 亿美元的军事援助。在基地关闭后，美国援助随即打了水漂。然而，随着 20 世纪 90 年代，中国的崛起带来了更多的威胁；1999 年又见证了新的美军地位协定的签署，此协议给菲律宾带来每年 3500 万美元的援助。（卡普兰，2014：133）

由于菲律宾历届政府在双边和多边领域与中国合作的侧重点不同，菲律宾并非采取一个单一的一以贯之的对华政策，但是，其发展区域合作的重心却一直未有偏离。此外，中国是菲律宾第三大贸易伙伴国，菲律宾承接着大量的华人移民。虽然美国一直以来是菲律宾的盟国，但是此种关系也是分阶段发展的。正如上述所言，美国将菲律宾视为 9·11 事件之后美国在亚太地区重要的反恐行动合作伙伴，而菲律宾希望得到强国的支持，以抗衡来自中国的威胁。此外，美国的战略家建议，美国政府需要认清盟国的战略位置及对发展美国军事力量的相应影响。

美国国会研究服务局（Congressional Research Service）海军研究专家罗纳德·欧鲁尔克（Ronald O'Rourke）指出，中方采取"卷心菜战略"（cabbage strategy），以期似包菜般层层包围浅滩、礁脉，中国的渔船、海岸警卫舰及海军军舰形成了层层保护圈。在位于南沙群岛的美济礁上，中国建造了一幢 3 层大楼以及 5 个六边形水泥建筑作为军用，甚至在浅滩上还建设了直升机停机坪。

在岛屿争端中，安全研究专家认为，中国与美国盟友间滋生的事端是在检测美国在多大程度上致力于通过第三方维护所谓的国际法，而同时中方也尽量谨言慎行，避免争端带来报复性行动。但是，在此过程中，中国

① 大卫·特威德（David Tweed）：《南海主权可能会落入中国股掌，美国海军如是说》（China May Gain Control of South China Sea, U. S. Navy Says），2015 年 4 月 20 日访问，http://www.bloomberg.com/news/articles/2015-04-17/china-may-control-south-china-sea-with-new-isles-u-s-navy-says。

的实际行动却证明了中方毫不妥协的态度。新加坡南洋理工大学拉惹勒南国际关系学院（the S. Rajaratnam School of International Studies，RSIS）的格雷厄姆（Euan Graham）指出，最终中国打出的这套混合拳，会使其专属经济区（EEZ）更加强硬地挺进目前存在主权问题的海岸缓冲地带。[1]

美国国会中国经济与安全审查委员会（简称"美中经济安全审查委员会"）（US China Economic and Security Review Commission）指出，"随着中国全面而又迅速的军事现代化，中国与美国及其盟友的区域力量天平正逐渐向中国倾斜"。[2]

菲律宾总检察长同时指出，即使加强防务合作协议最终通过宪法审查，也无法保证在协议框架下，美国会一直庇护菲律宾，使其免受外国侵略，并免于领土争端。但是，这一协议多少会惠及菲律宾，帮助菲律宾提升营房条件、改善便利设施以及港口服务，并在军事训练的方面帮助菲军。

不管美国采取何种合作姿态，菲律宾将会充分利用盟国——美国的国际权柄取利，同时也深刻认识到美国并非是一剂万能灵药，无法一并解决其本国的所有问题。

四、培育非对称性关系：硬平衡以及软平衡

在中国南海，菲律宾通过两种方式试图维持与中国的非对称性关系：对机制与规约的依赖（东盟、东盟地区论坛、海洋法），以及对外采取的软平衡战略，诉诸共同防御协定及寻求譬如美国的大国抗衡力量，与其发展密切的安保联系。制度主义的方针以和平、战略规约和规则导向的方式处理争端，这种方式常见于菲律宾在先前所订立的多边和双边倡议。这包括：

1. 1992 年，东盟成员国外交部长达成关于中国南海问题的《马尼拉宣言》，强调冲突各方保持克制，并和平解决争端。

---

① 《你我谁统治?》，选自《经济学人》，2014 年 11 月 15 日，2015 年 3 月 11 日访问，http://www.economist.com/news/special-report/21631792-trade-depends-order-sea-keeping-it-far-straightfor ward-your-rules-or mine。

② 艾·巴拉塔斯（Aie Balagtas），参见索尔根：《加强防务合作协议并非是美援菲制约中国的保证书》，《菲律宾星报》，2014 年 11 月 26 日，第 8 页。

2. 1995 年，中国占领美济礁不久，菲律宾与中国签订了关于行动准则的双边协定，体现了菲律宾决心暂弃前嫌不求美济礁问题圆满解决的态度。

3. 两方为增进互信、促进渔业资源与海洋环境保护，创立了工作组，同时也表示此双边协定亦可能升级为多边合作，将东盟及其他主权声索国纳入其中。与此相似的菲律宾—越南之间的双边协定也在 1997 年签署。

4. 菲律宾政府同时也积极敦促东盟与中国之间行为准则的订立，而后者在 2002 年签署了《南海各方行为宣言》（2002 Declaration of Conduct of Parties in the South China Sea，DOC），但是，菲律宾依然希望可将宣言升级为具有法律约束力的行为准则。

5. 菲律宾支持的国有石油公司原先由菲律宾国家石油公司和中国海洋石油公司（China National Offshore Oil Corporation）合营，后来越南国家石油天然气集团（PetroVietnam）加入。菲律宾为三方的联合海洋地震勘探工作牵线铺路，这其中包括勘探前的联合调查①，以促进争议水域实现联合开发，但是，协议签订的前提是对各国地位不存偏见、对主权要求不存优先。然而，菲律宾国内政治的乱局使这一局面并未持久。

6. 菲律宾同时向东盟提议，将中国南海转变为和平、自由、友谊、合作充盈的区域（Zone of Peace，Freedom，Friendship and Cooperation，ZO-PFFC），其他临海国，包括东盟一些成员国，对此倡议并无逆反情绪。同时，中国受其挑战，畏于诉诸国际法庭。

7. 菲方持续与中方发展经济上的合作，并不断拓展其他合作领域，双方甚至发起了名为"长期友谊和合作"的多层面交流的雄伟计划，时间跨度为 2012—2013 年。这些计划彼此互补，并同时实施。

8. 菲律宾处理与中国的不对称关系所采取的另一手段是上诉国际海洋法法庭（International Tribunal of the Law of the Sea）仲裁。在西菲律宾海声索与说明中，菲律宾的阿基诺政府控告中国的非法行动，希望陪审团就以下问题详审：中国是否能基于南海 9 段线来合法占有南海大部分主权，对水域的主权与对水域内自然资源的主权是否可同时享有；中国所占领岛屿是否可附带其周围 12 海里水域的主权；中国对菲船舰开采水域内的生物资

---

① 保罗·罗梅罗（Paolo Romero）《菲律宾将与中国联合肢解南沙群岛》（RP may scrap Spratly joint study with China），《菲律宾星报》（*The Philippine Star*），2015 年 3 月 10 日，http://www.philstar.com/headlines/49267/rp-may-scrap-spratly-joint-study-china。

源不作反应是否可取。（贝克曼，2013）

9. 菲律宾仍在为岛礁主权方面赢取国际支持，目前在国际社会上操办名为"历史的真相与谎言：古代地图中真实的黄岩岛"的巡回展览；这一展览展出的60幅中菲地图，均与西菲律宾海这一两国争议水域相关①。这一展览声称，中国的主权声索既不合情理，亦不合国际法。菲律宾最高法院的高级陪审法官安东尼奥·卡皮奥（Antonio Carpio）率先组织了这一展览（展出的地图显示了1136—1933年中国领土边界的变动情况）。卡皮奥在菲律宾迪里曼大学（University of the Philippines Diliman）开始展览之旅，他解释道，中方所坚称的"自古以来的南沙群岛（斯普拉特利群岛）以及中国南海（西菲律宾海）是中国领土的一部分"在地图上却无任何凭据。

10. 由于美国的帮助，菲律宾已经重振了其国防战略关系。而加强防务合作协议（美菲间于2014/4/28签署）使美国承诺将致力于保护菲律宾不受外国侵略并免受领土争端②。奥巴马总统在回答关于协议的具体问题时指出："签署加强防御协定是基于多种考量，我们与菲律宾的联盟关系已走过数十年，而目前需要跟上时代的步伐，21世纪需要更新联盟关系。此协议使菲律宾拓展军事训练能力，以及协同调度能力，而这些努力不仅只为解决海上安全问题，而是使其在自然灾害面前也能更迅速地采取应急措施，在潜在威胁面前形成合力共同应对难题。美菲之间签署的新军事协定表明美国为保卫东南亚国家所采取的雷霆行动。"③

11. 对于中国坚称南海主权，菲律宾的其他伙伴国则反应不尽相同。譬如日本，在2014年6月为菲律宾提供了价值363万美元的官方发展援助，这一数目占菲律宾官方发展援助总和的28.6%，占据首位，此外还捐助了十艘巡逻舰。英国驻菲律宾大使阿西夫·艾哈迈德（Asif A. Ahmed）也表示，"'海上丝绸之路'无需哨兵设障和收费站这一套交通管制模式"④。

---

① 菲律宾海洋、海事与海洋法律协会发起了题为"历史真相和谎言：古代地图上的斯卡伯勒浅滩（黄岩岛）"的地图展览，展示了60幅古代中国地图的副本。

② 卡尔·塞耶（Carl Thayer），《外交官》（The Diplomat），2014年5月2日。

③ 卡尔·塞耶：《分析美菲间的增强防务合作协议》，《外交官》，2015年3月10日访问，http://thediplomat.com/2014/05/analyzing-the-us-philippines-enhanced-defense-cooperation-agreement/。

④ 阿历克斯·罗梅罗（Alexis Romero）：《英国认为亚洲丝路应无需过路费》，《菲律宾星报》，2014年11月28日，第6页。

虽然使用了些许软平衡策略，几次三番诉诸了法律渠道，但目前南海局势依然处在可控范围之内。中国不断声明其在南海拥有不可争议的主权，及希望采取双边对话协商的方式解决冲突，并拒绝参与任何仲裁程序。国际法是否如菲律宾希冀的那般创造公平竞争的环境，我们还要拭目以待。但是，菲律宾未征求中国赞同就单方面地上诉国际仲裁法庭使中国感受到菲方咄咄逼人的敌对气势。实际上，2014 年，越南与菲律宾就达成共同立场，谴责中方违背《联合国海洋法公约》。

自 2012 年 4—6 月黄岩岛僵局以来，有迹象表明，中方一直努力为本国谋求有利局势，包括封锁黄岩岛不让菲律宾渔民接近，派遣军舰护送本国渔船进入"卡拉延群岛"①，并在 2013 年占领了菲律宾实际控制的"爱尤银礁"（中国称仁爱礁）。这使菲律宾转而坚决采取硬平衡战略，与美国的双边对话导致后来签署协议，进而使美国得以轮番施加地区影响力，以帮助菲律宾参与岛礁的主权争夺。

2015 年，美菲年度军事演习历时 10 天；与 2014 年相比，规模翻番，6600 名美国士兵、61 支美国部队与 5000 名菲律宾士兵参与其中，被称为肩并肩军事演习。对美国军方而言，对此军事演习的高度重视是美军"太平洋之路"战略（Pacific Pathways strategy）的必然要求。②

结 论

总而言之，我们需要注意一下几点：

首先，鉴于中国与东盟部分国家结盟，且在国际事务中日益积极有为，在南海战略水域中如何处理对华关系，几近成为东南亚一触即发的焦点问题。中方指出，本国有权在南海主权之地开展各项建设工事。东盟与中方合力制定的《南海各方行为准则》并未发挥显著作用。另一方面，美国的亚太再平衡战略显现出其与菲方加强战略联盟，帮助菲律宾政府提升

---

① 译者注：所谓"卡拉延群岛"是菲律宾对于自己非法侵占的中国固有领土南沙群岛部分岛礁的单方面称呼。"卡拉延群岛"由 54 个岛屿、岩礁以及沙州构成，所占海域面积达 64000 平方英里。"帕加萨岛"（Pag-Asa），即中国南沙中业岛属该群岛，为南沙群岛中第二大岛。

② 特雷弗·莫斯（Trefor Moss）：《美菲军事演习大秀实力》，2015 年 4 月 22 日访问，http://www.wsj.com/articles/u-s-philippines-add-muscle-to-military-drills-1429511920。

最低国防标准的决心。① 为了增强区域安全，美国同时与其他东盟国家，
譬如越南、马拉西亚和印度尼西亚等国发展伙伴关系。美国的亚太再平衡
战略及重返亚洲战略意味着一些东盟国家可借此外交新姿态，依赖美国防
范与调度以遏制中国；在这些国家中，以菲律宾最为典型，其次是略有此
意的越南、缅甸、马来西亚以及文莱。换言之，目前东盟内部的裂痕不仅
可归于中国的积极崛起，还归咎于美国在区域中的强力参与。然而，正如
卡普兰报告所述，中国主导南海，于美国利益有损，但是，美国与中国对
峙，也会损害美方利益。（卡普兰，2014：134）

　　第二，另一冲突的来源是规约问题或制度问题。对中国及亚洲其他国
家而言，西方将海权、民主和人权自由问题篆刻入石树立威信的做法深恶
痛绝。新加坡国立大学李光耀公共政策学院（Singapore's Lee Kuan Yew
School of Public Policy）主席王赓武（Wang Gungwu）指出："任何事情都
不是绝对的，所有的事都是可以商谈的。"所以，目前为止，菲律宾能否
在此法律问题上取得理想结果还未可知。除非菲方能向中国证明其意图并
非充满恶意，否则，中菲之间的不对称关系将会持续恶化。巴维耶拉
（Baviera）指出，《联合国海洋法公约》显然是管理公共海域和资源的纲领
性规约，但实际上却使资源竞争矛盾更加突出。②

　　第三，专属经济区地域之争对于经由一代代美国海军看护的跨太平洋
航线的稳定性影响巨大。《中国南海：亚洲权力之争》（2014）的作者比
尔·海顿（Bill Hayton）在书中写道："如何界定国家专属经济区，以及别
国军舰在此的出入权，成为法庭争执的焦点，此种争执使中美几近陷入冲
突的边缘。这听着似乎很不可思议，但却真实发生了。美国希望全球公共
资源公开，而中国不断需求对主权地域的安全防护，二者之间争执不下。
这种冲突将会定性亚洲未来乃至更久的区域局势。"王庚赓武还指出："美
国对中国的大国地位视若无睹，特别是在自古以来的中华势力范围内横行
霸道，这尤其会激怒中方。维持现状对于崇尚变通的中式思维而言，显得

---

　　① 大卫·特威德（David Tweed）：《南海主权可能会落入中国鼓掌，美国海军如
是说》，2015 年 4 月 20 日访问，http://www.bloomberg.com/news/articles/2015-04-17/
china-may-control-south-china-sea-with-new-isles-u-s-navy-says。
　　② 艾琳·巴维耶拉（Aileen S. P. Baviera）：《中国东盟在南海的冲突与合作：处理
权利不平衡的问题》，2015 年 3 月 15 日访问，http://www.ndcp.edu.ph/for%20NDCP%
20website/BAVIERA_China-ASEAN%20Conflict%20and%20Cooperation%20in%20the%
20South%20China%20Sea%20Managing%20Power%20Asymmetry.pdfBaviera。

格格不入。"

第四，中国发展针对美国的反海军海上力量，意在将美国海空军赶离东亚海岸。此种力量部署综合了不断崛起的海军空军部队有生力量，以及不断升级的亚洲贸易模式，但是，此举却威胁了亚洲其他国家的独立性，特别是南海周边国家。

对菲律宾而言，唯一的应对措施是尽己所能地利用好虚晃的对华威慑力。[①] 至于其他的行动意见，其前景并不乐观。约翰·米尔斯海默（John Mearsheimer）在其著作《大国政治的悲剧》（*The Tragedy of Great Power Politics*）中表明，美国如若不愿接受新势力的崛起，不愿妥协其至尊地位，那么，在未来，战争则不可避免。同时，中国虽面对和世界主导国的对峙，但却不放弃其成为世界超级大国的决心。卡普兰写道，日益强大的中国很有可能将美国赶出亚洲，正如当年美国将欧洲国家赶出西半球一样。他进一步指出，中国的长期战略正是将美国赶出亚洲。（卡普兰，2014：44）

所以，毋庸置疑的是，中国的海上雄心势不可挡，同时，也可确信无疑地指出，无论是对之前的盟友，还是对菲律宾及其他牵涉南海争端的国家而言，美国不可能永远承担国家护卫者的角色。作为替代性方案，中国应当通过对话手段及外交手腕建设性地参与进来。美国应当秉着更加负责任的态度，不孤立和忽视中国，不要再妄想成为南海争端的调停者。同样，中国也需意识到被国际社会标榜为礼让邻邦，却又充当雄心勃勃的拓疆者，其实并非符合本国利益。在全球相互依赖不断深化的当今社会，如果中国在外交政策中对本国的激进主义倾向不加以遏制的话，那么，未来的发展轨迹可能会有所偏移。菲律宾也需要认识到，是中国而非美国是其邻邦，因此，不应背弃中方利益攸关之所在。菲律宾应当尽力与中国发展双边合作，共享南海和平繁荣之局面。

---

① 博赞（Bauzon）；独家采访里纳·麦尔卧，马尼拉，2014 年 11 月 28 日。

中国南海地图

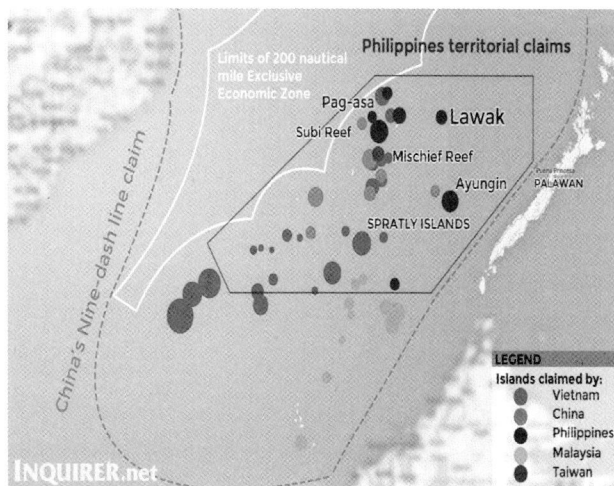

参考文献

[1] 贝克曼 R C，高尔特 I T，克莱夫 D T，本纳德 L. 中国南海领海权争端之外：合作开发碳氢资源的法律框架. 帕德斯托：T. J. 国际有限公司出版社.

[2] 卡普兰 R D. 亚洲大汽锅，南海与太平洋稳定的终结. 纽约：兰登书屋.

[3] KHAN V V. 亚太地区政治经济架构分析//基拉 Y K，编. 亚太地区和平与稳定：对安全架构的剖析. 新德里：维吉图书有限公司.

[4] KOTANI T. 亚洲地缘变化与海上战争合法化：海上亚洲//基拉 Y K，编：亚太地区和平与稳定：对安全架构的剖析. 新德里：维吉图书有限公司.

[5] 夏明. 中国是威胁制造者还是和平崛起者. 纽约时报 [2015-1-18]. www. nytimes. com/ref/college/coll-china-politics-007. html.

[6] 你我谁统治. 经济学人 [2014-11-15]. http://www. economist. com/news/special-report/21631792-trade-depends-order-sea-keeping-it-far-straightforward-your-rules-or-mine.

第四部分　"一带一路"倡议沿线的风险与中国在新全球秩序中的角色

第16章　"一带一路"倡议风险管控

王义桅[*]

摘要： 为什么"一带一路"倡议会有风险？这些风险包括什么？从国际情况看，"一带一路"倡议很有可能被它的参与者和支持者无意识地误解，被反对者和破坏者故意地曲解。从国内情况看，尽管"一带一路"倡议不是中国深化其改革的衍生品，但它却为深化改革提供了支持，在中国，还有很多势力企图阻碍"一带一路"倡议的建设和推进过程。我们可以确认出五个因素以及其相对应的风险。政治风险威胁政策沟通；基础设施的互联互通，要求其应对各种安全威胁；贸易和货币的无阻碍流通带来了经济风险；不同人群之间缺乏相互理解即民心不相通，可能让"一带一路"倡议陷入到道德风险中。

关键词： 政治风险，安全风险，经济风险，法律风险，道德风险

法国历史学家托克维尔曾针对小国和大国的差异做过透彻的分析，他的观点很有启发性，他认为："小国的目标是国民自由、富足、幸福地生活，而大国则命定要创造伟大和永恒，同时承担责任与痛苦。"[①] 伟大的计划总是有风险的。"一带一路"倡议所设想的联通性的五个因素，即"政策沟通、设施联通、贸易畅通、货币流通和民心相通"，会让中国前所未有地融入到世界的发展和相互依赖中去。但是，为什么"一带一路"倡议会遭遇风险？这一倡议又会遭遇到什么风险？本文将从以下几个方面对这个问题进行检视：

---

[*]　中国人民大学重阳金融研究院教授。

[①]　亚历克西斯·托克维尔：《论美国的民主》，第一卷，北京：商务印书馆，1996年，第181页。

政治风险

2015 年 3 月 28 日，中国国家发展和改革委员会、外交部和商务部联合发布了题为《推动共建丝绸之路经济带和 21 世纪海上丝绸之路的愿景与行动》（*Vision and Actions on Jointly Building Belt and Road*）的文件。这让"一带一路"倡议所覆盖的地理范围贯通亚欧大陆，将欧亚非三个大洲紧密地连接在了一起。"一带一路"倡议的大多数项目都涉及到大型的基础设施建设，投资资金多、周期长，项目的实施和维护都绝非易事。一些公共领域基础设施项目包括如下：

领域	计划或在建项目
跨国高速铁路	· 亚欧高速铁路（始于伦敦，途经巴黎、柏林、华沙、基辅、莫斯科，然后分为两路，一条进入哈萨克斯坦，另一条通往俄罗斯远东地区，然后进入中国满洲里） · 中亚高速铁路（始于中国乌鲁木齐，途经乌兹别克斯坦、土库曼斯坦、伊朗和土耳其，到达德国） · 泛亚高速铁路（始于云南昆明至缅甸。主线途经老挝、越南、柬埔寨、马来西亚然后到达新加坡，另一支线到达泰国。）
基础设施	· 建设中国—中亚天然气管道 D 线 · 翻新升级印度铁路 · 推动斯里兰卡港口建设和运行，开发工业园
地面跨境油气管道	· 西气东输计划的 3，4，5 线 · 中亚天然气管道 D 线 · 中俄天然气管道东线和西线
通信和能源	· 中缅、中塔和中巴之间未完成的跨境通讯网 · 规划中的东南亚海底光缆计划

无法否认的是，如果"一带一路"倡议将在如此大的地理范围内实施，那各种政治风险确实是无法避免的。政治风险可以分为两类：一是各国的国内政治风险，二是地缘政治风险。那么，我们将如何应对这些风险呢？

对此，我建议采用"两个调和（two accommodations）"、"两个分配（two divisions）"和"两个轨道（double tracks）"的方法。就"两个调和"

而言，首先"一带一路"倡议应该调和已有的当地合作框架机制，而不是单纯地建立新的框架机制；其次，"一带一路"倡议应该调和区域外行为体，而不是把俄罗斯、美国、欧洲和日本等外部势力排除在外。美国具有军事联盟体系的比较优势，而中国的优势则是劳动力、技能、经验和地缘。因此，"一带一路"倡议可以参考北约—欧盟的合作模式：北约保障欧洲的硬安全（hard security），而欧盟则提供软安全（soft security）以消除区域内的重合和竞争。所谓"两个分配"，则指的是工作和责任的分配。金融投资不能只由中国的银行提供，安全也不能只由中国的军队保障。当地的利益有官方和社会力量的合作，分担责任，将"中国保障安全"的想法转变为"各国保障自身安全"是很有必要的。至于"两个轨道"，需要同时推动和跟进以下三个方面：

第一，安全和经济两个轨道：相关国家的领海争端应当由涉事双边谈判解决。应该强调的是，"21世纪海上丝绸之路经济带"倡议（有时简称"海上丝绸之路"）对增强区域合作，提供全球公共产品是有很大帮助的，它不应该被历史和现有的争议干扰。各国应该避免将海上丝绸之路看作是中国的单边战略。相比于陆上丝绸之路的共享精神，"21世纪海上丝绸之路经济带"倡议则更强调开放、包容和透明的原则。如果"21世纪海上丝绸之路经济带"倡议变成中国和其他国家关系的新亮点，那么，所有国家的考量都应该被调和进来。第二，双边和多边合作两个轨道：与"一带一路"倡议沿线国家和地区的双边合作，包括自由贸易区和投资协议的谈判等等，是至关重要的。包括孟中印缅经济走廊（BCIMEC）在内的多边合作机制也同样重要，它是海上丝绸之路和陆上丝绸之路的连接点。这两个轨道相互补充相得益彰，共同探索出双赢互惠的经济合作新模式。第三，南中国海和印度洋两个轨道：南中国海是"21世纪海上丝绸之路经济带"倡议的第一站，而印度洋是"21世纪海上丝绸之路经济带"倡议的终点站。两点相互呼应，成为连接中非欧、由海路到欧洲的重要节点。绕过马六甲海峡，途经瓜达尔港和克拉运河是优化南中国海—印度洋两个轨道的方法。当然，两个轨道是形式而不是目的。在最终的分析中，两个轨道应该融合为一。

从"一带一路"倡议沿线外形式来看，美国依然具有主导者的角色。我们应该抛弃避开美国的想法。俄罗斯、海湾合作委员会、印度、伊朗和土耳其是关键点；欧盟亦是可以依靠的对象。而且，"一带一路"倡议绝不应是中国的单方面行动。我们应该让西方采取行动，让作为"一带一路"倡议终点的欧洲努力与东方对接。尤其是欧洲在处理中—美—俄三边关系上，可以发挥重要作用。中国应该更加鼓励欧盟加入上海合作组织，并与欧洲国家在运营中亚、中东、西亚和北非市场上加强合作。中国应该在互联网的国际治理中争取更大的话语权，与欧洲国家联手推行民主化，抓住美国放弃向私营公司供互联网域名的机会。中欧海洋合作、第三方合作和互联网合作，应该通过中欧新的全面战略伙伴关系来推动。

安全风险

由于覆盖了广阔的地理范围，"一带一路"倡议牵涉到了相关区域的各种利益。它面对的各种地缘政治风险都与安全风险紧密相关。在"一带一路"倡议的建设中，我们应该重视各种安全问题，为在实施倡议过程中可能出现的风险做好准备。安全分为传统安全与非传统安全两种。

传统安全指的是军事、政治和外交领域的安全，它和国家间的军事冲突相联系。今天，中国寻求和平崛起，不会挑起和"一带一路"倡议沿线国家的军事行为。然而，在像中东这样的热点区域，国内武装冲突有可能威胁到国家本身，进而迟滞"一带一路"倡议的建设。但是，在现实的建设过程中，更多的是面对除战争之外的非传统安全威胁，例如恐怖主义的威胁、生态污染、信息安全和能源资源安全，等等。由于和平与发展逐渐成为时代的主题，发生大规模战争的可能性较低。因此，各国应该更加重视非传统安全威胁。在建设"一带一路"倡议的过程中，可能遇到的非传统安全威胁包括如下几个方面：

（一）自然风险

建设"一带一路"倡议，首先要克服各种自然条件的困难。多种多样的地理特征，带来了多种多样的自然威胁，例如泥石流和滑坡等。这些自然威胁是不可预测的，具有突发性特征，它们会危害工程的建设、质量和建筑工人的安全，以及在完工后的运营和维护工作。这些问题不仅会造成巨大的财产损失，也会损害"一带一路"倡议的声誉。应对这种类型的风险，我们应该加强监控和早期预警。

（二）环境风险

中国官方文件已经提出具有创新性的"绿色丝绸之路"的发展思想。

这指的是，在建设"一带一路"倡议的过程中，我们应该重视环境保护，合理恰当地发展，用科学和技术应对环境的威胁。"一带一路"倡议的一些沿线国家和地区生态脆弱，科技和人员的介入，将可能会造成空气和水的污染，进而引起生态的不平衡。因此，"一带一路"倡议的沿线国家应该加强协调合作，设立环保标准并严格执行这些标准。

应当专门提出的是，自然风险也有可能导致政治风险。例如，跨国河流的污染有可能引发跨国问题。在一些中亚地区，过度使用水资源和过量捕捞，使得本已严峻告急的水资源短缺问题日益恶化。为了避免"一带一路"倡议沿线国家的团结遭到破坏，我们应该在发展过程中建立"一荣俱荣，一损俱损"的集体意识。

（三）极端势力的威胁

"一带一路"倡议沿线分布着许多极端势力，其中很多有强大的实力和丰富的作战经验，例如当前在中东活动猖獗的伊斯兰国（IS）。在叙利亚和伊拉克迅猛发展的"伊斯兰国"势力迅速产生了外溢效应，已经成为地区和全球范围内的安全威胁。"一带一路"倡议的建设也很有可能因为"伊斯兰国"的影响而减缓。[1]

现在，中亚、非洲和东南亚成为下一个中东的危险系数正在增加。极端组织在意识形态和能力上各异。中亚和其他地区的极端组织成员在长期与各种政府军的冲突中积累了大量的作战经验，并获得了不同的军事策略和技巧，这证明了他们强大的生存能力。"一带一路"倡议的建设是否会注定成为这些极端组织的目标呢？

答案是肯定的。首先，"一带一路"倡议的意识形态与极端组织的不同。"一带一路"倡议旨在实现区域繁荣和财富共享，而极端组织的目标则是攻击现有政府，并建立自己的独裁统治。很明显，"一带一路"倡议的目标与极端组织的相互冲突。在"一带一路"倡议的建设中，中国需要加强与该地区政府的合作，然而，由于极端组织与既有政权之间有冲突，它们很有可能选择不攻击决定目标，转而袭击"一带一路"倡议的工程项目。

其次，就"一带一路"倡议所产生的效应来说，倡议与极端组织的利

---

[1] 董漫远：《"伊斯兰国"崛起的影响及前景》，《国际问题研究》，2014年，第5期，第51—61页。

益相左，从而成为它们的攻击目标。"一带一路"倡议修建道路和基础设施，加强政策沟通。这种包容的发展模式，会促进各国的共同繁荣，加强交流和理解，缓和区域间民族、历史甚至政治冲突，并能改善区域总体的环境。中国政府与各个政府的合作，也能形成一股抵抗极端主义的力量。因为极端组织很难实现持续的发展，他们跨国入侵的可能性也会减小。另外，加入极端组织的普通人的数量也会减少。当"一带一路"倡议驱动经济繁荣，促进人民生活水平持续地提高，极端组织也将很难招募到新的成员，这将会动摇其存在的根基，进而逐渐削弱其社会影响力。

（四）非政府组织的威胁

在"一带一路"倡议的建设中，存在由非政府组织所带来的风险，主要指的是西方的非政府组织。这些组织可能挑起"中国威胁论"，将中国的"一带一路"倡议抹黑成攫取相关国家的资源、破坏生态环境，煽动民众抗议"一带一路"倡议。在一些政治不稳定的国家，这些组织甚至卷入各种势力的冲突之中，将抵制行动激化为大规模的动乱甚至是"颜色革命"。它的负面影响是双重的。首先，抗议会耽搁项目进度，中国在这方面经验不足，尚未摸索出有效的应对方式。其次，极端组织也有可能借机利用这些抗议活动。

"一带一路"倡议应鼓励当地民众的积极参与，在建设过程中促进民众的相互理解，尤其是对于年轻一代的目标和期望，他们应将倡议与自己的追求相融合。

（五）海洋时代安全风险

"21世纪海上丝绸之路"途经很多举世闻名的海峡，随之也产生了海洋时代的风险。以海盗问题为例，近几年，各国已经展开合作应对海盗威胁，但结果总是不尽如人意。在"一带一路"倡议的实施过程中，我们应该建立有效的监管机制，解决船上安保力量的配置问题。另外，在海盗猖獗的海域，我们应该开展反海盗行动，加强区域各国的合作，共同应对海盗风险。中国和欧洲在索马里打击海盗的行动，可以为处理海盗问题提供范例。

经济风险

从全球经济数据来看,2015 年全球经济增长率仅维持在 2.6% 左右。[①]很多经济体的经济增长率早在全球金融危机之前,就已低于这个数据。全球经济增速进一步放缓,发达国家和发展中国家之间差距扩大,以及全球经济恢复较慢,新的经济形势却又日益复杂。"一带一路"倡议沿线的大多数国家都是发展中国家,它们的金融结构不完善,资本监督能力较弱,容易受到发达经济体货币政策的影响。像印度尼西亚、俄罗斯和土耳其等国[②]就面临着严重的问题,例如现金账户赤字,过度膨胀的信用体系,当地资本市场中有过多的外国投资者,以及较弱的抵御外部风险的综合能力。发达经济体突然改变货币政策,可能给"一带一路"倡议的沿线国家带来巨大的损失,甚至威胁到跨境资本流动。作为"一带一路"倡议范围内的最大经济体,也是其首倡者和实施者,中国必须要应对因短期内全球货币政策的差异而带来的风险,以及因中长期全球经济复苏所带来的风险。

另外,在主要发达国家不同的货币政策的影响之下,全球外汇市场呈现出了不同的趋势,"一带一路"倡议沿线的不少国家和地区成了货币贬值的重灾区。如果企业投资俄罗斯和其他沿线国家或与它们进行贸易的话,那么,这些企业将面临着极大的损失。理论上来说,我们可以利用对冲交易工具(hedging instruments)来应对金融风险,然而,俄罗斯与"一带一路"倡议沿线的很多国家实施资本管制政策,因此它们没有足够的金融工具,这使得企业很难使用对冲工具。未来,各国不同的货币政策将使得汇率市场不断波动。在"一带一路"倡议的建设中,我们应该谨慎地处理由于全球不同的货币政策所带来的汇率风险,避免因汇率波动而带来的损失。

可以预测的是,发达国家和发展中国家的经济结构,都将会进入深层次的调节时代,这在一定程度上给全球经济的前景带来了不确定性。尤其是在 2008 年金融危机后,发展中国家和发达国家的经济结构,已经不能支

---

① 《世界经济形势与前景:2015 年》 (*World Economic Situation and Prospects 2015*),联合国,2015 年。

② 《国际金融研究》(*Studies of International Finance*),2015 年,第 1 卷,第 5 页。

持其保持危机前的高速增长，这也带来了低增长预期的风险。例如，欧债危机爆发后，希腊政府在巨大的危机压力之下，只能接受由欧盟三驾马车（TROIKA）①开出的财政紧缩的药方，由此带来的是希腊整个国家陷入了财政紧缩和经济衰退的恶性循环。

金融一体化是"一带一路"倡议的重要支撑。"一带一路"倡议沿线国家基础设施建设的资金投入存在着巨大的差异。根据亚洲开发银行的估计，到2020年之前，亚洲每年对基础设施建设投资的需求每年高达7300亿美元。然而，现有的多边经济治理机构却不能提供如此巨额的资金。目前，"一带一路"倡议的主要资金来源包括亚洲基础设施投资银行（AIIB）、丝路基金（SRF）、金砖国家新开发银行（BRICS Development Bank）、上海合作组织开发银行（SCO Development Bank）。中国"一带一路"倡议的融资平台，承诺向沿线国家政府及其公司和金融机构定出高信贷评级，以便其在中国发行人民币债券。中国也鼓励取得相关资质的中国金融机构和公司在国外发行人民币或外币的债券，并利用在"一带一路"倡议沿线国家筹措的资金。在金融一体化方面的努力，还包括加强金融监管合作，推动签署双边监管合作的谅解备忘录，逐步建立起区域内有效的监督协调机制。此外，在"一带一路"倡议的大背景下，中国还将努力改进风险应对和危机管理制度，建立区域性金融风险预警系统，建立交流与合作机制来处理跨境风险，加强危机管理。信用调查机构和评级机构之间的跨境交流与合作，也将得到加强。

中国作为亚洲和世界未来经济增长的引擎，如果它要通过双赢合作和共同发展分享经济发展的成果，首先要考虑到"一带一路"倡议沿线地区和国家宏观经济的风险。首先，作为基金供应国，中国可能面临无法收回资金的风险。如果资金接收者出现政治动荡，如何收回资金就是事先要分析的现实问题。因此，中国应加强与发达国家的政策协调，特别是应加强出口信用保险的作用。中国还应积极参与"巴黎俱乐部"（Paris Club）和国际信用与投资保险联盟（International Union of Credit & Investment Insurers）等相关机构的国际协调配合，并按照公开文件的要求，使合作的蛋糕更大、更好、更重要。第二，国家和企业都可能面临着技术创新动力不足的风险。即使中国将自己的工业转移到国外，这并不意味着中国的工业机

---

① 这里的三驾马车（"Troika"）指的是欧洲委员会（European Commission）、欧洲中央银行（European Central Bank）和国际货币基金组织（IMF）。

制是完美的。相反，中国需要更多的创新，来满足不同地区的具体需求。同时，随着"一带一路"倡议建设的发展，中国产品的市场将会更大。中国企业利润的增长，可能伴随着科技创新步伐的放缓，由此导致创新动力不足。另外，由于中国民众尚缺乏纳税人意识，监督和约束机制较为薄弱，长期急于进入"一带一路"倡议的项目建设，可能会遭遇新的债务危机。可以说，15 年前，中国的债务人主要是国有企业，而今天则主要是地方政府。那么，如果现在风险管理没有改善，中国在 15 年后大多数的债务人，则很有可能是外国政府和企业。如果这成为现实的话，那么，中国将如何解决债务风险呢？[①]

（一）宏观风险

经济全球化中的加速一体化，是进入 21 世纪以来全球经济最主要的趋势。"一带一路"倡议标志着中国从"引进来"向"引进来"和"走出去"相结合的重大转型，这也是中国和"一带一路"倡议沿线国家和地区深化合作与相互影响的重要过程。对外开放，融入全球经济是中国唯一的选择，但负面的影响是中国经济将面临外国经济波动和冲击的巨大风险。在这种情况下，国家的经济制度、经济运行机构、经济质量、开放程度、监管水平、经济与国际标准体系的一致性、经济稳定等宏观经济因素，就成为"一带一路"倡议建设中必须考虑的问题。

更为复杂的是涉及多边合作的项目。特别是由于土地面积小，人口和经济规模小，"一带一路"倡议沿线的许多国家，可能担心中国这一巨大的经济体影响其经济主权。作为中国一大创新的亚洲基础设施投资银行（AIIB）在运行过程中，就将面临着一系列经济领域的挑战。例如，在欧洲国家参与之后，它们肯定会试图为自己获得更多的控制权。此外，还将会检验中国平衡各个集团在亚投行投票权比例的智慧。另一个挑战则是，与西方国家相比，亚投行的亚洲成员基础设施薄弱，发展水平相对落后。另外，亚投行的回报率也成为中国面临的主要问题。同时，由于亚投行的出现，挑战了美元的霸权地位，这不可避免地影响到美国和日本的利益，中美两国以及中日两国的经济矛盾可能由此激化。因此，在建设亚投行时，中国需要团结各国，用自己的外交手段才能最大限度地达成国家间的

---

① 魏建宁：《警惕"一带一路"倡议的潜在风险》，《21 世纪经济报道》，2015 年 3 月 11 日。

合作，确保亚投行的顺利运营，促进"一带一路"倡议建设的深入推进。

中国国家主席习近平在 2014 年 11 月 8 日所举行的第二十二次亚太经合组织（APEC）领导人非正式会议上发表了题为"共建面向未来的亚太伙伴关系"的演讲，宣布中国将提供 400 亿美元建立"丝路基金"（SRF），以确保"一带一路"倡议的顺利推进。同样地，丝路基金在解决金融难题方面也具有重要意义，但也面临着经济领域的挑战。同时，在丝路基金的管理经验方面，尽管我们有例如中非发展基金（China-Africa Development Fund）等类似的项目，但中国在实际经济运行中仍然缺乏指导，在资金的支出和使用、预算设定、财务审批等过程中很有可能出现问题。

（二）工业风险

"一带一路"倡议是中国的国家倡议，也是世界的发展倡议。"一带一路"倡议的建设，不仅承担了中国产能过剩及其产业"走出去"的责任，也承担了沿线国家和地区实现产业改革和共同经济发展的责任。因此，"一带一路"倡议的建设要充分考虑到沿线国家的产业结构、市场规模、产业升级趋势和未来的市场变化。

经济发展离不开平衡的经济结构，这要求农业、工业和商业的共同发展。特别是地方优势产业和传统产业应该得到复苏。"一带一路"倡议沿线的所有国家和地区都有着自己的传统优势产业。如何实现制造业、农业、工业和商业的协调发展，将成为对中国的巨大考验。农业是一个国家的基础，可以确保就业和稳定。一个国家只有在人民吃饱的时候，才能考虑它的未来发展。这是从中国和世界历史里得出的结论，并经受住了时间的考验。"一带一路"倡议应该帮助沿线国家全面综合发展农业、工业和商业，特别是传统优势产业。这直接关系到"一带一路"倡议是否可以有别于其他计划，如援助计划、财务计划、兼并计划或马歇尔计划。

在经济发展模式方面，如果中国企业只能利用当地资源将其返销中国，或者在加工后将其出售在当地，这些国家的经济体量可能会增长，但大多数当地人是不会受益的，除非那些企业在制造业方面看到他们的利润增长。如果人们对低收入仍然存在依赖，而不是适当提高效率，那么当地民众则很难从经济发展中受益，由此导致这些国家自身经济活力的匮乏，也不会选择发展制造业；同时，如果他们要发展制造业的话，就得依靠中国的持续投资。因此，投资和其他经济活动的进行方式，不仅要促进行业间均衡发展，而且要促进国内发展，使民众的生活得以改善，当地民众也将随之受益。

此外，我们还要优化产业链的劳动分工布局，促进连锁相关产业上游和下游的协调发展，鼓励建立研发—生产—销售体系，完善区域产业配套能力和综合竞争力。同时，中国创新提出了"绿色丝绸之路"（Green Silk Road）方案，旨在加强生态环境治理，保护生物多样性，与其他国家携手应对气候变化。这再次明确了中国对国内"生态文明建设"和承担全球责任促进全球治理的庄严承诺。

（三）缺少应对机制的风险

如果中国要全面深化改革，就要释放潜能，进一步把经济要素特别是资本要素开放给国外市场。过去，中国需要引进外资，现在是中国首度超越国界的时候了。[①] 中国企业"走出去"的进程，受到如下三方面的影响：一是其全球视野的狭窄，二是国际法律管理知识的缺乏，三是具有全球竞争力的人才队伍的匮乏。而且，中国对于"一带一路"倡议的沿线国家和地区也缺乏深入的了解。所有这些，都导致了中国对全球运营风险缺乏足够的认识，更难以建立其相关的风险应对机制。另外，中国在国际投资过程中，保险机制还远远不够。

（四）缺少现代服务业配套设施的风险

现代服务业是经济全球化的重要组成部分，其竞争优势越来越突出。熟悉国际管理、西方会计制度和税收制度的商业管理、咨询服务、会计和审计咨询，对于现代服务业的"走出去"来说，是不可或缺的。但是，中国现代服务业的国际比较优势并不突出，主要表现在以下几个方面：外资利用水平较低，主要是传统旅游和劳务输出，知识密集型和技术密集型服务仅仅占据了一小部分。中外服务企业在管理、营销和规模方面，还存在着较大差距。在中国企业"走出去"的全过程中，国际上需要高标准的专业服务，帮助他们熟悉国际惯例，以此适应国际业务。

---

① 黄奥：《"一带一路"倡议：中国主动重塑亚洲政治经济新格局》，《东方早报》，2014 年 5 月 19 日。

法律风险

法律能够对人们的行为起到双重的约束作用。在"一带一路"倡议的建设过程中，运用法律框架管理各相关行为体则显得至关重要。去年，中国与"一带一路"倡议沿线国家和地区签署了关于共建"一带一路"的备忘录；同时还与周边近邻签署了深化地区合作的备忘录，并联合发布了关于经济贸易合作的中长期发展计划。但是，这些文件的贯彻落实需要各方遵守法律，做到依法合作。因此，"一带一路"倡议的建设需要法律保障。

"一带一路"倡议涉及相当大一片领域，包括中国与沿线国家和地区的战略合作、交通互联互通、国际贸易、能源合作、金融合作。中国的海外投资在近年来急遽上升，在 2014 年时已经接近 3 万亿美元；然而，由于中国外部复杂的政治形势，尤其是"一带一路"倡议沿线国家和地区的政治局势因全球金融危机和债务危机而进一步恶化，这使得中国的海外投资面临着大量的法律风险和挑战。首先，"一带一路"倡议沿线 60 多个国家和地区有着不同的法律制度，这导致了法律信息不对称的风险。沿线大多数国家和地区的法律制度主要是大陆法系、英美法系和伊斯兰法系，而中国则采取了独特的社会主义法系。

此外，一些国家的立法系统不够健全，法律修正迭出。就执法方面而言，这些国家歧视外国企业或外资企业，从某种程度上说，有时甚至直接出台法律管制某些特定的跨国企业，以保护本国企业和国内的政治经济形势。在当今世界，贸易保护主义倾向在一些经济发展缺乏动力的地区日益抬头。因此，"一带一路"倡议所面临的国际形势并不乐观。在此背景下，如果中国不关注法律问题，不熟悉当地国的法律法规，盲目相信国际公约，或缺乏配备相关法务人员，都将可能导致中国相关企业在不经意间就违反了所在国的法律法规。"一带一路"倡议的建设将面临着大量的法律风险。根据相关风险的内容、领域和原因，笔者将"一带一路"倡议所面临的法律风险大致分为如下六大类型：

（一）因直接投资面临的法律风险

海外利益是贯彻落实"一带一路"倡议互联互通项目的一个关键目标，这一过程也面临着诸多法律风险。由于我国与"一带一路"沿线国家的利益并不完全相同，因此，我国企业的地方投资面临着市场准入限制风险。不同国家的法律体系会导致我国企业在投资范围和比例上有很多的限制要求，同时也限制了我国在境外合营企业的自主权；同时，合营企业容易引起知识产权的纠纷，不利于保护我国参与合营的本国企业的商业秘密和专利技术等。对于跨国并购和兼并也多有限制。此外，有的"一带一路"国家通过法律对境外投资者的跨国并购投资者提出特别要求，或是建立不透明的跨国审查并购程序，可能会大大增加中国企业跨国并购的难度。比如，马来西亚1974年的《资产收购、合并与接管管理规则》规定，拟议的资产或任何股权收购、合并或接管必须符合以下条件：一是直接或间接导致马来西亚人更加平等地拥有所有权与控制权，二是在多个方面直接或间接带来净经济利益，三是不应对国防、环境保护或区域发展等方面的国家政策产生负面影响。除此之外，出于意识形态、国家利益、安全等方面的考量，所在国在某些重要行业往往会对中国的境外投资进行限制，如对石油化工、国防、基础设施等某些重要行业实施控股比例的特殊限制。比如，新加坡在一些敏感性产业对外投资是严格限制甚至禁止的，包括交通、通讯、电气及新闻等公共事业部门。另一个案例则是2005年的"中石油并购PK公司案"，彼时，哈萨克斯坦下院于2005年10月5日通过议案允许政府干预本国石油公司向外国公司出售股份。但总统纳扎尔巴耶夫则于当月15日签署新法令推翻这一决定。最终，中石油被迫同意签署一份协议，以14亿美元将自己购得的33%的股份出售给哈萨克斯坦国有石油公司Kazmunanigaz，由此哈萨克斯坦政府才批准了中石油的这一项并购。再比如，在2006年中集集团对荷兰博格的收购当中，最大障碍是来自于欧盟委员会反垄断机构的反垄断调查。欧盟委员会曾一度否决此项收购，其理由是中集集团在全球灌式集装箱细分产品上的市场份额已经超过50%。另一个例子则是，由于涉嫌违反刚果公司法规定，刚果政府宣布紫金矿业收购铂金刚果集团（Platinum Congo）的协议无效。

（二）因劳工问题面临的法律风险

依照"一带一路"倡议所覆盖的境外经营范围，需要注意在劳工雇佣方面的法律风险。首先，企业在所在国如果进行不平等的招工，忽视所在国特有的民族问题、性别问题等，容易违反平等劳动及反歧视相关的法律，面临罚款等处罚措施。其次，企业如果意识不到所在国法律规定的工会的权利，比如未能与当地工人及其工会形成良好关系，可能会面临罢工和激烈抗议的风险；在雇佣员工的待遇和福利保障方面，也容易触犯所在国劳动法，面临受到处罚、诉讼，甚至并购失败等风险。最后，企业对收购企业进行人员裁撤或是调整时，也要特别注意所在国关于裁员力度、裁撤员工补偿等方面的法律。

（三）因环境问题面临的法律风险

特别需要注意的是，世界各国对环境保护的标准和法律都越来越严格。很多国家制定了保护性法律，限制或禁止外商投资破坏资源，污染环境的企业项目。例如，位于英国和荷兰的壳牌公司，因为对尼日尔三角洲造成了污染而被当地政府罚款 15 亿美元。"一带一路"倡议的海外项目同样面临着巨大的环境方面的法律风险。一方面，企业需要遵守当地法律设定的环保标准，这可能会增加企业的成本；另一方面，企业如果不遵守环境标准，违反环境法律，将面临法律诉讼，甚至被迫关闭；又如，斯里兰卡近日宣布暂停中方在科伦坡港口城项目的施工，这项施工为中国对斯最大的投资，高达 15 亿美元。去年就有斯里兰卡政客声称港口城项目会对环境造成危害，应当叫停。① 由此，中方企业应该遵循"绿色丝绸之路"的思路，努力适应国外环境标准，减少生态环境所造成的法律争端。

（四）因经营管理不善产生的法律风险

中国企业普遍存在法律意识不强的问题，可能会因为在企业经营管理方面忽视相关法律而面临法律风险。这种风险主要分为以下几类：首先，企业如果不了解、不重视、不深入研究所在国相关法律，则容易在日常的经营管理方面触犯到所在国的法律。其次，企业管理中可能面临商业腐败等相关的法律风险。一旦发现企业有行贿、贪污等问题存在，企业声誉会毁于一旦，同时面临巨大的诉讼和制裁风险；另一方面，亚洲和非洲某些欠发达国家政治体系中腐败盛行，而中国企业如需推行其有关项目则必须行贿，从而对今后的经营产生风险。最后，各国税收的法律政策不同，不同的主权国家会根据其法律规定对同一纳税实体进行收税。我国企业的纳税情况及避税手段如不符合所在国的税收相关法律，则会面临着税务方面的法律风险。

① 陈晨、杨沙沙：《斯里兰卡暂停中资港口城项目 过渡政府常表态矛盾》，《环球时报》，2015 年 3 月 6 日。

（五）因沿线国法制不健全而面临的法律风险

"一带一路"倡议沿线涉及国家众多，其中有些国家法律设置并不完善，中国企业在域外经营的过程中，很有可能遇到无法可循的问题。此外，在没有相关法律规定的情况下，一旦中国企业与所在国执法部门发生冲突，所在国执法部门可能会出于本国利益，而使中国企业蒙受损失，从而造成风险。所在国对某些企业经营相关的法律规定可能会与国际法或中国法律发生冲突，从而使得我国企业在境外经营活动时，不得不违反国际法或法律，以及违反所在国法律中二选其一，同样会造成我国企业的法律风险。最后，如果所在国的法律或政策发生改变，如投资比例、范围和市场开放程度等，会使中国海外投资企业面临更多的无法预料的法律风险。

（六）因贸易而面临的法律风险

"一带一路"倡议合作的重点在贸易畅通上，国际贸易实践中也面临着法律风险。从国际贸易的商品标准差异来说，"一带一路"倡议中涉及的贸易伙伴，其设置的商品准入标准往往与中国不同，尤其是欧洲对于食品等商品所设置的标准尤为严格。因此，符合中国标准的商品在进入其他国家时，就面临着不符合当地标准的风险。从贸易壁垒来讲，"一带一路"倡议中的贸易伙伴处于保护本国经济的考虑，往往会通过严格的法律来实行贸易保护政策。这些法律的限制主要体现在以下几个方面：一是关税及其管理，二是通关程序，三是技术壁垒，四是反倾销政策，五是普惠待遇的取消。

道德风险

我国"一带一路"倡议所面临的道德风险可以分为三个层面，主要包括国家层面的道德风险，企业层面的道德风险以及个人层面的道德风险。

（一）国家层面的道德信誉风险

"一带一路"倡议的建设，将国家作为战略的实施主体，通过不通过国家之间政府层面的合作协同推进，即一国能够遵循国家之间的规定并监督执行。在此背景下，沿线国家和地区能否信守承诺，保持良好的信誉，对于"一带一路"的建设，至关重要，因为这关系到"一带一路"其他各方面分支脉络的运行。

首先，就中亚和中东地区来说，中亚诸国实行的是平衡外交，力图在域外国家之间，通过和诸多国家的讨价还价，实现自身利益的最大化。虽然我国"一带一路"倡议的建设能够为中亚地区带来巨大的发展机遇，促使中亚国家基础设施投资建设的完善与民众生活水平的提高，在分享中国发展红利的同时，促进域内国家的互利共赢，但是中亚国家还面临着来自于美日欧等诸多国家的战略诱惑，如果中亚国家将天平偏向另一方，不能遵守良好的信誉，对于我国"一带一路"倡议的建设也是极为不利的，中东地区亦然。

其次，东南亚地区如今已经形成了在政治上依靠美国，经济上依靠中国的局面，"一带一路"倡议在东南亚国家的建设，面临着美国重返亚太以及 TPP 谈判的双重威胁。更重要的是，东南亚诸国很有可能受到美国影响而对我国"一带一路"倡议施加压力，影响我国"一带一路"倡议的建设。作为我国周边外交重要的组成部分，东南亚地区的良好国家信誉，能够为我国"一带一路"倡议建设提供稳定的周边环境，同时起到积极的示范作用。

除此之外，非洲国家由于步入重要的战略机遇期，世界各主要国家都在增强同非洲国家的联络，而欧洲更是将非洲作为其重要的战略腹地。从历史上看，非洲国家同我国培养出了兄弟般的情谊，而我国也通过无息贷款来促进非洲国家的进步。尽管中非之间存在如此情谊，但是，发展中的非洲，很有可能出于对利益的追逐，受到西方价值观的影响，从而使得域内国家对于"一带一路"倡议的支持下降。

（二）企业层面的道德信用风险

在"一带一路"倡议的建设过程中，国家投入了大量的资金，进行宏观调控，用以保证丝路建设的顺利开展。同时，在"一带一路"倡议建设初期，其主要任务是基础设施的建设，这一重任不可避免地交予我国各企业。企业，在承担"一带一路"倡议建设重任的过程中，也将会面临诸多道德风险，主要包括市场性道德风险与社会性道德风险两部分，具体如下：

市场性道德风险主要是同我国企业的经济活动相联系，我国企业的经济活动，需约束自身的行为，同时需对域内经济形势保持关切，以保证经济活动的顺利开展。中国企业在海外经营时，如果因垄断或不正当竞争而扰乱所在国及周边地区的市场，会造成一定的道德风险。例如中海外集团因为违约而面临高达 25 亿元的罚款，并严重影响了中国企业的海外形象。其次，中国企业的海外经营往往需要在所在国进行融资，甚至在所在国上市。中国企业如通过违规手段获取大量贷款或注资，却因破产等原因无法偿还债务，则会对所在国银行、金融机构等债权人造成重大损失，从而形成相应的道德风险。例如，中航油（新加坡）破产使得该公司从事的石油衍生产品交易，总计亏损 5.5 亿美元，而其净资产不过 1.45 亿美元，严重资不抵债，从而造成债权方的大量损失，损害了我国企业的国际形象。第三，贸易中的倾销与补贴问题也同样影响着中国企业的海外形象。2011 年 10 月 18 日，德国 Solar World 美国分公司联合其他 6 家生产商向美国商务部正式提出针对中国光伏产品的"双反"调查申请。这些企业声称，中国光伏企业向美国市场非法倾销多晶硅光伏电池，中国政府向国内生产企业提供包括供应链补贴、设置贸易壁垒等非法补贴，要求联邦政府对来自中国的光伏产品征收超过 10 亿美元的关税。此类关于中国企业海外遭受反倾销、反补贴调查的新闻不胜枚举。这也表明了企业在进行出口贸易时，需要注意相关方面的道德风险。

社会性道德风险主要指的是我国企业在沿线国家开展活动时，由于沿线国家社会或者社会民众所造成的影响而引发的道德风险，主要包括以下三个方面：一是由于对沿线国家资源的消耗与环境的污染所带来的自然风险，例如，2011 年 9 月 30 日，缅甸总统吴登盛突然单方面宣布在他的任期内搁置由缅甸电力部、中国电力投资集团、缅甸亚洲世界公司组成的合资公司投资建设的密松水电站，便是出于对于影响该地区生态平衡，破坏本地区环境的考虑。二是企业活动对沿线国家和地区居民生活的影响所带来的道德风险，一个典型的例子就是中缅莱比塘铜矿项目，彼时，当地数百名民众进入矿区作业区进行抗议，导致铜矿的建设工作被迫全部中断。三是由于文化与风俗的差异所带来的道德风险。

（三）个人层面的道德信任风险

伴随着中国经济的发展，我国出境人数不断增加，中国人以个人身份出境，成为了我国形象的重要的名片，而官方文件中也将加强旅游合作，扩大旅游规模作为重要任务，推动实现民心相通。在此背景下，如果中国公民在"一带一路"倡议沿线国家做出不文明行为，将引发个人层面上的道德风险，影响"一带一路"倡议的建设。同时，肩负着"一带一路"倡议使命出国的建设者，也可能由于思想认识水平不高，工作方法不对，有意无意妨碍了民心相通，不能充分地尊重当地的风俗习惯，造成道德风险。

一是企业法人。企业法人很有可能处于对利益的追逐，曲解国家政策，使得"一带一路"建设成为其牟利的工具，贪污腐败，违反法律规定，造成道德风险。此类违反法律的行为，对于"一带一路"建设，是影响巨大的。如果这一问题得不到及时的修正，甚至有可能引发"一带一路"倡议沿线国家对中国的战略猜疑，再加之西方世界的宣传，"一带一路"的效果会大打折扣。二是商人群体。对于经商来讲，伴随着"一带一路"建设的全面开展，很多原来没有经商经验的人希望借此机会来华经商，或在本国与中国贸易。然而，这些投资者可能不懂汉语，缺乏在华经商的经验，也可能小本经营，抗风险能力差，因此不排除在华经商受损的可能性。这就有可能造成此类人群对华认同不够，散播不利于我国的言论，而身处国内的民众很容易受他们想法的影响，不能形成对我国客观的认识。因此，我国需重视在中国国内经营的外国友人，在办理手续、贷款、营销方面尽可能地予以帮助，在发展内外贸易的同时，力求提升我国形象。三是留学生群体。留学也成为了国外民众了解中国的重要形式之一。目前来看，"一带一路"倡议沿线国家和地区的来华留学生，往往是家庭条件较好的学生，或受双方政府资助的学生，人们虽然在传播我国文化方面发挥了重要的作用，但是，其实际效益却大为削弱。从日常生活来看，在实际的校园生活中，留学生并不能充分地融入到中国学生的生活之中，难以形成对中国文明真正的认识，使得通过留学生宣传我国形象这一途径，效果大打折扣。除此之外，一些留学生与西方思想接触较多，往往带有对中国的预设印象，受到"中国威胁论"的影响，不能从根本上改善对华认知，或者不愿意深入了解，发现问题的所在。为了解决这些问题，我国在官方文件中指出，我国将同世界各主要国家扩大相互间的留学生规模，开展合作办学，中国每年向沿线国家提供1万个政府奖学金名额，这体现了我国对于青少年人才的重视，更是对于"民心相通"的努力和尝试。同时，留学不应该仅仅局限于高校内的各类外国学生，应扩大其覆盖范围，例如引进当地工人农民来中国学习技术，而不仅限于所谓专家和技术人员，在开源的基础上凸显平等性。如果能扩大两国普通劳动者的交流，就可以大大促进民心相通，有利于"一带一路"倡议沿线国家和地区的发展。

为促使个人层面道德问题的解决，应从以下两方面着手。

第一，发挥沿线地区华人华侨的积极作用，利用孔子学院促进个体层面的相互了解。华人华侨的积极作用不做赘述，而孔子学院不是为"一带一路"倡议而生，但客观上为沿线国家的民心相通做了铺垫。在新形势下，孔子学院与"一带一路"倡议可以携手同行，相辅相成。孔子学院是文明复兴的时代体现，也是中国魅力的生动写照。古丝绸之路播下的中国与沿线国家友谊的种子，经孔子学院浇灌后生根发芽，再经过"一带一路"倡议的建设开花结果。"一带一路"强调的是共商、共建、共享理念，与孔子学院一脉相承。弘扬和平合作、开放包容、互学互鉴、互利共赢的丝路精神，也因此为孔子学院未来发展提供了新的动力，促进了个体层面上的相互了解，一定程度上避免了个体道德问题的出现。

第二，"一带一路"倡议的道德风险源自我国内部，这需要我国在"一带一路"建设的过程中注重与民交流，不断深化我国对外开放的水平，推动国内改革，深化沿线周边国家对华了解，以真诚的态度促使民心沟通，以负责任的态度解决"一带一路"建设过程中的道德风险。正如我国在官方文件中指出的，传承和弘扬丝绸之路友好合作精神，广泛开展文化交流、学术往来、人才交流合作、媒体合作、青年和妇女交往、志愿者服务等，为深化双多边合作奠定坚实的民意基础，逐步通过以上的途径，克服道德风险，推进"民心相通"的实现。

结 论

由此，我们可以确认出政策沟通、设施联通、货币流通、贸易畅通和民心相通等五个因素以及其相对应的风险。从国际情况看，"一带一路"倡议很有可能被它的参与者和支持者无意识地误解，被反对者和破坏者故意地曲解。从国内情况看，尽管"一带一路"倡议不是中国深化其改革的衍生品，但它却为深化改革提供了支持，在中国，还有很多势力企图阻碍"一带一路"的建设和推进过程。

毫无疑问的是，这一宏大倡议将面临着多方面的风险和挑战。政治风险将会威胁政策沟通，同时还有可能中国在某些领域的双边和多边合作。基础设施的互联互通，要求其应对各种安全威胁；贸易和货币的无阻碍流通，则带来了经济风险；不同人群之间缺乏相互理解即民心不相通，可能让"一带一路"倡议陷入到道德风险中。

在贯彻落实"一带一路"倡议的过程中，中国需要格外审时度势。"一带一路"倡议应该调和已有的当地合作框架机制，而不是单纯地建立新的框架机制；同时还应该调和区域外行为体，而不是把俄罗斯、美国、欧洲和日本等外部势力排除在外。金融和安全风险的责任也不全在中国这一边，它需要参与各方的共同努力。"一带一路"倡议并不是中国一家的宏大战略，而是基于开放包容互利透明等原则的伟大倡议。

第 17 章 现代国际秩序的演进与中国的时代责任

王鸿刚[*]

王鸿刚[*]

摘要：主权平等、利益至上、国际法治、大国引领、尊重人权等一系列现代性的理念原则，共同构成现代国际秩序的思想基础；历经几百年来的各国竞争与合作，上述原则始终未变并持续深化，现代国际秩序也因此不断发展。当前，现代国际秩序的演进正处在关键阶段。要推进新一轮国际秩序现代化，必须有新的理念、思路和动力，中国的内在国家特性、当前历史方位及未来发展潜力等因素，决定了中国有能力成为未来几十年推动新一轮国际秩序现代化的中坚力量。中国应充分意识到这一历史机遇和时代责任，为新一轮国际秩序现代化作出特殊贡献。

关键词：现代国际秩序，发展演进，中华民族伟大复兴，时代责任

如何认识当前的国际秩序，是国内外学界普遍关心的热点议题，也是事关中国大战略走向的基础性和关键性问题。本文围绕"当前国际秩序从何而来、向何处去"的问题，深入探寻当前国际秩序的逻辑与历史起源及其发展演进的内在机理，将其几百年的演进过程视作生生不息的有机整体，即"现代国际秩序"的形成与发展，从而构建起一种"现代国际秩序观"。同时剖析当前国际秩序面临的突出问题，展望国际秩序新一轮现代化的方向与重点，并探讨中国作为具有系统重要性的变量在其中处于什么位置、应该发挥什么作用，以及中国自身现代化与国际秩序现代化之间的辩证关系。

---

[*] 中国现代国际关系研究院世界政治所执行所长、研究员。

一、理论框架

现代国际秩序是指由一系列现代性理念作支撑，并随着现代国家的出现和日益增多以及世界范围内现代化进程的持续推进而形成并不断发展的国家间秩序安排。文艺复兴特别是启蒙运动以来，欧洲的政治学家和政治家们相继提出一系列关于国家自身和国家间关系的理念原则。这些理念原则虽产生于不同时期和不同国家，但它们之间或相互补充，或相互印证，或相互制衡，均具有鲜明的现代性特征，共同为现代国际秩序的形成与发展提供着方向性指引和内在逻辑支撑。概括起来有如下几条。

（一）主权平等

16 世纪法国学者博丹（Jean Bodin）最早提出国家"主权"（national sovereignty）概念，指出主权是君主"不受法律限制的对臣民的最高权力"，希望以此强化君主地位，消除宗教纷争，确保国家安定。[①] 其后，霍布斯（Thomas Hobbes）基于存在"自然状态"（state of nature）因而各方混战不止的假设，推导出人们必须以契约方式将权力托付给国家并以此换取普遍安全，进一步论证了主权国家的正当性和必然性。[②] 国际法学家沃尔夫（Christian Wolff）则主张主权国家之间还应是彼此独立和平等的，认为国家的基本权利和义务来源于国际社会契约及国家作为国际社会成员的资格，主权国家之间先验地就是平等的，这种平等和自决权具有不可剥夺性。[③] 瑞士哲学家瓦泰尔（Emer de Vattel）进而指出，主权国家内在的平等和自决权，必然推导出内政不容干涉的推论，每个国家都有权根据它认

---

① 这是博丹（Bodin，1530—1596）在其《国家论六卷集》（1576）中对"主权"的定义。参见杨泽伟：《主权论：国际法上的主权问题及其发展趋势研究》，北京：北京大学出版社，2006 年，第 16 页。

② 这是霍布斯在其 1651 年的著作《利维坦》中的核心思想。参见亨利·基辛格著，胡利平、林华、曹爱菊译：《世界秩序》，北京：中信出版社，2015 年，第 27 页。

③ 这是沃尔夫在其著作《按照科学方法探讨的国际法》（1749 年发表）中的观点。参见陈一峰：《论当代国际法上的不干涉原则》，北京：北京大学出版社，2013 年，第 18—19 页。

为合适的方式管理自己，国家没有干涉他国政府的任何一点儿权力。① 康德（Immanuel Kant）也在其《永久和平论》（Perpetual Peace）中指出，"任何国家均不得以武力干涉其他国家的体制和政权"。② 这种关于主权国家各自独立、彼此平等的主张，构成了现代国际秩序的核心原则，也同时是其他各理念原则的逻辑基础。

（二）利益至上

如果说主权平等是国家之间确立相互关系的前提基础，那么利益至上则是主权国家开展具体行动的首要依据。在霍布斯主义者看来，国家之间的利益本质上是相互排斥的，每个国家都有权摆脱道义束缚而自由地追求本国利益。③ 1624—1642 年间任法国首席大臣的黎塞留（Armand Jean du Plessis de Richelieu）更是坦言："国家的需求不是由统治者的个性、家族利益或追求向全世界传播宗教的目的决定的，而是由基于具体原则的国家利益决定的。"④ 这种关于主权国家追求目标的最明确表达，对当时和此后的欧洲产生重要影响，因为 "巴黎的榜样具有传染性"，加速了其他欧洲国家的觉醒，促使各国更注重以理性算计的方式维护本国利益。⑤ 19 世纪英国政治家帕默斯顿爵士（Lord Palmerstone）的名言更是露骨地表达了国家利益至上的信念："没有永恒的朋友，也没有永恒的敌人，只有永恒的利益"；"每次被问及政策问题时，我唯一能说的就是我们将以国家利益为准绳，根据每一次的具体情况争取最好的结果"。⑥ 在没有世界政府的情况下，国家利益至上的信念，暗含着国家之间的自由竞争。竞争的常见方式是结盟，而竞争的极端状态是战争。有些人将战争视作对秩序的彻底摧

---

① 这是瓦泰尔在其著作《国际法，或适用于各国和各主权者的行为和事务的自然法原则》（1758 年发表）中的观点。参见陈一峰：《论当代国际法上的不干涉原则》，第 20 页。

② 这是康德在《永久和平论》中关于 "国与国之间永久和平的先决条款" 的第 5 条。参见伊曼努尔·康德著，何兆武译：《永久和平论》，上海：上海人民出版社，2005 年，第 9 页。

③ 赫德利·布尔著，张小明译：《无政府社会——世界政治中的秩序研究》（第四版），上海：上海人民出版社，2015 年，第 25 页。

④ 亨利·基辛格：《世界秩序》，北京：中信出版社，2015 年，第 16 页。

⑤ 米歇尔·卡尔莫纳著，曹松豪译：《黎塞留传》（下），1994 年，北京：商务印书馆，第 819 页。

⑥ 亨利·基辛格：《世界秩序》，北京：中信出版社，2015 年，第 24—25 页。

毁，但当战争的目的在于实现国家间均势时，它则可被视为推动国际秩序继续演进的手段。①

（三）国际法治

从逻辑讲，主权国家在无政府状态下对自身安全的强烈渴求，既会导致各国竞争，也将不可避免地导致国际法的出现。因为各国公认的国际法毕竟为它们调整相互关系提供了最基本规范，有助于抑制极端自利偏好，提供必要的稳定性和可预见性，而这正是国际秩序形成和得以维持的基础。② 现代国际法奠基人格老秀斯（Hugo Grotius）在《海洋自由论》（*De Mari Libero/Freedom of the Sea*）一书中强调，解决当时荷兰和葡萄牙之间海上航行权的争端，必须依据对每个人而言"天生就了解、且植于内心的法律"，即"所有人依国际法均可自由航行"。他认为，这是上帝借自然之口告诉人类的一项最为明确且无可辩驳的国际法原理，并因此而应成为国际秩序的基本准则。③ 国际法的具体体现，则是国际组织的出现；而国际组织的出现，又为国际合作和秩序的维持提供了更好的条件。循着这一思路，1710 年英国学者贝勒斯（Bayless）倡议召开年度欧洲国家会议商讨能维持国际和平的规则，并由各国集体力量予以实施；1713 年法国的圣皮埃尔神甫（St-Pierre）提出欧洲国家组成永久性联盟，由其大会或理事会来决定和采取国际法实施措施的设想；德国思想家康德也提出取消各国军队，由国家组成的松散联盟保障人权和国际法的实施；英国法学家边沁（Jeremy Bentham）也倡议，通过裁军、解放殖民地、建立国际司法法院及召开欧洲国家参与共同立法等多种手段消除隔阂，保障国际法实施。虽然这些理念在当时带有一些空想色彩，但对后来一系列国际组织的创建起到重要的启蒙作用，有些甚至已经成为现实。④

（四）大国引领

所谓"大国"，是指那些拥有与众不同的强大实力、特别是军事实力

---

① 赫德利·布尔：《无政府社会》，第二版序言，第 XXI 页；第 160 页。

② 熊玠著，余逊达、张铁军译：《无政府状态与世界秩序》，杭州：浙江人民出版社，2001 年，第 243—245 页。

③ 张乃根：《论国际法在国际秩序中的作用》，《北方法学》，2010 年第 3 期，第 109—116 页。

④ 饶戈平主编：《国际组织与国际法实施机制的发展》，北京：北京大学出版社，2013 年，第 43—44 页。

并对国际局势有重大发言权和影响力的国家。毋庸讳言，大小国家虽在形式上地位平等，但它们的实力和影响力有巨大差别。无论大国是否主动行动，都成为形势发展的核心变量，而小国则处于相对的被动从属地位。从道义上看，大国引领的原则或许充满争议，但它却一直是现代国际秩序演进过程中的客观现实，这对几乎所有人而言都是不言自明的。大国如何运用自身实力，如何处理它们同其他国家特别是其他大国的关系，将对世界和平产生重要影响，因而大国关系一直被视为"错综复杂的世界政治的基本架构"。① 当然，大国也并非可以恣意妄为，为确保大国引领的可接受性，其在拥有特殊权利的同时也必须承担特殊义务。这意味着，大国也将担任国际秩序的看守人和保证人，避免使自己的特殊地位正式化和明确化，避免采取引人注目的破坏秩序的行为，并满足世界上某些公正变革的要求。②

（五）尊重人权

主权在民的思想，古希腊时期就有雏形。无论是公元前 600 年的"德拉孔立法"（Draconian Constitution），还是"梭伦改革"（Reforms of Solon），抑或是"伯里克利改革"（the Reforms of Pericles），以此确立的城邦制度中的诸原则和具体实践，都暗含着公民权利和意愿必须得到尊重或者说"主权在民"的思想。在经过漫长的中世纪后，对人的重视日益成为现代国家发展和国际秩序演进中不可或缺的方面。洛克（John Locke）认为，国家源于社会契约，国家主权应属人民。他把国家权力分成立法、行政和对外权三部分，其中行政权和对外权归于国王，而立法权则属议会，议会受人民委托掌握这一权力，人民有权解散议会，以武力推翻君主暴虐统治。③ 卢梭（Jean-Jacques Rousseau）也认为，以社会契约方式建立的国家，其最高权力属于人民全体，人民行使国家权力是公意的运用和体现，是国家的灵魂和集体的声明。④ 日后，这种"尊重人权"和"人民主权"思想进一步发展，内涵比以往更加丰富。理论上，既用来指相对于国家权威

---

① 赫德利·布尔：《无政府社会》，第 174 页。
② 赫德利·布尔：《无政府社会》，第 191—192 页。
③ 王哲：《西方政治法律学说史》，北京：北京大学出版社，1988 年，第 201—202 页。
④ 杨泽伟：《主权论》，第 18 页。

的个人权利，也用来指相对于外部控制的民族自决权；实践上，既被用于支撑一国民众反对本国内部专制君主、倡导现代自由的运动，也被用于支撑亚非拉地区各国民众反抗外部殖民统治、维护自身生存权和发展权的斗争。

对于这五项理念原则，一些后世的研究者倾向于将它们视作相互对立的。例如，尊重主权与尊重人权、各国平等与大国引领、利益至上与国际法治之间，看起来都是矛盾关系。也有人认为，主权独立、利益之上、大国引领等原则的适用性更强，而对法治和人权的尊重不过是无关紧要的陪衬或一厢情愿的空想。诚然，在某些历史时期，这些原则的普及和适用程度确有差别，但实际上，所有这些原则一直都以相互修正、相互制约、对立统一的方式发挥着作用。虽然其中一些原则看起来更"虚"，甚至蕴含着被日后滥用的风险，但总体看，它们都是着眼于世界永久和平、持续繁荣与共同进步，是包括政治学家、政治家和一般大众在内所有理性人的普遍愿望，是全人类孜孜以求的最高理想和自然法意义上的"天理"，有利于人类的自我保存和永续发展，符合所有人的根本利益，因而也是现代国际秩序演进过程中始终未变的终极目标。正是它们之间内在的相克相生关系和长期不断的共同作用，使得现代国际秩序演进这一生生不息的历史进程得以展开。

二、国际秩序的演进与重塑

几百年间，欧洲乃至世界各国相继摆脱宗教依附、封建束缚或外部控制而成为主权独立国家，逐步或初步发展出现代国家形态，使现代国家（或谋求现代化的国家）之间形成新的秩序成为可能。这期间，诸多政治学家和政治家们倡导和凝练出的理念原则，一直是现代国际秩序演进的主线和主旋律。在此过程中，各国兴衰起伏、竞合交织甚至战乱不断，但支撑现代国际秩序的基本理念原则始终未变并持续深化，现代国际秩序也随之日趋成熟完善。

现代国际秩序发端于威斯特伐利亚体系（Westphalian system）的确立。在欧洲经历一系列政治和地理的剧烈动荡后，中世纪漫长岁月中形成的政治体制逐步被新的国家治理方式所侵蚀。[①] 这为现代主权国家的产生奠定

---

① 德尼兹·加亚尔、贝尔纳代特·德尚等著，蔡鸿滨、桂裕芳等译：《欧洲史》，海口：海南出版社，2000年，第285页。

了必要的内部基础。由中欧持续百余年的教派冲突和政治动乱而最终爆发"三十年战争"（Thirty Years War），使交战各国最终精疲力尽，则为各国以理性平和的方式确立相互关系营造了必要的外部条件。1648 年《威斯特伐利亚和约》（Treaty of Westphalia）的签订，确定了欧洲国际关系的一系列基本准则，肯定了德意志各诸侯国及荷兰、瑞士等国的主权独立地位，使欧洲大地上出现了一批拥有主权的独立国家，标志着一种全新国际关系的出现，成为现代国际秩序的雏形和开端。这是对自文艺复兴以来就开始讨论的国家主权和国际法观念在实践和法律上的肯定，打破了罗马教皇神权统治体制的世界主权论，从此人们以国家为最高权威，不再承认有任何超越国家之上的约束者或世界统治权。①《威斯特伐利亚和约》及依此确立的新型国际秩序，既明确承认主权国家在其领土范围内的最高权威，正式奠定了主权国家在现代国际秩序中的基础性地位，又确认它们彼此之间至少是形式上平等的政治地位；既为国家各自追求本国利益留下足够空间，并通过国家间竞争进一步刺激主权意识的强化与国家自身发展，又通过国家自我克制和它们之间的相互制约为管控竞争提供最基本规范。这意味着"主权平等"、"利益至上"、"国际法治"等现代国际秩序的基本原则，都已在《威斯特伐利亚和约》确立的国际政治现实中得到最明白无误的确认。

自确立之日起，"主权平等"这一国际秩序原则就展现出强大的生命力。《威斯特伐利亚和约》所设计的国际秩序框架，催生了更多主权独立国家，而且还吸引它们热情地拥护和融入这一秩序框架。每次大的战争后，都有大批新的主权独立国家出现。甚至在较近的冷战结束后，仍有新的主权国家出现并成为国际社会一员。更为重要的是，这一秩序框架不仅为欧洲国家处理相互关系提供了规范，而且还因其巨大的包容性和适用性而潜在地具有向全球推广的资质。正如基辛格所言，虽然日后欧洲国家在海外推进殖民时并不对殖民地及其人民应用主权概念，但当殖民地人民开始争取独立时，却套用威斯特伐利亚原则。② 在争取及维护国家独立的斗争中，主权独立、利益至上、内政不容干涉等原则被证明是对付殖民者的有力理论依据。第二次世界大战后，亚非拉民族解放运动风起云涌，纷纷

---

① 付广存、于桂华、马凤岗：《近现代国际关系史论纲》，北京：社会科学文献出版社，2009 年，第 53 页。

② 亨利·基辛格：《世界秩序》，序言，第 XIV—XV 页。

摆脱西方殖民获得主权独立并融入国际社会，成为现代国际秩序发展演进历程中最为波澜壮阔的一幕。

"利益至上"原则毫无疑问一直是现代国际秩序演进中的主旋律。甚至在"三十年战争"前，欧洲各国统治者就已在为拓展本国利益而励精图治，在国内采取一系列改革措施提升本国实力，对外加紧合纵连横和殖民扩张，或因利益相近而结成联盟，或因利益冲突而相互交战。"三十年战争"爆发后，各国为拓展疆土争取霸权，几乎都卷入这场旷日持久的战争。[①] 随着民族国家的意识和体制进一步强化以及越来越多民族国家的出现，对国家利益的追求已成为不言而喻的永恒目标，成为指导国家政策和实践的唯一准绳。几百年来，为抢夺殖民地，拓展海外利益，控制海陆通道，建立地区霸权，欧洲以及后来的美国之间的国家竞争、冲突乃至战争就未停过。可以说，战争一直伴随着欧洲乃至全球范围内现代国际秩序的发展演进。出于纯粹的国家利益，各国之间的对立与结盟也异常频繁、反复无常。几百年来，为强化自身优势，削弱竞争对手，欧洲列强之间发动大大小小的战争难以计数，包括"一战"和"二战"，乃至美苏冷战，西方列强也因此兴衰起伏。这种国家间竞争，使主权国家的国家认同不断强化，内部治理更加有力，大大推动了主权国家的发展成熟。同时值得一提的是，随着大量亚非拉国家获得主权独立，西方阵营之外的更多国家也日益卷入关于国家利益的国际竞争，积极维护争取自身权益和更大发言权。国家间竞争虽是个异常残酷的过程，时常伴随着冲突和战争，但却始终是现代国际秩序演进过程中从未改变的要素和特征，客观上推动着主权国家的现代化水平，更是现代国际秩序演进的基础性动力。

"大国引领"这一国际秩序原则乃是随维也纳体系（Vienna System）的建立而正式确立的。拿破仑时代结束后，欧洲各国都无意为争夺战利品发动新的战争，亟须通过和平方式调整各国关系，协调彼此利益，重建新的均势。为此，英国、俄国、普鲁士、奥地利四个主要战胜国采取了大国主导引领和携手共治的方法，通过1815年维也纳会议《最后议定书》（Final Protocol at the Congress of Vienna）确立战后的欧洲秩序安排，即奥地利首相兼外交大臣梅特涅（Klemens Wenzel von Metternich）提出的"欧洲协调"，确立大国引领型的协调机制，解决既有和新生的国际问题。为有效

---

① 付广存、于桂华、马凤岗：《近现代国际关系史论纲》，北京：社会科学出版社，2009年，第44页。

维护这一大国体制，更好管理欧洲事务，在俄国倡议下，俄、奥、普三国签署《神圣同盟条约》（the Treaty of Holy Alliance），承诺相互协调和帮助（此后除英国、教皇和土耳其外，所有欧洲国家都加入这一同盟）。不久，根据英国建议，英、俄、普、奥又签订《四国同盟条约》（Quadruple Alliance），建立"四国同盟"。为避免过分孤立和惩罚法国招致新的仇恨，还将法国吸纳为"神圣同盟"成员，将四国协调拓展为五国协调。就本质看，维也纳会议是一次分赃大会，"神圣同盟"内部矛盾深刻，其作用主要是干涉镇压各国革命活动；但其积极意义在于确立了新的大国均势，并通过大国合作方式在一定时期确保了地区和平。就大国相互勾结、奉行强权政治而言，维也纳会议和欧洲协调是反动的；但就大国通过合作而不是对抗来处理相互关系并共同应对国际事务而言，"欧洲协调"则代表着时代的进步。此后，无论是在国联还是在联合国，大国引领和大国合作都得到更加制度化的体现，成为现代国际秩序的重要维护和推动性力量。

"国际法治"原则在现代国际秩序出现之初比较赢弱，但却发展很快。无论是在国际合作、国际纠纷解决抑或是战争状态中，国际法治都日益得到强化。《威斯特伐利亚和约》创立了条约必须遵守、对违约方可施加集体制裁的规定，称如有违反，受害一方可"将案件提交一个友好人士组成的组织或采取通常的司法程序"。① 这实际上是从国际法层面规定了主权国家应遵守的义务。同时，《威斯特伐利亚和约》还首次确立外交常驻代表机构制度。至维也纳体系确立，国际法治和国际组织进一步发展，其重要标志是 1816 年"莱茵河委员会"（Central Commission for Navigation on the Rhine）的成立。其以协调莱茵河的航行管理、沿岸税收管理为宗旨，是第一个解决国家间技术性、行政性问题的国际行政联盟。随后，多瑙河委员会（Danube Commission）（1856 年）、国际电讯联盟（International Telecommunication Union）（1865 年）、万国邮政联盟（Universal Postal Union）（1874 年）、罗马国际农业学会（International Institute of Agriculture）（1905 年）、巴黎国际卫生局（International Office of Public Health）（1907 年）等一系列国际组织相继成立。"一战"后成立国联（League of Nations），更是国际组织发展史上的标志性事件。同时，维也纳会议也对外交使团制度作出更详尽规定，将使节分为大使、特命全权公使和代办三等级，并规定各

---

① 《国际条约集》（1648—1871），北京：世界知识出版社，1984 年，第 31—32 页。

等级外交官位次由到任日期决定。① 国际法治发展的另一标志是国际仲裁制度的出现。1794 年，英美两国签订《友好通商航海条约》（又名《杰伊条约》），同意两国对包括领土争端及两国民事纠纷在内的一系列事宜进行仲裁，开创了国际仲裁的先河。② 此后根据《和平解决国际争端海牙公约》（Hague Convention），1900 年常设国际仲裁法院正式成立，这是首个基于国际法的常设性国家间争端解决机构，国际仲裁制度又向前发展一大步。即便是战争时期，现代国际秩序中的法治原则也未被完全抛弃。如"一战"前，眼见战争不可避免，欧洲各国两次召开海牙和平会议，签署一系列有关交战规则的公约和宣言，其中绝大多数成为日后被广泛承认的国际法文献（总称为《海牙公约》或《海牙法规》）。③ "二战"期间，交战双方仍遵循有关中立国和对待战俘等方面的国际法。冷战中，美苏两国也没有否定双方应共同遵循的国际法。④

"尊重人权"原则同"国际法治"一样，也经历了一个不断发展成熟的过程。美国独立革命过程中，对人权的强调已被放在突出位置，并兼具对内保护个人权利和对外反抗英国统治的双重含义。《独立宣言》（Declaration of Independence）立场鲜明地阐述了"人生而平等"的天赋人权论及民族自决的正当性，列举了对英国王室的种种不满，宣布断绝对其一切义务和政治关系；其后出台的《权利法案》则规定对人民的宗教、言论、出版自由予以保护。⑤ 法国大革命期间于 1789 年 8 月成立的制宪会议通过《人权与公民权宣言》（Declaration on the Rights of Man and of the Citizen）（即《人权宣言》），不仅第一次用法律形式把"自由"、"平等"等原则肯定下来，进一步发展了美国《独立宣言》中的人权思想，而且还大大激发了欧洲各国的民族主义和民族运动，深刻推动了欧洲各国的社会变革，打击了各国封建势力，使人民主权和民族自决意识深入人心。⑥ 同时，美国独立战争和法国大革命还推动了法国、西班牙、葡萄牙控制下的拉美各殖

---

① 王绳祖主编：《国际关系史》（第二卷），北京：世界知识出版社，1995 年，第 13—14 页。

② 饶戈平主编：《国际组织与国际法实施机制的发展》，第 42 页。

③ 王绳祖主编：《国际关系史》（第三卷），第 364—366 页。

④ 赫德利·布尔：《无政府社会》，第 39—40 页。

⑤ 张友伦主编：《美国通史》（第二卷），北京：人民出版社，2002 年，第 18 页，第 43 页。

⑥ 付广存、于桂华、马凤岗：《近现代国际关系史论纲》，第 95—96 页。

民地的民族自决运动，催生出一大批主权独立国家。进入 20 世纪后，为更好引领俄国无产阶级革命，列宁在其《论民族自决权》中全面阐释了马克思主义的民族自决权问题，号召被压迫民族脱离异族控制，组建独立的民族国家。① "一战"结束后，美国总统威尔逊亦提出应自由开放地、完全公正地判断所有殖民地提出的主张，所有民族均有权选择自己的政府。虽然该主张因触动列强利益而未写入国联盟约，但"一战"和俄国十月革命后，人民主权和民族自决原则已得到更广泛传播。

　　总的看，现代国际秩序演进中的最重大事件是联合国及全球治理架构的创建，现代国际秩序诸原则在其中得到更为系统的体现和发展。其一，再次确认和强化了"主权平等"原则。在筹建联合国的 1943 年 10 月莫斯科会议上，中、苏、英、美四国政府在《普遍安全宣言》中宣称："根据一切爱好和平国家主权平等的原则，建立一个普遍性的国际组织，所有这些国家无论大小，均得加入会员国。"② 敦巴顿橡树园建议案采纳了该原则；旧金山制宪会议上，主权平等被列为《联合国宪章》各项原则之首。此后 1965 年联大通过的《关于各国内政不容干涉及其独立与主权之保护宣言》、1970 年《关于各国依据联合国宪章建立友好关系及合作之国际法原则之宣言》、1974 年《建立新的国际经济秩序宣言》及 1974 年《各国经济权利和义务宪章》等重要文件，亦再次重申主权平等原则。

　　其二，"大国引领"原则得到充分体现和名正言顺的固化。一方面，联合国筹建过程本身就体现着大国引领。最初由罗斯福提出设想，美英两国合力推动，美英苏三国主导协调，美苏英中法五国共同推动；到旧金山成立大会时，联合国框架和运作机制大局已定。③ 而联合国安理会这一机构就是大国引领原则的制度化体现。《联合国宪章》将维护国际和平与安全的主要责任交予安理会，并规定中、法、苏（俄）、英和美为安理会常任理事国。为确保安理会行动效力，"五常"作为具有特殊重要地位的大国，被赋予其他联合国成员没有的权利。

---

　　① 中共中央马克思恩格斯列宁斯大林著作编译局编：《列宁选集》（第二卷），北京：人民出版社，1995 年，第 369—402 页。

　　② 杨泽伟：《主权论：国际法上的主权问题及其发展趋势研究》，北京：北京大学出版社，2006 年，第 71 页。

　　③ 资中筠：《大国保证和平的原则与大小国家平等的信念——论联合国的初始设想》，《太平洋学报》，1995 年第 2 期，第 18—27 页。

其三，以"不使用武力"和倡导"友好合作"来管理国家间竞争。为避免国家利益之争再度发展为战争，《联合国宪章》将维护国际和平与安全作为联合国首要目标，并列举了集体安全措施及和平解决争端程序两种方式。为明确"不使用武力"原则的适用条件，联合国大会通过了一系列相关决议并成立特委。① 为鼓励各成员国更多采用和平方式解决国际争端，联合国出版了《和平解决国际争端手册》；1982 年联大还通过《和平解决国际争端马尼拉宣言》，并陆续创建旨在解决国际争端的各种专门机构。同时，联合国还积极为各国之间通过合作增进共同利益指明道路、创造条件，设立众多国际合作机构和机制。

其四，进一步丰富了尊重人权的内涵，细化了保护人权的规定。《联合国宪章》规定联合国宗旨之一是"尊重人民平等权利及自决原则"。1948 年联合国发表《世界人权宣言》，1950 年联大通过决议确认民族自决权是一项基本人权；其后这一原则又被写入联合国《公民权利和政治权利国际公约》与《经济、社会和文化权利国际公约》；此后又陆续推出《关于人民和民族的自决权》（1952 年）、《给予殖民地国家和人民独立宣言》（1960 年）、《国际法原则宣言》（1970 年）等文件对民族自决权予以保护。② 为保护一国内部特定群体的基本权益，联合国大会还通过多项保护妇女权益、反对种族隔离、禁止人口贩运等方面的决议，设立人权委员会及人权理事会作为监督执行机构。③ 特别是在联合国框架下，广大发展中国家日益将发展权视为人权概念的重要内容。1986 年，联大通过《发展权利宣言》，确认发展权一项是不可剥夺的人权。广大发展中国家通过组建"77 国集团"、要求"南北对话"和发展"南南合作"，积极维护自身发展权益，力争平等参与世界经济体系。

其五，立足国际法治的国际合作成为潮流，全球治理架构日趋完善。联合国、国际法院等机构本身便彰显着"国际法治"这一现代秩序原则的作用。在联合国推动下，国际法治的理念又催生出更为详尽的国际条约、更为健全的国际组织和更加常态化的国际合作，共同组成日趋完善的全球

---

① 许光建主编：《联合国宪章诠释》，太原：山西教育出版社，1998 年，第 39—43 页。

② 许光建主编：《联合国宪章诠释》，太原：山西教育出版社，1998 年，第 17—21 页。

③ 许光建主编：《联合国宪章诠释》，太原：山西教育出版社，1998 年，第 24 页。

治理架构。整体看，在国际经济、政治、安全、社会和文化各领域，都已存在大量专业性的政府间或非政府的国际组织或国际机制，发挥着调动各方资源、协调各国利益、推动国际合作的职能，对主权国家的职能起到非常重要的补充作用。如果说在"三十年战争"后现代国际秩序初露端倪的时期，各国只是为寻求安全而开展最起码的消极合作，那么在当前21世纪，无论是国际合作的意识还是国际合作的水平，都达到了相当的高度，是令人赞叹不已的。

三、谁将决定国际秩序？

以现代国际秩序的发展演进来统括过去几百年和当前国际政治的种种现实，实则构建出了一种"现代国际秩序观"。这一观察视角的特点是用历史的、发展的、联系的、辩证的方法看问题，将国际政治的历史与现实视为对立统一、浑然天成、循序演进的有机整体，而不是割裂地、静止地、片面地强调某个特定方面。这一观察视角的核心是强调现代性，是将全球范围内的国际秩序现代化，连同各国自身追求现代化的努力一起，都视作几百年来波澜壮阔的世界现代化进程的有机组成部分，视作整个人类社会必然要进入的特定发展阶段。①

这种观察视角的意义有以下几点。一是从本体论上回答了"当前国际秩序从何而来"的问题。关于国际秩序的"更替说"认为国际秩序经历了从殖民秩序、战后秩序、冷战秩序到后冷战秩序的更替而发展至今。这种狭义的秩序观难免导致对秩序的碎片化理解，使人感觉国际秩序似乎是反复无常的。关于国际秩序的"重叠说"认为目前的国际秩序是上述几种秩序共同存在且相互叠加的结果。但这种宽泛的秩序观难以说明几种秩序的区别与联系以及它们能长期和共同存在的理由。与此相比，"现代国际秩序观"则为观察当前国际秩序奠定了坚实的逻辑与历史基础，能很好地说明其发展演进的长线轨迹。

二是从方法论上对几种不同的路径偏好尽可能做到兼收并蓄。对于国际秩序的研究，一直有霍布斯主义、康德主义和格老秀斯主义等几种不同的方法论之争。从纯学术角度讲，这些方法体现出值得嘉许的理论纯粹性

①　有关世界现代化历程的相关研究，参见钱乘旦等著：《世界现代化历程》，南京：南京大学出版社，1997年，第1—13页。

及专注精神，但如果要更加全面地解释客观世界并指导中国的对外战略实践，则必须坚持马克思主义的理论和方法，既承认国家目标的现实性与国际竞争的残酷性，也肯定人性的高尚一面及历史的曲折进步，更重视国际法治的必要性与必然性，并以唯物辩证法实现上述不同方面的有机整合。就此而言，"现代国际秩序观"这一认识方法是内在地符合中国传统和主流思维的，适合现阶段中国对外宣示自身的国际秩序愿景，还能为中国未来更加奋发进取的对外战略提供更加有力的理论和道义支撑。

三是在立场站位上既肯定欧洲的作用又避免了"欧洲中心论"。诚然，现代国际秩序发端于欧洲，无论是从话语体系还是从历史时段看，欧洲各国在现代国际秩序的形成与演进中都占据非常重要的地位。但正如工业化发端于欧洲却最终成为全球性的客观现实一样，发端于欧洲的现代国际秩序也因其巨大的适用性而具有突出的全球特征。欧洲为现代国际秩序的建立作出了贡献，并不意味着现代国际秩序就是欧洲（或西方）的"专利"。它是人类社会发展到一定阶段必然要出现的；当它演进到一定阶段时，就必然要超越欧洲的地理范围而走向世界，超越欧洲（和西方）文化而融入其他文化元素和更新时代特征。

四是从适用性上有助于包容所有国家的地位和利益。既然现代国际秩序的形成与演进是一个源远流长的过程，是各国合力作用的结果，是一个有机统一的整体，那么每个国家的地位就既是可贵的，也是有限的。这样也就自然摒弃了"零和"的思维和"兴替"的逻辑，从根子上化解掉了所谓崛起国与霸权国必然冲突的"修昔底德陷阱"。特别是，由于现代国际秩序十分强调原则的平衡性以及演进的整体性，因而特别适合后进的发展中国家融入这一秩序并成为这一秩序继续演进的推动力量。无论是欧洲国家、美国还是其他非西方的新兴和发展中国家，各方的努力都在客观上推动着国际秩序进一步现代化，各方也均将受益于此。

同时，这一视角还内在地蕴含几个重要的推论，或说几个相关的重要问题值得强调，从而帮助我们更好地理解当前国内外有关国际秩序的一些争论。其一，无论是过去几百年、现阶段还是可预见的将来，这个世界上只存在一个有全球意义的、各国共建共享的国际秩序，即现代国际秩序。这意味着，当有人对国际秩序的现状不满意时，他可以认为，是国际秩序的现代化程度还不够，它需要实现进一步现代化。其行动方式也不一定要推翻现行秩序，而是可以通过积极参与其中去推动国际秩序向更现代化的方向发展。因此，所谓建立"国际政治经济新秩序"，并不是说要通过颠覆现代国际秩序的全部内容，或完全绕开现代国际秩序。现代国际秩序中的各项原则、机构与机制，足够充当推动国际秩序实现新一轮现代化的有力工具。就此而言，中国坚持"现代国际秩序观"是尤为必要的，可以打消有关中国是否会奉行"修正主义"或"另起炉灶"的忧虑，为中国更深度参与联合国事务、推进全球治理提供了很好的战略阐释。日后，随着我们对国际秩序现代化过程的参与越来越多，贡献越来越大，我们也可以名正言顺地要求其他国家尊重现代国际秩序，遵守这一秩序框架中的既有理念和规则。

其二，"现代国际秩序"与"世界秩序"的含义有着比较大的差别。现代国际秩序以主权独立与平等为第一要义。尊重主权国家在文化传统、制度模式、治理方略、政策偏好方面的多样性，是现代国际秩序得以存在的前提。而"世界秩序"通常是指世界各国的内部治理具有高度趋同性且国际秩序诸原则实现高度强制性的高级状态。不难看出，"现代国际秩序"以尊重差别性为前提，而"世界秩序"以追求同一性为目标。虽然我们承认追求国家治理的现代化和国际秩序的现代化是各国共同目标，而且两者均是全球范围内世界现代化进程的组成部分，但这并不是说国家治理现代化的版本和道路必须一模一样，也不认为国际秩序的高度现代化是一蹴而就的事情。如果真的有朝一日最终实现了天下大同般的"世界秩序"，那也是自然而然的结果，而不是强行同化的产物。

其三，现代国际秩序具有价值向善的内在属性，但却没什么温存的意味。从客观现实看，在现代国际秩序演进过程中，几百年来混战不止的欧洲国家如今已结成紧密的共同体；曾经饱受殖民压迫的非西方国家逐步摆脱外部控制，一大批新兴经济体的发展成就令人瞩目，成为国际社会不容忽视的重要力量；和平与发展理念日益深入人心，穷兵黩武、以大欺小的行为日益遭到国际社会的唾弃和抵制。就此而言，现代国际秩序无疑对推进人类的整体存续、持续繁荣、永久和平和共同进步有不容置疑的积极作用，从价值判断上是善的。不过这种价值向善的内在属性并不必然推导出国家间竞争烈度的实质性降低。如果将现代国际秩序理解成完全没有战争和冲突的状态，那显然有些太理想化了。只要主权的边界没有消融，利益至上就将一直是亘古不变的国家目标和行为法则，国家间竞争将始终是现代国际秩序的题中应有之意。

其四，现代国际秩序不是哪一个国家建立的，也没有谁能主导它。现代国际秩序的出现，是历史发展到一定阶段的必然产物，不是哪个国家创造的。虽然大国具有更加突出的实力水平和系统重要性，有能力引领国际秩序发展，但只有那些顺应现代国际秩序演进规律的国家，才可能在国际竞争中占据优势；而即便占据优势，也往往是一时的。逆规律而行的国家，必然要付出沉重代价。历史总是在用它看不见的手，引导各个国家以主观上谋求其自身利益但客观上却有利于整体进步的方式，推动着现代国际秩序不断向前发展。回顾过去，无论是英国、法国、德国还是苏联，都曾一度在国际竞争中风光无限或发挥过重要作用，但都无法持久。美国曾在推动成立国联和联合国方面功不可没，是那一时期国际秩序演进的重要推手；后来又曾一度操控联合国，甚至在苏联解体后坐享"单极时刻"，看似一时间主导了国际秩序。但随着第三世界兴起，美国很快就失去在联合国的优势；"9·11"后美国借反恐之名绕开联合国单边发动对伊战争、在世界各地大搞"民主改造"和"颜色革命"，公然侵犯他国主权，结果其软硬实力很快就遭重创。

四、国际秩序的竞逐者们

在回答了"国际秩序从何而来"之后，接下来就是思考"国际秩序向何处去"的问题了。历经《威斯特伐利亚和约》确立后几百年来的发展演进，特别是"二战"后联合国体制确立及全球治理架构的不断强化，由主权平等、利益至上、国际法治、大国引领、尊重人权等一系列核心原则所支撑的现代国际秩序，已经呈现出大致完整的轮廓。这是人类历史的巨大进步。当然，着眼于实现永久和平、持续繁荣和共同进步的目标，当前国际秩序的现代化水平还不高，更未到成熟定型的程度。由于支持这一秩序的诸原则之间内在相克相生的逻辑矛盾，以及长期以来因历史不均衡发展而积累下来的诸多现实问题，特别是21世纪以来全球化和信息化使人类社会出现很多新的现象，当前国际秩序的演进正处于比较胶着和关键的阶段。要实现国际秩序的新一轮现代化，必须面对五大突出问题。

其一，主权国家在获得独立与平等地位之后，继而提升国家治理现代化水平的问题。经过几百年来现代国际秩序演进特别是几十年来亚非拉国家不懈努力，主权独立和平等至少已得到形式上的保证。在可预见的将来，主权国家仍将是现代国际秩序中的最基本和最主要单元。冷战后曾一度出现的主权销蚀和主权让渡，最终将被证明是有限的。最近英国"脱欧"和各国民粹升温的背后，便有很强的"收回主权"或"主权意识觉醒"意味。但国际秩序新一轮现代化,仅有主权国家的独立和平等还不够,它必须以各国治理体系和治理能力现代化水平的普遍提升为基础。国际秩序现代化的障碍并不是源于主权国家的概念已经过时或者主权国家过于强大,而恰恰是由于主权国家的发育不足和能力赤字。没有有效行使内外主权的主权国家,就没有现代意义上的国际秩序;没有主权国家的普遍现代化,也不可能有国际秩序的真正现代化。从目前情况看,欧美各国虽然基本实现国家治理体系现代化,却仍面临经济不振、政治极化、社会失稳等现象,陷入"现代国家治理难题"。[①] 亚非拉广大新兴国家和发展中国家也不同程度地存在经济结构不合理、政治体制不完善、社会发育不健全等问题,面临非常艰巨的现代化任务;特别是在那些经济上极不发达的国家和政治上极不安定的国家,仍存在大量令人愤恨和痛心的暴恐活动、非正常移民、疾病与饥荒、基础教育缺乏、对特定人群基本权利的粗暴侵犯等,暴露出国家治理能力的严重不足。全球范围内普遍存在的国家治理能力赤字,不仅给当事国造成巨大麻烦、痛苦甚至灾难,而且也成为国际秩序新一轮现代化的重大障碍。各国在新时期如何进一步提升现代化水平或找到适合本国国情的现代化道路,如何解决各国之间治理现代化水平不均衡,正成为国际秩序新一轮现代化进程中需要面对的首要问题。

其二,在各国相互依赖不断加深的情况下,进一步搞好竞争管理和扩大合作的问题。国家利益至上,是主权国家自身生存和发展的基础,是现代国际秩序演进过程中的永恒信条。过去如此,现在如此,未来也不会变。过去几百年间,各个主权国家为维护和拓展本国利益而展开激烈竞争,正是这种竞争成为现代国际秩序演进的重要动力。历史总是在用它看不见的手,引导各个国家以主观上谋求自身利益但客观上却有利于整体进步的方式,推动着现代国际秩序不断向前发展。国家之间为谋求本国利益而展开竞争,既有必然性,也有合理性。然而,当人类社会进入全球化阶段的时候,当各国相互依赖不断加深的时候,当更多国家掌握了确保相互摧毁能力的时候,当人类进入那些唯有齐心合力才能驾驭的"全球公域"的时候,当越来越多地出现那些威胁人类整体生存的全球性议题(如全球

---

① 有关"现代国家治理难题",参见王鸿刚:《21 世纪的"美国病"——美国的"现代国家治理难题"初析》,《现代国际关系》,2015 年第 7 期,第 1—9 页;以及王鸿刚:《西方世界的"现代国家治理难题"》,《现代国际关系》,2016 年第 8 期,第 3—5 页。

变暖）的时候，各国谋求自身利益的方式必须有所改变，不能再一味强调本国利益并诉诸竞争手段，必须尊重共同利益和学会相互合作。一国必须重视本国行动的"溢出效应"和"回流效应"，必须学会自我克制，学会管控竞争，学会合作共赢，并善于将消极的和战术性的合作升级为积极的和战略性的合作。唯有如此，才能更好地维护其长远和根本利益。就此而言，主权国家之间能在多大程度上通过自我约束和寻求合作来维护拓展本国利益，将是衡量国际秩序新一轮现代化的水平和质量的重要标志。

其三，进一步加强大国协调，以防止几个主要大国之间发生新的战略对抗的问题。大国竞争同其他所有国家之间的竞争一样，是现代国际秩序演进过程中从未缺少的内容。但大国的地位和作用是极为特殊的。大国关系处理得好，其对国际秩序演进的引领作用就能正常发挥；反之，则可能将整个世界拖入战争之中。所幸历史上的每次大战后都形成了比以往更进步的秩序安排，使现代国际秩序不断向前推进。① 特别是过去几十年来美苏战略竞争是通过冷战而不是热战的方式进行，可以说是巨大进步。然而，冷战结束至今 20 多年来，由于主要大国之间实力对比的变化与各国战略预期和战略布局的调整，以及在一些重大问题上的认知和策略分歧，加之金融危机后主要大国在内困外变下的焦虑情绪升温，当前几个主要大国之间的敌意和矛盾在快速增加。每个国家都在变局中既感到有机可寻又同时陷入深深不安，不自觉地将其他大国的防御行为视作进取的信号，从而陷入安全困境。当前美俄、中美以及中日之间的紧张关系，都属此类。安全困境有自我强化的趋势。现阶段这些大国紧张关系貌似依然可控，而且相互之间有各种沟通机制，但随着各方内部困境持续存在，彼此敌意不断累积，各方耐心逐步耗尽，矛盾最终变成死结，危机管控机制的有效性将逐步削弱，新的大国对抗甚至战争并非不可想象。由于人类社会的相互联系从未像今天这样紧密，而且人类摧毁世界的能力从未像今天这样强大，相比之下世界和平已经显得异常脆弱。一旦爆发世界范围内的大国对抗，必将耗尽世界和平与繁荣。国际秩序的新一轮现代化，绝不可能通过再打一仗的方式实现。这意味着，加强几个大国之间的战略协调，防止大国陷入全面对抗并将世界带入战争深渊，是国际秩序新一轮现代化的关键性前提。

---

① 参见约翰·伊肯伯里著，门洪华译：《大战胜利之后——制度、战略约束与战后秩序重建》，北京：北京大学出版社，2008 年。

其四，提升国际法治的水平和国际机制的效力，争取实现全球治理体系现代化的问题。新一轮国际秩序现代化的典型特征将是，在仍然没有世界政府的前提下，对跨越主权国家边界的诸多全球性和地区性问题的治理思路更加清晰，治理架构更加完备，治理行动更有效率。这有赖于国际法治水平的进一步提升和相关国际机制的进一步完善。经过各国长期共同努力，迄今国际法治的水平已有显著进展，绝大多数领域初步实现有章可循，基本确立了全球治理的法治基础。着眼未来，要进一步提升国际法治水平，必须实现其由粗到细、由知到行、由软到硬的转变。目前很多国际条约仍然是原则性、意向性或粗线条的，有些则是为尽快达成共识而在关键问题上采取模糊表述，因而对实践的指导和约束明显不足。所谓由粗到细，就是要制定更加细化明确、便于操作的国际规范。虽然目前国际条约文件已经汗牛充栋，但囿于各方面限制，其中有很多并未有效贯彻落实。所谓由知到行，就是要确保那些有意义的国际条约和国际义务切实得到履行。所谓由软到硬，则是要改变目前国际法治遵从机制的软弱状况，改变国际法领域的"有罪不罚"现象。① 特别是对于那些秉持"例外论"的个别大国，要形成有效的监督机制，杜绝粗暴违反国际法的事件再度发生。而且，要在广泛参与、充分协商、普遍同意的基础上实现上述转变，避免个别国家主导规则制定过程。并在此基础上确立有利于共同行动和相互监督的机构与机制，立足共识、循序渐进地推进包括联合国改革在内的现有国际机构和机制的调整与改革，以及其他辅助性治理机构与机制的建立和强化。

其五，切实保障各国发展权利，维护强化全球发展势头，努力谋求各国共同发展的问题。发展是主权国家得以存在的物质基础，也是现代国际秩序演进的重要动力。发展权是最基础和最重要的人权，是现代国际秩序中最具人性色彩和进步意义的内容之一。没有发展，就没有主权国家的现代化；没有主权国家的现代化，就没有国际秩序的现代化。只有所有国家实现了共同发展，才有真正高水平和可持续的国际秩序现代化。目前国际秩序新一轮现代化正面临突出的发展障碍。一是因为还存在少数极不发达国家，它们的内部困难已外溢成为严重的地区和全球性问题，给其他国家的发展和安全造成了麻烦；二是不少国家正面临发展理念不清、发展动力不足、发展模式不新、发展成果分配不公、地区间发展水平严重失衡等问

---

① 何志鹏：《国际法哲学导论》，北京：社会科学文献出版社，2013 年，第238—278 页。

题，制约了未来的发展速度、发展空间和发展质量。三是存在着一系列制约各国共同发展的全球性问题，如全球气候变化、环境恶化、网络空间无序、全球金融体制弊端、全球范围内的贫富差距扩大等。如不妥善治理，无疑将对全球发展势头构成抑制。[①] 冷战结束以来，全球高度重视发展问题，2000 年联合国制定"千年发展计划"，着力解决饥饿和贫困问题，取得一定成绩；2015 年联合国又制定《变革我们的世界——2030 年可持续发展议程》，力争到 2030 年消除全球绝对贫困，其目标更聚焦于切实维护各国发展权、推动各国共同发展。[②] 总之，发展问题涉及全人类根本福祉，维护各国发展权利，实现各国共同发展，毫无疑问应成为国际秩序新一轮现代化的核心内容。

五、中国塑造国际秩序的历史机遇

当前上述五方面问题正在持续发酵，国际秩序的演进处于不进则退、小进也退的状态。当各国还在聚焦于内部事务的应对、纠结于利益得失的盘算、就事论事地陷入某个具体问题、彼此之间缺乏必要的共识和共同行动时，越来越多的全球性问题已经快速堆积起来，这给世界敲响了警钟。如果各国能迎难而上，国际秩序新一轮现代化进程将推动人类社会进入更高境界；若是踌躇不前、任其漂流或止于消极合作，已有的国际秩序现代化成果也可能出现倒退。这个时候，迫切需要出现新的力量，能够锐意进取，以自身的成功实践为其他国家解决国家治理难题或实现国家治理现代化提供可资借鉴的思路和经验；能够率先垂范，主动搞好同其他国家的和平共处与合作共赢，建设更加开放包容的多伙伴世界；特别是能够胸怀大局，妥善处理同自己有深刻利害冲突的国家之间的关系，确保相互尊重、不冲突不对抗；能够义不容辞地为全球治理提供包括理念、平台和实际物

---

① 伊恩·戈尔丁（Ian Goldin）：《分裂的民族国家：为什么全球治理会失败？对此我们能做些什么？》（*Divided Nations：Why Global Governance is Failing，and What We Can Do About It*），纽约：牛津大学出版社（Oxford University Press），2013 年，第 10—46 页。

② 联合国（United Nations），《世界转型：可持续发展的 2030 议程》（*Transforming the World：The 2030 Agenda for Sustainable Development*），访问时间 2016 年 10 月 20 日，https://sustainabledevelopment. un. org/content/documents/21252030% 20Agenda% 20for% 20Sustainable% 20Development% 20web. pdf。

质付出等在内的各种公共产品；并且能够对其他国家的"搭车"行动保持开放友善的态度，有意愿也有能力带动其他国家共同发展。

放眼当今世界，能担当如此重大责任的力量并不多，人们越来越将目光聚焦到中国身上。欧洲国家大多自顾不暇，内部经济不振、社会不稳、人心不齐的状况一时不会好转，正日渐陷入平庸状态，未来更有可能成为国际秩序演进过程中的守成型而不是进取型、参与性而不是引领性力量，很难再现 18—19 世纪的荣耀；美国比欧洲经济处境稍好，综合实力在大国之中明显占优，也曾在 20 世纪国际秩序演进中发挥过重要的积极作用。但目前国内政治极化和社会民粹对其能力构成巨大牵制，对外战略中频频使用祸水外引和战略制衡等手段，使其在国际秩序演进中的作用日趋负面；俄罗斯自前苏联脱胎出来后始终元气未复，经济结构的单一、政治体制的脆弱和地缘环境的不利使其蜕化为"中等强国"的可能性日趋增加，与其经济不成比例的强大军力很难在新一轮国际秩序现代化过程中发挥建设性作用。其他国家就更不用说了。日本由于沉重的历史负担、有限的经济纵深以及美日同盟框架下的依附性，根本不具备推动国际秩序正向演进的资质；巴西、南非由于自身体量和实力的原因，只是并且未来将继续是地区级强国而不是全球性大国。印度势头不错，但起点较低，一时仍难当重任，未来到底如何发挥作用还取决于其自身的气度。唯有中国，被广泛视为新一轮国际秩序现代化过程中最具系统重要性的变量和最能动的因素。这并不是因为我们作为中国人而自我感觉良好。自新世纪以来十多年，几乎所有国家都在谈论中国崛起以及如何从中国崛起中受益；无论中国是否在场，几乎所有国际议题讨论都会很快聚焦到中国的作用，或期望听到中国声音；无论是批评中国还是要求中国，但绝不可能绕开中国，这充分凸显了中国的特殊分量。

中国被如此看重，并不是偶然的。自鸦片战争后中国以遭受殖民的方式被动卷入现代国际秩序演进，从民族救亡图存到实现独立自主，从在冷战夹缝中生存到实现改革开放，从积贫积弱的第三世界国家跃升为新兴国家之首。这一路走来，现代中国的崛起本身就是一个令人赞叹的成功故事，① 是现代国际秩序包容性的鲜明例证，是值得所有后进国家学习效仿

① 有关现代中国在国际秩序演进过程中奋发图强的系统论述，参见徐中约著，计秋枫等译：《中国近代史：1600—2000，中国的奋斗》（第 6 版），北京：世界图书出版公司，2008 年。

的楷模。当前的中国已积累了令人侧目的不凡实力和影响,经济规模居于世界第二,是全球经济增长最大引擎,预计2016年对全球增长贡献率高达39%。^① 作为联合国安理会"五常"之一,对世界政治和安全事务的影响举足轻重。在周边地区,中国任何自觉平常的举动都会对其他国家产生巨大震动。而且由于亚太日益成为新的全球战略重心,中国居于亚太中心位置这一地缘优势使中国的全球影响力被进一步放大。同时,中国还被广泛认为是仍有巨大潜力的国家。尽管目前仍然处于"发展中"状态,但有不少人已经觉得中国是(或至少接近成为)"超级大国"了。随着中国自身政治体制日趋完善、治理经验日趋丰富,随着中国经济转方式、调结构、挖内需、"走出去",发展潜力将得到进一步释放,示范和带动效应将比以往更强。尤其重要的是,中国还具备难得的多元特性,既是文明古国又是新兴大国,既是发展中国家又已有局部发达特征,既是典型东方国家又对世界文明精粹兼收并蓄,既是社会主义又有市场经济。这使得几乎每个国家都能从中国身上找到自己的影子,因而产生认同和亲近感;又能从中国那里找到与自己互补之处,因而产生合作的需求和迫切性。凡此种种客观和主观的、内在和外在的条件与机缘汇聚在一起,使推动国际秩序新一轮现代化的责任历史性地落到中国肩上。中国完全有条件发挥类似18—19世纪欧洲诸国及20世纪的美国在现代国际秩序演进中曾经发挥的作用,在帮助各国提升治理能力、搞好各方利益协调、防止大国战略对抗、提升国际法治水平和促进全球共同发展等方面作出特殊贡献,成为21世纪推动国际秩序新一轮现代化的中坚力量。

这种万众瞩目的时代责任对中国而言意味着新的重大历史机遇。新时期中国大战略的核心目标是实现中华民族伟大复兴,而其前提是实现国家治理体系现代化,建成版本更高的现代国家,这是依靠自己的智慧和能力就能完成的目标;而实现中华民族伟大复兴的关键则是理顺同外部世界的关系。这是一种深层、全面和长期的互动,很大程度上取决于外部世界的态度,因而难度更大,不确定性更强。中华民族伟大复兴的核心特征,是确立一种同外部世界的常态化、机制性、可持续的顺畅关系,并且中国在其中感到安全和自如。为达到这一状态,中国自己要变,国际秩序也必须

---

① 史蒂芬·罗奇(Stephen S. Roach):《全球经济增长仍然依赖中国制造》(Global Growth—Still Made in China),2016年8月29日,https://www.project-syndicate.org/commentary/china-still-global-growth-engine-by-stephen-s-roach-2016-08。

要变。而当前正在酝酿和展开的新一轮国际秩序现代化,不仅为接纳中国提供了契机,更重要的是它还需借重中国的力量。因而中国自身现代化与国际秩序新一轮现代化就形成了相向而行、同步推进、相得益彰的良性关系;中国自身现代化既是国际秩序新一轮现代化的重要内容,又是国际秩序新一轮现代化的重要动力。过去几十年,中国一直处于难得的战略机遇期,是得益于那段时期总体稳定的全球安全形势、总体向好的全球发展态势和日渐完善的国际法治水平。未来几十年,中国仍处于大有可为的战略机遇期,是因为国际秩序新一轮现代化进程将为中国提供更为丰富的战略资源和更为宽广的战略空间。

形势如此有利,各方如此看重,是不是意味着中国就可以率性而为甚至有"非分之想"了呢?显然不行。理由至少有三。一是欧美作为曾经在国际秩序演进中发挥过重要作用、并在现有国际秩序状态中享有既得利益的国家,仍然难以放弃兴替思维和零和竞争,心态高度敏感复杂,不希望看到中国独领风骚,甚至害怕中国重翻旧账。因而一方面承认"中国崛起",罗列"中国责任",另一方面又编织出一套有关"中国威胁"、"崛起国与霸权国必然冲突"等话语体系,并储备了一系列对冲措施,希望既借重中国之力又不让中国高出一头。这使得中国在同欧美西方国家打交道时不得不更加耐心细致甚至忍辱负重。二是欧美之外的广大非西方国家,乐见中国作为非西方国家在现代国际秩序中蒸蒸日上,欢迎中国在国际秩序新一轮现代化进程中发挥积极作用,普遍期待分享中国的发展红利,但心态也有复杂多元的一面,有些期待中国尽快成为有能力制衡西方的力量,达到全球实力均衡,以便其他国家能左右逢源、游刃有余;有些则害怕中国走向"新殖民主义",担心自己刚刚脱离西方殖民,又很快陷入对中国的依附。中国必须对这些国家展现出充分尊重,避免留下盛气凌人、颐指气使的印象。三是客观形势的变化。随着主权国家的行动能力和平等意识越来越强,权力日趋分散和多利益攸关方共同参与全球治理是不可逆转的大趋势。如果说过去几百年里,国际秩序中仍存在一定程度的等级色彩,那么在新一轮国际秩序现代化过程中,这种色彩将日趋淡化。对任何国家而言,要当全球霸权已越来越不可能;即便仍有所谓"世界领导",也只能是"平等伙伴中的一员",而不是凌驾于他国之上的"例外国家"。这些各不相同的战略动机和客观趋势相互交织并共同作用,形成一种若隐若现的制约环境,对中国(当然也对所有大国)构成巨大约束,使未来中国的目标设定和行为方式必须顺应这些趋势和要求。

六、未来的方向

现代国际秩序演进了几百年，终于到了中国有所担当的时候。中国应充分认识到这种责任的重大，加倍珍惜这一难得的历史机遇，顺应形势需求和各方期待，把有关国际秩序现代化的愿景想通，把中国与国际秩序共同演进的故事讲好，把自身在国际秩序中的位置摆正，把国内各方面准备工作做足，努力推进国际秩序新一轮现代化，尽最大努力把世界往好的方向领。具体而言有如下几方面对策思考。

第一，将"现代国际秩序观"作为"讲好中国故事"的重要内容，引导塑造国内舆论和各国思维方式。从历史规律看，人类迈出的具有进步意义的任何重要一步，都需要有深厚的思想体系作支撑，都需要深远的社会思想启蒙。在推动国际秩序新一轮现代化之前，用讲好"中国故事"的方式塑造人们的思想至关重要。"中国故事"不仅应包括对中国现实状况的描述，也应包括对中国愿景主张的阐释，不仅要讲给其他国家听，也要讲给国内民众听，不仅向他国展示中国的成绩，也给他国指出一条明路。"现代国际秩序观"特别强调历史的纵深感和逻辑的辩证性，是一种具有马克思主义理论特色、符合中国当前历史方位和未来角色定位的世界观和方法论，可有效防止内外宣传"两张皮"现象，避免掉进别人设定的理论和话语陷阱，摘掉扣在我们头上的"理亏国家"帽子，应该成为"讲好中国故事"的重要内容。对内，可用"现代国际秩序观"从学理上理顺中国同外部世界的关系，从舆论上引领民众理性看待国际现状的合理性与局限性，用演进性的而非更替性的国际秩序观抑制可能产生的偏激和冒进倾向；并以这种国际秩序观中有关中国的历史定位和未来角色、中国现代化与国际秩序现代化共同演进等方面论述来凝聚共识、鼓舞士气、形成合力，为中国对外采取更加积极的行动提供更富说服力的学理阐释和更强有力的道义支撑。对外，可通过积极宣传"现代国际秩序观"缓解各国对当前国际变局的焦虑情绪，引导各国精英和民众用长线视野和进步心态看待世界变化，化解当前有关国际秩序由某个国家建立并主导的错误思维，促使各国更加珍惜当前的国际秩序现代化成果，维系各国对现代国际秩序正向演进的信心，把中国塑造成有利于国际秩序稳定向好的正面力量，并循序渐进地把各国的心思和力量引导到推动国际秩序新一轮现代化的轨道上来。

第二，构建有关"21世纪的中国责任"新型话语体系，用积极承担国际责任的方式拓展中国国家利益。近年来有关中国应承担更多国际责任和义务的声音越来越多，不管出于何种动机，这种势头都可为中国所用。应以我为主，结合中国的国家利益需求与国际秩序演进的客观需要，有选择、有偏重、有主见地构筑有关中国应该承担何种国际责任、如何承担国际责任的新型话语体系，更加理直气壮地通过承担国际责任施展大国抱负，发挥大国作用，构筑对自己更加有利的外部环境。具体而言，中国有责任加强同其他主权国家的治国理政经验交流，与其他国家分享治国理政最佳实践，加强与其他国家的宏观政策协调，携手其他国家实现共同发展，特别是帮助后进国家反对外来干涉渗透，有效防范"颜色革命"和社会动乱。中国有责任打破个别西方国家对人权问题的话语垄断，反对将人权狭隘地界定为个人政治权利，反对在人权问题上持双重标准，积极推广以"生存权"和"发展权"为核心的、更加符合后进国家紧迫需要的"人权观"，并通过联合国《2030可持续发展议程》切实推动各国共同发展。中国有责任充当国际法治与国际规则的捍卫者和推进者，监督和制衡个别大国要求别国守法自己却置身事外的行为，通过广泛参与、平等协商推动国际法治体系和全球治理机制不断细化完善。中国有责任维护好联合国安理会"五常"体制，积极引导世界几大主要力量之间建立新型大国关系，搞好大国均衡良性互动，构筑大国关系战略稳定框架。中国还有责任为世界提供一套以继承、包容、进步为核心内容的新型价值体系，更好地指导各国民众适应全球化的新现实，为确立人类21世纪长期良性共处框架提供与时俱进的思想支撑。

第三，心态上要更加成熟练达，勇担责任的同时尽量淡化自我，甘于在各国之间充当桥梁纽带。要有坚定不移的战略意志，避免陷入一时一事、一城一地的纠结算计，着眼实现"第二个百年目标"甚至是"改革开放一百周年"时的长远需要进行谋篇布局，充分估计到种种艰难险阻，绝不动摇退缩、半途而废；要有舍我其谁的担当精神，掂准自身分量，认清历史方位，强化责任意识，淡化受害者心态，坚持正确义利观，处理好同其他国家的"取"、"予"关系，将一个担得起、靠得住的中国形象展现在世人面前。要有谦虚谨慎的成熟姿态，不亢奋、不冒进、不飘飘然；中国共产党谦虚谨慎、戒骄戒躁的优良作风，不仅要在国内继续保持，国际上更要如此。未来相当一段时期，即便中国影响与日俱增，某些议题上已有能力发挥引领作用，甚至最终确已成为事实上的全球主要领导力量，中国也应该始终慎言"领导世界"或自视"世界领导"。在新一轮国际秩序现代化过程中，中国最应该同时也最适合的角色定位是，在继续保持自身特色的前提下，充当贯通"古"与"今"、融通"东"与"西"、连接"南"与"北"的桥梁纽带，在西方与非西方、发达和发展中国家之间发挥团结各方、凝聚共识、形成合力的作用；在内心已有主见的前提下，充分搞好协商民主，在思想文化、发展道路、治理方略、规则制定等方面广泛实现同其他国家的对接协调与共同演进；从而潜移默化地引领其他国家做出改变，不显山不露水地推动国际秩序演进，以谦虚谨慎的姿态和"君子不求而得"的风范实现复兴目标，以推动各国共同进步的方式履行时代赋予的特殊责任。

第四，做好国内各方面能力准备。打铁还要自身硬。要承担推动新一轮国际秩序现代化的时代重任，除继续推进目前已展开的内外战略布局外，中国还必须在国内体制机制建设、人才队伍培养等方面做好充分准备。要在建成外向型经济体制的基础上，逐步推动政治体制和社会体制向更加规范有序、透明开放的方向发展，为更便捷地吸纳各方主张、更系统地参与全球治理、更富感召力地引领国际社会提供更加必要的机制支撑。要加强针对国内国际听众的战略传播能力，提升讲好"中国故事"的质量水平，并积极联络国际进步媒体和进步人士，精心培育讲好"中国故事"的"战略支点"力量。要突破人才瓶颈，做好人才储备，着力培养一大批具备深厚的理论功底、政治素养、专业水平、世界眼光和奉献精神的高端人才，为中国参与国际事务提供有力人才支撑。考虑到国际秩序新一轮现代化绝不会是牧歌式前行，各种竞争与波折在所难免，中国还有必要为各种可能的极端事态做好预案，力争把控事态，防止国际秩序的演进走回头路。

第18章 中国学者对"一带一路"倡议研究的文献综述

毛 悦[*]

摘要：中国国家主席习近平在2013年9月和10月分别提出建设"新丝绸之路经济带"和"21世纪海上丝绸之路"的战略构想。"一带一路"倡议提出后，很快成为中国学界大热的论文和课题选题。一般说来，针对"一带一路"倡议的现有研究成果（截至2015年1月底）主要分为五个类型。一是针对"一带一路"倡议的历史研究；二是不同省份对于"一带一路"倡议的潜在贡献和参与对策研究；三是"一带一路"倡议的战略及其外交影响研究；四是关于"一带一路"倡议的理论研究，主要关注的是这一倡议在次区域合作方面的理论贡献与发展；五是关于中国在这一倡议背景下与具体国家的宏观关系与合作。前四种主要关注的是讲好中国故事，而最后一种则关注的是如何传递好中国声音。就"一带一路"倡议的研究而言，中国的南亚研究不同于其他地区研究，后者主要关注的是与当地国如何展开合作，而中国的南亚研究则主要分析印度对于"一带一路"倡议的态度，并努力研究如何应对，以及如何让这一倡议也惠及印度。由此，我们需要更多关注特定地区与国别研究的学者参与进来，也期待着更多有深远影响和务实意义的作品。

关键词："一带一路"倡议，文献综述，中国，印度

中国国家主席习近平在2013年9月和10月分别提出建设"丝绸之路

---

* 中国社会科学院《南亚研究》编辑部执行主编。

经济带"和"21 世纪海上丝绸之路"的战略构想。一带一路倡议提出后，很快成为中国学界大热的论文和课题选题。2014 年中国国家社会科学基金年度项目中的国际问题研究共 61 项中，有 4 项标题中出现"一带一路"的。[①] 2014 年中国国家社会科学基金重大项目（第一批）共批准了包括国际问题研究学科在内的各学科共 90 个重大项目，其中有四项标题上体现了"一带一路"。[②] 而在论文方面，以"海上丝绸之路"为例，在中国知网（CNKI）搜索的情况显示，近十年，以这个词作为关键词的文章每年不过一百篇上下，但在 2014 年达到了 1141 篇，约为以往年份的十倍，在 2015 年的前两个月已经有 66 篇，与 2003 年全年的量相同。[③]

表 1 中国知网以"海上丝绸之路"为关键词的发文数量（2006—2014）

年份	2006	2007	2008	2009	2010	2011	2012	2013	2014
数量	105	94	94	70	105	112	132	141	1141

与"一带一路"倡议相关的研究成果的发表途径，至少有以下几种。第一种是以政策建议的形式通过内部途径发表。第二种是学术期刊发表的论文。第三种是一般性报刊发表的文章，有普及性质或有宣传性质的。本文主要以学术期刊为例，对 2015 年 1 月底以前在学术期刊上发表的"一带一路"相关[④]的文章进行整理分析。

选择学术期刊的文章作为分析对象，主要有以下几个原因。第一，学术期刊文章更有研究价值。它们比一般文章更具有研究的深度和专业性，而其学术质量经过刊物编辑部这样独立的评审机构的审读和筛选，在质量上更有保证。第二，通过中国知网（CNKI）这样的数据库平台，更便于统计、整理学术期刊的文章。而政策建议类文章难以进行统计，而报刊文章数量极多，在内容上也多有雷同故本文不对此进行讨论。另外，本文将重

---

① 中国全国哲学社会科学规划办公室官网。http://www.npopss-cn.gov.cn/n/2014/0616/c219469-25156302.html。

② 中国全国哲学社会科学规划办公室官网。http://www.npopss-cn.gov.cn/n/2014/0714/c219469-25278008.html。

③ 中国知网关键词搜索结果，2014 年 2 月 26 日。http://epub.cnki.net/kns/brief/default_result.aspx。

④ 这里的相关是指以"一带一路"作为关键词或文章标题中出现"一带一路"的文章。

点放在对文章观点的梳理归纳上，不对每一类文章的数量及占比做具体的定量分析。

此外要说明的是，为便于行文，以下会用"学界"或"中国学界"来代指本文划定范围内的论文，尽管它们并不能完全代表中国学界对此问题的观点与态度。

一、与"一带一路"倡议相关的文章选题类型

以"一带一路"倡议作为关键词或文章题目的这些论文的选题，主要关注以下几个方面。第一，对海上和陆上丝绸之路的历史经验的研究；第二，中国各地省市对"一带一路"倡议建设的参与；第三，"一带一路"倡议的战略意义；第四，"一带一路"倡议的理论价值；第五，其他国家对"一带一路"倡议的反应以及"一带一路"倡议框架下中国与相关国家关系的研讨。

第一，关于海上和陆上丝绸之路的历史研究。历史研究一直以来是这项研究的主要关注点，既往研究多关注于文化层面，如沿线的考古发现对于研究当地历史文化的意义、丝绸之路对于宗教文化传播的重要价值，以及对丝绸之路线路特别是始发港的考证。在"一带一路"倡议提出后，出现了在政治外交层面总结古代丝绸之路的历史经验的文章。[①] 在详细考察了中国明朝时期海上丝绸之路的建设后，作者总结的经验是在丝绸之路建设中最重要的是要有自己的核心价值体系，而且不能自说自话，这个价值体系必须得到周边国家的认同和信服，对其有吸引力。

第二，与"一带一路"倡议相关研究蓬勃发展的势头相应，中国各地也开展了本地与丝绸之路的相关研究，不仅云南、福建这样与古代海陆丝绸之路直接相关的省份积极投入研究力量，而且一些在历史上与丝绸之路

---

① 郑海麟：《建构"海上丝绸之路"的历史经验与战略思考》，《太平洋学报》第22卷第1期，2014年1月，第1—6页。

联系不太紧密的地区也在积极思考自身在"一带一路"倡议建设中的作用。①

第三,"一带一路"倡议作为中国最高领导层的区域合作构想,其战略意义不言而喻。此方面已有的研究成果认为,对中国自身而言,"一带一路"倡议有三个战略特征:从消极性战略防御到主动性战略进取、从单一性边疆安全到多维度全面合作、从内政外交分离到内政外交一体化。②"一带一路"倡议对于经济安全、地区稳定和区域发展也有重要的战略意义。在经济安全方面主要表现为能源安全,如供求失衡、来源集中以及运输线单一等问题;地区稳定方面主要涉及沿线地区特别是中亚地区的各种国际力量的博弈以及"三种势力"的影响;区域发展方面主要是实现中国中西部地区与东部地区的平衡发展问题,并将中国中西部的发展通过通道建设与地区国家的发展连接起来。③

第四,"一带一路"倡议不仅是政策层面的设计和构想,其实对次区域合作理论模式也有其贡献,但学界对此问题研究并不深入,笔者所见仅有一篇文章对此进行了深入分析。④ 研究认为,与此前以国家为参与主体、宏观化、整体化的区域经济合作相比而言,"一带一路"倡议为代表的次区域合作以区位作为核心单位更注重中观甚至微观领域,具有包容性。国家、地方和企业是此类合作的重要推动力。规划早期的推动力是周边国家与中国在社会文化等方面的相似性与亲近感,在发展到一定规模后,信息采集成本和交易成本均可降低,自然会产生吸引力与推动力。

前四类的选题主要是探讨"一带一路"倡议对中国自身的重要意义,

---

① 如任佳、王清华、杨思灵:《构建新南方丝绸之路参与"一带一路"建设》,《云南社会科学》2014年第3期,第1—6页;张军:《我国西南地区在"一带一路"开放战略中的优势及定位》,《经济纵横》2014年第11期,第93—96页;黄安:《福建融入海上丝绸之路建设的思考》,《亚太经济》2014年第5期,第111—114页;施福平、唐丹妮:《发挥上海在"一带一路"建设中的文化先发效应》,《上海文化》,2014年第8期,第74—78页,等等。

② 胡鞍钢等:《"丝绸之路经济带":战略内涵、定位和实现路径》,《新疆师范大学学报(哲学社会科学版)》,第35卷第2期,2014年4月,第4页。

③ 胡鞍钢等:《"丝绸之路经济带":战略内涵、定位和实现路径》,《新疆师范大学学报(哲学社会科学版)》,第35卷第2期,2014年4月,第4—5页。

④ 柳思思:《"一带一路":跨境次区域合作理论研究的新进路》,《南亚研究》,2014年第2期,第1—12页。

是"讲好中国故事",而这一规划能否实现,最重要的是"一带一路"倡议沿线国家和地区是否愿意接纳并在何种程度上协作落实,即"中国故事是否有人愿意听",也就是传播好中国声音。下文重点从周边国家与"一带一路"倡议的关系这一角度来梳理既有研究成果。

二、"一带一路"倡议与沿线国家关系

有学者从整体上研究了"一带一路"倡议与中国周边外交的关系。[①]中国基于共同发展理念,以"一带一路"倡议为核心,积极推进亚洲的基础设施建设,对接亚洲国家的发展战略,适应区域内国家的多重战略目标。中国的亚洲地缘政治经济新视野,超越了以压制挑战者为特征的霸权国家的地缘政治思维。[②]

具体来讲"一带一路"倡议主要涉及南亚、东南亚、中亚以及中东地区。在本文所考察的时间范围内,未见有关于"一带一路"倡议与中亚国家关系的公开发表的论文。对于东南亚地区,学者的讨论集中于如何发挥相关国家在海上丝绸之路建设中的作用;对于中东地区,学者主要关注在"一带一路"倡议的框架下,中国与相关国家关系的发展将有何进展;而对于南亚地区,学者主要分析了印度对中国一带一路倡议的反应并分析了其中的原因。

(一)东南亚地区

关于东南亚地区国家在"一带一路"倡议建设中的作用,已发表论文集中讨论了泰国在"21世纪海上丝绸之路"中的作用。文章认为,中国与东盟国家关系存在着战略缺信的问题,主要表现在中国崛起、南海争端和大国博弈三个方面。在这种情况下,东南亚国家参与海上丝路的经济合作不仅有利于搭乘中国经济顺风车,而且还能有效化解中国崛起所产生的压力与风险;参与海上丝路的安全合作,可以进一步完善对地区大国的多边

---

① 参见阮宗泽:《中国需要构建怎样的周边》,《国际问题研究》,2014年第2期,第11—26页;钟飞腾:《超越地缘政治的迷思:中国的新亚洲战略》,《外交评论》,2014年第6期,第16—39页。

② 钟飞腾:《超越地缘政治的迷思:中国的新亚洲战略》,《外交评论》,2014年第6期,第16页。

约束，形成各国之间不分大小、强弱、贫富的平等协商氛围，也有利于各国扩大合作领域，创新合作方式，不断增强对突发危机的管控能力，降低对区外大国的依赖程度。在东南亚国家中，泰国可作为海上丝绸之路建设的战略支点，其优势主要表现在：第一，具有灵活性的外交协调传统，有助于化解中国与东盟各国的误解与矛盾；第二，其社会具有较高的包容性和适应性，有助于降低合作中的潜在社会风险；第三，泰国经济与中国存在较强的互补性，有助于增强海上丝路建设的样板效应。①

（二）西亚/中东地区

有研究全面回顾了中阿建交以来的关系发展，认为中阿关系全面发展、合作不断深化，为进一步合作提供了良好的基础。"一带一路"倡议中，中阿合作可领先发展。原因是：第一双方产业结构互补性强；第二，阿拉伯国家经历动荡后急需恢复建设；第三，阿拉伯国家向东发展与中国的西进有交汇点，中方提出的具体方案应能得到相关国家的积极响应。②具体到经贸领域，有研究认为处于"一带一路"倡议交汇处的阿拉伯国家是中国天然的经贸伙伴，并在数学建模分析的基础上得出结论，中国与阿拉伯国家贸易出口潜力巨大，建议做好出口对象市场调研，分市场进行产品改进；充分利用宗教文化禀赋，开展伊斯兰产品贸易；客观分析阿拉伯国家政治局势，趋利避害寻求贸易利益最大化。③也有研究对中国与西亚国家贸易合作的现状进行了分析，认为双方在对方外贸中的地位都在提高，但中国的贸易逆差在增加，且贸易伙伴集中在少数几个国家，如沙特、阿联酋、伊朗和阿曼。文章还分析了中国与西亚贸易关系的有利因素和不利因素，在此基础上，提出应该在"一带一路"倡议的框架下全面发展与西亚国家的贸易关系，加快海陆交通设施的互联互通建设，深化工业制成品贸易合作，加强能源贸易合作等。④在能源合作方面，有研究回顾

---

① 周方冶：《中泰关系——东盟合作中的战略支点作用：基于21世纪海上丝绸之路的分析视角》，《南洋问题研究》，2014年第3期，第17—22页。

② 杨福昌：《"一带一路"战略为中阿关系发展增添活力》，《阿拉伯世界研究》，2014年第3期，第4—15页。

③ 赵翊：《"一带一路"战略与中国对阿拉伯国家出口潜力分析》，《阿拉伯世界研究》，2014年第3期，第58—67页。

④ 韩永辉、邹建华：《"一带一路"背景下的中国与西亚国家贸易合作现状和前景展望》，《国际贸易》，2014年第8期，第21—28页。

了中国与中东能源贸易与合作的发展以及当前面临的困难,在此基础上作者认为"能源因素在中国外交战略中的权重增加,中国与中东能源合作成为'一路一带'倡议的重要支点"。① 作者还根据中国能源安全的现状,对中国与中东能源合作提出了具体的建议。

(三)南亚地区

对于南亚地区与"一带一路"倡议的关系,中国学者已发表的论文主要关注的是印度对此倡议的回应与态度,这是与其他地区的相关研究都不同的。作为"一带一路"倡议沿线的重要大国,印度在"一带一路"倡议中的地位非常重要,而印度至今尚未就此倡议给出明确而积极的回应。这引起了中国学者的关注。

首先,中国学者通过对丝绸之路的历史考察,肯定了印度在丝绸之路中的重要地位。有研究认为,中印之间的古代丝绸之路可分为北方丝绸之路、西南丝绸之路(或古代南方丝绸之路)和海上丝绸之路。这三条道路呈环状结构,而印度就是最重要的汇聚点,既是丝路的重要目的地,也是所有丝路汇聚的中心。因此,从历史上看,印度与丝绸之路的关系密切,是其中具有重要地位的国家。②

其次,相关研究认为,"一带一路"倡议对于中印双方都具有重要的意义。第一,"一带一路"倡议的推进有助于正在快速发展的两个大国实现发展任务。在两国对外经济发展依赖程度越来越高的情况下,"一带一路"倡议可以实现中印经济合作的优势互补,双方的合作还可以辐射到更广阔的远东和欧亚非地区,有利于拉动两国国内经济发展。第二,"一带一路"倡议有利于深化中印之间的互信。"一带一路"倡议主要集中于经济与人文发展领域。双边经贸合作会在"一带一路"倡议提供的合作机会下得到推进;而人文交流有助于加深两国民间的交流与了解,对塑造两国关系友好气氛,实现紧密合作、推动战略互信加强具有推动作用。第三,"一带一路"倡议有利于维护海洋通道及地区环境的安全。"一带一路"倡议沿线安全问题不容忽视。虽然此倡议集中于经济领域,但在此框架下,

---

① 潘旭明:《"一带一路"战略的支点:中国与中东能源合作》,《阿拉伯世界研究》,2014年第3期,第47页。

② 杨思灵:《"一带一路":印度的回应及对策》,《亚非纵横》,2014年第6期,第51—53页。

对沿线安全的维护也可以为两国发展塑造良好的外部环境。①

在此基础上，学界对于印度对"一带一路"倡议的态度进行了分析。总体来看，印度的官方回应比较保守，回应谨慎，战略界对中方此计划的战略意图有怀疑，加之中印之间将长期竞争的认知，因此对中方的倡议持消极态度。而也有少部分学者认为印度可以加入中国提出的这一计划，对印度的发展和地区合作是有利的。具体来讲，有研究认为，印度对中国的"21世纪海上丝绸之路"倡议有以下几种回应。第一，官方表态积极但不失谨慎。第二，有学者认为中印之间的竞争将从陆路转向海洋，强化"中国威胁"。第三，部分学者及官员将"21世纪海上丝绸之路"与所谓"珍珠链"战略联系起来，对中国的战略意图深表怀疑。印度战略界人士认为中国海上丝路的战略意图不明确、中国的战略政策不够透明。第四，认为中国将通过该战略拉拢印度周边国家，对印度形成不利影响。第五，认为中国的海上丝绸之路计划是对美国亚太再平衡战略的抗衡。第六，也有学者对中国的海上丝绸之路持合作的态度。②

在此基础上，有学者利用前景理论（prospect theory）对印度的外交决策进行了分析，认为印度有四种可能的方案。第一，印度选择有保留的合作或成为"搭便车者"，获得有限但肯定的收益，同时面临的是中国在印度洋上比目前稍强、但有限的影响力。第二，印度选择积极参与中国主导下的海洋合作，以获得更大收益，但中国在印度洋上的影响力也会更大，印度认为这将削弱印度在该区域的优势地位。第三，印度采取不合作的态度，基本失去参与该倡议合作的获利，以限制中国在印度洋的发展。第四，印度对该倡议采取抵制态度，阻碍该倡议的顺利进行，或规划由自己主导的地区合作，通过发展自身海军力量和区域合作，抗衡中国在印度洋的影响，确保自身的地区优势。从印度的立场看，方案1和方案4是更有可能选择的方案。而最终会选择哪个，则要看印度在以下几个方面如何考量。第一，印度如何定义其在印度洋上的核心利益。第二，印度对中国在印度洋上军事意图的预估。第三，边界问题对中印关系的影响。第四，海

---

① 杨思灵：《"一带一路"：印度的回应及对策》，《亚非纵横》，2014年第6期，第53—55页。

② 许娟、卫灵：《印度对21世纪"海上丝绸之路"倡议的认知》，《南亚研究季刊》，2014年第3期，第1—3页。

上丝绸之路倡议给印度带来的收益变化。①

　　有鉴于此，学界对于推进印度加入"一带一路"倡议的路径也进行了研究。综合来看，中国学界认为，有以下一些途径可以入手来加强中印之间的合作，推动印度加入"一带一路"倡议的建设。第一要实现"一带一路"倡议与印度"跨印度洋海上航路与文化景观"计划又称"季风计划"（Project Mausam）的全面对接。第二要从非传统安全合作入手，建立印度洋上的命运共同体。第三，与印度共同商讨海上丝路的具体实施规划，让包括印度在内的相关国家更好了解该倡议的目的所在和真实意图。第四，平衡中印贸易，确保21世纪"海上丝绸之路"的双向度。第五，确保海上丝路地区合作的开放性，允许其他国家来搭海上丝路的便车。第六，举办中印"丝路文化"联展项目。中印可以联合沿线国家就丝绸之路的文化交流资源进行深度挖掘，进行资源整理，加深两国民众对古代双方文化交流的全面了解。第七，防微杜渐、管控分歧，理性引导两国关系的积极发展。两国从长远看应对双方民众开展正确的再教育，为软化双方民意、减缓对立情绪做好准备，从而为两国关系的长期友好发展奠定坚实基础。②

　　有学者从能源角度研究了中印在"一带一路"倡议的合作空间，认为中印在能源领域面临很多共同挑战，如能源进口高度依赖中东及非洲地区，并开始从里海、西伯利亚地区大量进口；海上能源通道面临海盗与自然灾害等非传统安全威胁；陆上油气管线安全维护困难；能源结构单一且均以煤炭为主；能源效率较低；面临"亚洲溢价"压力；温室气体减排压力巨大；可再生能源和清洁能源利用不足等。在能源供给安全方面，在购买环节中印竞争只对卖方有利，中印在油气定价权中处于弱势又缺乏合作，如能合作则有利于达成经济上更为有利的结果；在运输环节，中印海陆能源运输通道安全均面临较大风险，为中印合作进行海上通道安全保障提供了契机。中印还可在全球能源治理方面深入合作，如共同推动"亚洲主要石油供应国与消费国部长级圆桌会议"机制化，联合推动形成亚洲油气进口国协调机制，进而联合生产国共同建立亚洲地区性油气市场。中印

　　①　许娟、卫灵：《印度对21世纪"海上丝绸之路"倡议的认知》，《南亚研究季刊》，2014年第3期，第3—5页。

　　②　杨思灵：《"一带一路"：印度的回应及对策》，《亚非纵横》2014年第6期，第58—60页；许娟、卫灵：《印度对21世纪"海上丝绸之路"倡议的认知》，《南亚研究季刊》，2014年第3期，第6页。

可选择在如供给安全保障、能源技术开发与利用等关键领域开展合作，并融入"一带一路"倡议框架之中。①

三、结 论

第一，从"一带一路"倡议规划的理论价值方面来看，学界还是强调丝绸之路的历史意义和战略意义，而对"一带一路"倡议在区域与次区域合作中的作用挖掘不多。而深入挖掘这方面的作用对于吸引地区国家参与"一带一路"倡议建设，对此提出建议与期待，与本国相关目标对接更有积极作用。当然有可能这部分的研究是通过其他形式的成果体现的。但作为具有研究深度的学术论文更应该成为"一带一路"倡议推进过程中的智力支持。

第二，从文章选题来看，目前发表的成果虽然有一定的规模，但更多的还是在讲中国故事，从国内层面讨论"一带一路"倡议对中国的意义，而真正讨论如何吸引地区国家协作建设"一带一路"倡议，让中国故事有人听进去，传播好中国声音，这类文章还是少数。而且这方面当前的主要研究集中在对合作基础和合作可行性的研究上。但对于如何将中国的一带一路建设与相关国家的建设目标和规划对接起来的研究鲜见。随着"一带一路"倡议规划从构想走向现实，预计这个问题将成为接下来一段时间学界关注的问题之一。

第三，从作者所属的机构来看，目前积极从事这方面研究的还是国家智库和相关省份的研究机构的研究人员。不难想见，不少成果的出现应该是与机构的选题设计、任务、要求相关。而在"一带一路"倡议逐步推进的过程中，与地区国家的构想规划对接需要更多国别地区研究的专家的加入，才能使相关研究不流于形式和空话，对规划的落实更具有建设性作用。

第四，从发文期刊来看，这些研究成果集中在一些地区研究类的刊物以及有政府背景的刊物，而在中国的国际问题研究中排名前几名的刊物上相关文章鲜见。这种现象的形成有几个原因，首先，高质量的学术成果的形成需要时间，绝非一日之功，而"一带一路"倡议的提出仅仅一年有

---

① 杨晨曦：《"一带一路"区域能源合作中的大国因素及应对策略》，《新视野》，2014 年第 4 期，第 127—128 页。

余，学界还需要更多的时间思考沉淀；其次，这也反映了学术研究和政策研究在一定程度上的异质性。但同时也说明这方面的研究还需要进一步深入、理论化、系统化。"一带一路"倡议的重要意义需要中国国际问题研究最精英的一批学者为其提供智力支持，而这一领域最优秀的学术期刊应该为这些成果提供平台。

本书缩略语

ADB：亚洲开发银行（Asian Development Bank）

ADIZ：防空识别区（Air Defense Identification Zone）

ADMN：东盟防长会议（ASEAN Defense Minister's Meeting）

AEC：东盟经济共同体（ASEAN Economic Community）

AEP：印度东进政策（Act East Policy）

AIF：东盟基础设施基金（ASEAN Infrastructure Fund）

AIIB：亚洲基础设施投资银行（亚投行）（Asian Infrastructure Investment Bank）

AIIF：亚洲基础设施投资基金（Asian Infrastructure Investment Fund）

AMPC：《东盟互联互通总体规划》（ASEAN Master Plan for Connectivity）

AMS：东盟成员国（ASEAN Member State）

APTA：《亚太贸易协定》（Asia Pacific Trade Agreement）

ARN：东盟滚装船运网络（ASEAN Roll-on Roll-off Network）

ASEAN：东南亚国家联盟（东盟）（Association of South East Asian Nations）

BCIM：孟中印缅经济合作机制（Bangladesh-China-India-Myanmar Cooperative Mechanism）

BIMP-EAGA：文莱—印尼—马来西亚—菲律宾东盟东部增长区（Brunei Darussalam-Indonesia-Malaysia-Philippines East ASEAN Growth Area）

BIMST-EC：孟印缅斯泰经济合作组织（Bangladesh-India-Myanmar-Sri Lanka-Thailand Economic Cooperation）

BRI："一带一路"倡议（Belt and Road Initiative）

CACO：中亚合作组织（Central Asian Cooperation Organization）

CAF：中国—东盟投资合作基金（China-ASEAN Investment Cooperation Fund）

CECA：全面经济合作协定（Comprehensive Economic Cooperation Agreement）

CEPA：全面经济伙伴关系协定（Comprehensive Economic Partnership Agreement）

CES：共同经济空间（Common Economic Space）

CIS：独立国家联合体（独联体）（Commonwealth of Independent States）

CPEC：中巴经济走廊（China-Pakistan Economic Corridor）

CSTO：集体安全条约组织（Collective Security Treaty Organization）

EAEU：欧亚经济联盟（Eurasian Economic Union）

ECO：经济合作组织（Organization of Economic Cooperation）

ECS：东中国海（东海）（East China Sea）

EEC：欧亚经济共同体（Eurasian Economic Community）

EEU：欧亚经济联盟（Eurasian Economic Union）

EHP：早期收获计划（Early Harvest Program）

EHP：早期收获项目（Early Harvest Projects）

FATA：巴基斯坦联邦直辖部落区（Federally Administered Tribal Areas）

GCA：大中亚地区（Greater Central Asia）

GMI：恒河—湄公河倡议（Ganga-Mekong Initiative）

GMS：大湄公河次区域经济合作机制（Grand Mekong Subregion）

GVC：全球价值链（Global Value Chain）

IMT-GT：印尼—马来西亚—泰国增长三角（Indonesia-Malaysia-Thailand Growth Triangle）

INSTC：北南国际交通运输走廊（International North-South Transport Corridor）

IONS：印度洋海军论坛（Indian Ocean Naval Symposium）

IOR：印度洋地区（Indian Ocean Region）

IPP：独立电力项目（Independent Power Projects）

JETRO：日本贸易振兴机构（Japan External Trade Organization）

JMSDF：日本海上自卫队（Japanese Maritime Self-Defense Force）

KKH：喀喇昆仑公路（中巴国际公路/中巴友谊公路）（Karakoram Highway）

KPK：巴基斯坦开伯尔—普赫图赫瓦省（Khyber-Pakhtunkhwa）

LEP：印度东向政策（向东看政策）（Look East Policy）

MSR：21世纪海上丝绸之路（21st Century Maritime Silk Road）

NATO：北大西洋公约组织（北约组织）（North Atlantic Treaty Organization）

NDB：金砖国家新开发银行（金砖银行）（BRICS New Development Bank）

NSA：国家安全顾问（National Security Advisor）

NSP：安全的净提供者（Net Security Provider）

NTC：非关税贸易综合成本（Nontariff Comprehensive Trade Costs）

OBOR："一带一路"倡议（One Belt One Road）

OIC：伊斯兰合作组织（Organization of Islamic Cooperation）

PLAN：中国人民解放军海军（People's Liberation Army Navy）

PTA：特惠贸易协定（Preferential Trade Agreement）

RETRACK：推进铁路货运重组欧洲交通运输网络计划（Reorganization of Transport Network by Advancing Rail Freight Concepts）

ROK：大韩民国（韩国）（Republic of Korea）

SAFTA：南亚自由贸易区（南亚区域合作联盟自由贸易区／南盟自由贸易区）（South A-
　　sian Free Trade Area）

SCO：上海合作组织（Shanghai Cooperation Organization）

SCS：南中国海中国南海（South China Sea）

SKRL：泛亚铁路网络（新加坡—昆明铁路线）（Singapore-Kunming Rail Link）

SLF：丝路基金（Silk Road Fund）

SLOC：海上通道（Sea Line of Communication）

SR：特别代表（Special Representative）

SREB：丝绸之路经济带（Silk Road Economic Belt）

TRACECA：欧洲—高加索—亚洲交通运输走廊（Transport Corridor of Europe-Caucasus-
　　Asia）

UIC：国际铁路联盟（International Union of Railways）